PROCESSO CONSTITUCIONAL

E ESTADO DEMOCRÁTICO DE DIREITO

Ronaldo Brêtas de Carvalho Dias
Advogado
Doutor em Direito Constitucional e Mestre em Direito Civil pela UFMG
Professor Adjunto IV de Teoria Geral do Processo e de Direito Processual Civil
na Faculdade Mineira de Direito da PUC Minas
Professor Colaborador no Programa de Mestrado Acadêmico em Instituições Sociais,
Direito e Democracia da Universidade FUMEC, Minas Gerais
Professor Auxiliar de Prática Jurídica Civil na Faculdade
de Direito da Universidade de Itaúna, Minas Gerais
Membro Efetivo do Instituto dos Advogados de Minas Gerais
Membro Honorário da Associação Brasileira de Direito Processual
Membro Titular do Instituto Panamericano de Derecho Procesal
Membro do Instituto do Direito de Língua Portuguesa, sede em Lisboa
Membro da Academia de Direito Processual de Mato Grosso do Sul
Ex-Advogado Chefe Adjunto da Assessoria Jurídica Regional
do Banco do Brasil S.A., em Minas Gerais

PROCESSO CONSTITUCIONAL
E ESTADO DEMOCRÁTICO DE DIREITO

5ª edição
Revista, atualizada e ampliada

Prefácio:
Alexandre Freitas Câmara

editora
Del Rey
Belo Horizonte
2022

Impresso no Brasil | Printed in Brazil

EDITORA DEL REY LTDA

Editor: Arnaldo Oliveira

Editor Adjunto: Ricardo A. Malheiros Fiuza *(in memoriam)*

Coordenação Editorial: Letícia Neves

Diagramação e capa: Alfstudio

Editora:
Rua dos Goitacazes, 71 – Lojas 20 a 24
Centro – Belo Horizonte – MG
CEP 30190-050

Comercial:
Tel.: (31) 3284-3284
vendas@editoradelrey.com.br

Editorial:
Tel.: (31) 2516-3340
editorial@editoradelrey.com.br

Dados Internacionais de Catalogação na Publicação (CIP)

D541p

Dias, Ronaldo Brêtas de Carvalho
Processo constitucional e estado democrático de direito / Ronaldo Brêtas de Carvalho Dias. 5ª ed. revista, atualizada e ampliada – Belo Horizonte : Editora Del Rey, 2022

276p.

ISBN: 978-65-00-36688-4

1.Direito constitucional. 2. Direito processual civil. 3. Estado democrático de Direito. I. Título.

CDD-342

Índices para catálogo sistemático:
1. 1. Direito constitucional 342

À Santa Senhora do Rosário de Fátima,
pela constante proteção e inspiração.

À Suzana, eterna namorada,
bonita por dentro e por fora, com amor.

Ao Professor Doutor José Alfredo de Oliveira Baracho,
in memoriam, orientador de minha tese de doutorado,
jurista de saudosa memória, pelo incentivo e por me ter despertado
a atenção para o estudo do Direito Processual Constitucional.

Ao Professor Doutor Aroldo Plínio Gonçalves,
orientador de minha dissertação de mestrado, pela cultura
jurídica e pelas magníficas lições de teoria e técnica do processo.

Ao Professor Doutor Rosemiro Pereira Leal,
jurista de raro espírito científico crítico e revisitador de teorias
processuais arcaicas, incompatíveis com o postulado do Estado
Democrático de Direito.

Aos dedicados colegas de escritório, Renato José Barbosa Dias,
Yvonne Mól Brêtas, meus filhos, Phillip Ribeiro Vianna e
Zirley Pinheiro Santos, dando-me adequado suporte técnico,
sem o qual não teria tempo necessário para escrever este livro.

El deber revolucionario de un escritor es escribir bien
(Gabriel García Márquez).

O primeiro e revolucionário dever do escritor, segundo Gabriel García Márquez, é escrever bem; seu segundo dever, parece-me, é escrever para os outros, não para si próprio (Ronaldo Brêtas).

Feliz aquele que transfere o que sabe e aprende o que ensina (Cora Coralina, pseudônimo literário de Ana Lins dos Guimarães Peixoto Brêtas)

SUMÁRIO

PREFÁCIO

Foi com grande alegria que recebi convite do Professor Doutor Ronaldo Brêtas de Carvalho Dias para prefaciar a edição de seu livro *Processo Constitucional e Estado Democrático de Direito*, que vem a lume pela prestigiosa Editora Del Rey. E muitos são os fatores que produzem toda essa alegria.

Em primeiro lugar, alegra-me o fato de ser um livro do Professor Brêtas. Afinal, ele foi meu orientador no Doutorado, que cursei na Faculdade Mineira de Direito da PUC MINAS, onde o Professor Brêtas exerce o magistério com brilho invulgar. Minha relação pessoal com Brêtas, que já existia antes de meu ingresso no Doutorado, só se estreitou durante os quatro anos de meus estudos e pesquisa de doutoramento. E junto com essa proximidade só aumentou minha admiração. Brêtas é um professor notável, processualista do maior quilate, um grande orador, mas é, principalmente, um jurista generoso com seus alunos e orientandos. Além disso, é um dos grandes nomes do que vem sendo chamado de Escola Mineira de Processo (e que talvez pudesse ser chamada de Escola Minas-Rio de Processo, já que alguns dos grandes nomes da processualística mineira, como Lopes da Costa e o próprio Brêtas, nasceram no Rio de Janeiro e só depois se fixaram em Minas Gerais).

Mas também me alegra o fato de Brêtas ter-me convidado a prefaciar este livro em particular. A relação entre processo e Constituição é algo que, na doutrina brasileira, há muito tempo se reconhece. Autores brasileiros clássicos, como João Mendes Júnior e José Frederico Marques, já a estabeleciam. Depois deles, muitos outros autores trataram do tema, sendo possível lembrar aqui de importante obra escrita, ainda nos anos 1970, pela saudosa Professora Ada Pellegrini Grinover. Mais recentemente, porém, a Escola Mineira de Processo, de que Brêtas é membro destacado, desenvolveu uma linha de pensamento que levou essa relação entre a Constituição e o processo a alturas antes inatingíveis.

É que a Escola Mineira de Processo parte da premissa de que o processo precisa ser compreendido a partir do paradigma do Estado Democrático de

Direito, o qual vem estabelecido no art. 1º da Constituição da República Federativa do Brasil. E, deixe-se isso bem claro, não há mesmo como ser diferente. Todo e qualquer fenômeno jurídico precisa ser pensado a partir da Constituição, e a Constituição tem por base o paradigma do Estado Democrático de Direito.

Ora, se assim é, então é preciso ver o processo como um mecanismo democrático, destinado a servir como condição de possibilidade da realização dos direitos subjetivos. Em outros termos, o processo não é – não pode ser – um instrumento a serviço do Estado (como querem os autores que se vinculam a uma percepção instrumentalista do Direito Processual), mas um mecanismo destinado a controlar o exercício do poder estatal.

Seja-me permitido, aqui, falar não só como acadêmico, mas também como magistrado que sou. A rigor, o juiz não precisa do processo para decidir. Traz-se ao juiz uma pretensão e, caso lhe pareça fundada tal pretensão (com base nos seus valores pessoais, na sua consciência ou qualquer outra coisa parecida com isso), o juiz decide a favor do postulante. Ouvir a outra parte? Para que fazê-lo, se o juiz já se convenceu? E se a pretensão parecer infundada, rejeita-se e pronto! Ora, mas se é assim, então por que razão existe processo? Simples: para controlar o juiz, não o deixar decidir do jeito que acabei de descrever. Afinal, caso o juiz decida assim, ele não será agente de um Estado Democrático de Direito, e se terá um tirano no exercício da judicatura.

Pois é a partir da ideia de que o processo existe para controlar o juiz, e, pois, é uma condição de possibilidade do exercício da atividade jurisdicional no Estado Democrático de Direito, que a relação entre processo e Constituição precisa ser estudada. E é isso que faz Brêtas nesse livro magistral, obra que demonstra a maturidade intelectual de seu autor.

Do livro, ouso destacar dois pontos. Primeiro, a afirmação de que o devido processo não deve ser compreendido como um "devido processo legal", mas como um "devido processo constitucional". Segundo, o vínculo que se estabelece entre o princípio do contraditório e o princípio da fundamentação das decisões judiciais. Esses dois pontos, a meu sentir, já valem a leitura da obra. Mas todo o livro é essencial, e merece ser lido como um romance, da primeira à última página, como eu fiz. E depois de lido, merece ser sempre revisitado, como acontece com as grandes obras.

Não tenho receio de dizer, aqui, o que já tive oportunidade de dizer em outras ocasiões: este é o melhor livro sobre o assunto que conheço. Outros bons livros trataram dos vínculos entre processo e Constituição, mas nenhum o fez com tanto apuro.

Por fim, há uma terceira razão para minha alegria em elaborar esse prefácio: é que assim tenho, mais uma vez, chance de ligar meu nome ao da Editora Del Rey e ao grande editor que é Arnaldo Oliveira. Afinal, em 1995 lancei meu livro de estreia, *Lineamentos do Novo Processo Civil*, pela Editora Del Rey, graças ao empenho e à ousadia do Arnaldo, que acreditou em um autor absolutamente desconhecido. Registro, aqui, então, meu agradecimento ao amigo Arnaldo, que me abriu portas que me indicaram caminhos que segui por toda a minha vida.

Encerro este prefácio, então, reiterando minha alegria em prefaciar a nova edição deste livro: um livro magistral, escrito por um grande jurista e publicado por uma notável editora.

Alexandre Freitas Câmara

Doutor em Direito Processual (PUC MINAS). Professor emérito e coordenador de direito processual civil da EMERJ (Escola da Magistratura do Estado do Rio de Janeiro). Presidente do ICPC (Instituto Carioca de Processo Civil). Membro do IBDP (Instituto Brasileiro de Direito Processual), do IIDP (Instituto Ibero-Americano de Direito Processual) e da IAPL (Associação Internacional de Direito Processual). Desembargador no TJRJ.

NOTA À 5ª EDIÇÃO

Com muito gosto, colocamos à apreciação da comunidade acadêmica a 5ª edição do nosso livro Processo Constitucional e Estado Democrático de Direito, cuja 1ª edição foi lançada em 2010, lastreado em pesquisas na literatura jurídica especializada e nas aulas de Teoria Geral do Processo e de Processo e Estado Democrático de Direito que ministramos na Pontifícia Universidade Católica de Minas Gerais (PUC Minas) e no Programa de Mestrado Acadêmico em Instituições Sociais, Direito e Democracia da Universidade FUMEC, Minas Gerais. Mantendo o mesmo objetivo perseguido nas edições anteriores, ampliamos o conteúdo da obra, com o empenho de melhor destacar a importância do processo constitucional na sempre inacabada construção do Estado Democrático de Direito.

Reiteramos ideias expostas nas edições anteriores, sustentando que o processo constitucional concorre para a concretização e fortalecimento do Estado Democrático de Direito, seja o processo constitucional legislativo, seja o processo constitucional jurisdicional.

Por meio do processo constitucional legislativo, o povo pode fiscalizar e participar do controle democrático de constitucionalidade da elaboração das normas componentes do ordenamento jurídico. Por meio do processo constitucional jurisdicional, como destinatário da norma jurídica produzida e posta em vigor pelo Estado, qualquer do povo poderá provocar a jurisdição, visando a controlar em concreto sua constitucionalidade, principalmente se o conteúdo da norma jurídica estiver em colisão com os direitos e garantias fundamentais enumerados no texto da Constituição e com a própria principiologia constitucional do Estado Democrático de Direito.

Assim, ficamos na expectativa de que esta 5ª edição revista, atualizada e ampliada seja aceita pelo público leitor com a mesma e atenciosa receptividade honrosamente dispensada às edições anteriores, o que desde já agradecemos.

Belo Horizonte, novembro de 2021.

O autor

INTRODUÇÃO

Ao iniciarmos o Curso de Doutorado na Faculdade de Direito da Universidade Federal de Minas Gerais, a festejada Casa de Afonso Pena, no ano de 2000, motivados pela leitura das magníficas obras e pelas aulas do nosso saudoso orientador acadêmico, Professor José Alfredo de Oliveira Baracho, tivemos a atenção despertada para o estudo do Direito Processual Constitucional. Naquela época, a disciplina se tornara objeto de merecida e destacada ênfase no Programa de Pós-graduação em Direito da Pontifícia Universidade Católica de Minas Gerais (PUC Minas Gerais), área de concentração em Direito Processual, sobretudo pelos textos de livros, artigos e ensaios doutrinários produzidos pelos Professores Rosemiro Pereira Leal e Marcelo Andrade Cattoni de Oliveira, pois sua linha de pesquisa era voltada para o estudo do processo na construção do Estado Democrático de Direito.[1]

---

1 A respeito, registrou Dierle José Coelho Nunes, em livro baseado na sua tese de doutoramento, pela qual defendeu a necessidade do processo democrático fundado na comparticipação e policentrismo no Estado Democrático de Direito: *"Há mais de dez anos, o programa de pós-graduação stricto sensu da Pontifícia Universidade Católica de Minas Gerais vem desenvolvendo críticas e reflexões doutrinárias, por seus pesquisadores e professores, com o objetivo de contribuir, numa perspectiva plural, para uma reconstrução da teoria e da dogmática processual no marco do Estado democrático de direito" (Processo jurisdicional democrático,* p. 202). Essas incessantes pesquisas e reflexões doutrinárias críticas geraram ideias e pensamentos jurídicos com inúmeros pontos científicos em comum, do que resultou o surgimento de uma Escola Mineira de Processo, assim considerada por Marco Félix Jobim como integrante de uma *tríade contemporânea* de Escolas de processo (Escola Paulista, Escola Gaúcha, Escola Mineira), fazendo-lhe as seguintes referências: "*Surge com grande força e competência uma Escola Mineira de processo, em contrapartida às Escolas já existentes no Brasil. A escola, apesar de pouco difundida no resto do Brasil, assim como a Gaúcha, goza de grande prestígio dentro de seu Estado, contando com inúmeros adeptos de peso [...]. A Escola Mineira, do mesmo modo como as outras, tem preocupação alicerçada na onda da constitucionalização do processo [...]. Entre os expoentes maiores da Escola Mineira*

Assim, nossa tese de Doutorado restou desenvolvida ao influxo dessas ideias e, após defendida com aprovação e louvor em agosto de 2003, perante Banca Examinadora integrada pelos Professores Doutores José Alfredo de Oliveira Baracho (orientador), Aroldo Plínio Gonçalves, Rosemiro Pereira Leal, César Fiuza e Mario Lúcio Quintão Soares, culminou em estruturar obra publicada no ano seguinte.[2]

A partir daí, porque já éramos Professor no Curso de Graduação em Direito da Faculdade Mineira de Direito da PUC Minas Gerais desde 1989, onde ingressamos por concurso público, lecionando Teoria Geral do Processo e Direito Processual Civil, fomos convocados pela Coordenação do seu Programa de Pós-Graduação para ali lecionar a disciplina obrigatória Processo Constitucional.

Em razão disso, ao longo dos sete anos que se seguiram à publicação da nossa tese de doutorado, direcionados pelas ideias examinadas e discutidas nas aulas que ministramos nos Cursos de Mestrado e Doutorado em Direito da PUC Minas Gerais e pelas pesquisas desenvolvidas, escrevemos e publicamos

---

está Rosemiro Pereira Leal, cujas obras Processo como Teoria da Lei Democrática e Teoria Geral do Processo, que se encontra já em sua nona edição, abordam o processo e a teoria geral sob as perspectivas da Escola supracitada, assim como André Cordeiro Leal, Ronaldo Brêtas de Carvalho Dias, Dierle José Coelho Nunes e Flaviane de Magalhães Barros" (Cultura, Escolas e fases metodológicas do processo, p. 66-68). Em outras passagens do mesmo texto, o autor também inclui na Escola Mineira de processo os nomes de Marcelo Andrade Cattoni de Oliveira e de André Del Negri. Sobre as acentuadas diferenças existentes entre o pensamento da Escola Paulista (ou Escola Instrumentalista), alicerçado na teoria do processo como relação jurídica (Bülow), colocando o processo como instrumento da jurisdição, e o pensamento da Escola Mineira, concebido a partir da teoria do processo como procedimento em contraditório (Fazzalari), divulgada no Brasil pelo jurista mineiro Aroldo Plínio Gonçalves, entendendo, ao contrário da primeira, a jurisdição como instrumento do processo, ver Capítulo 2, n. 3. Em breve amostra das pesquisas, reflexões e estudos realizados pelos Professores, Doutorandos e Mestrandos do Programa de Pós-Graduação em Direito da Pontifícia Universidade Católica de Minas Gerais, sugerimos ver a *Coleção Estudos da Escola Mineira de Processo*. Rio de Janeiro: Lumen Juris, 2014, volumes 1, 2, 3, 4, 5 e 9. Volume 1. GRESTA, Roberta Maia. *Introdução aos fundamentos da processualidade democrática*. Volume 2. ARAÚJO, Fabrício Simão da Cunha. *A lealdade na processualidade democrática: escopos fundamentais do processo*. Volume 3. PAOLINELLI, Camilla Mattos. *O ônus da prova no processo democrático*. Volume 4. FREITAS, Gabriela Oliveira. *A uniformização de jurisprudência no Estado Democrático de Direito*. Volume 5. VIEIRA, Luciano Henrik Silveira. *O processo de execução no Estado Democrático de Direito*. Volume 9. BATISTA. Sílvio de Sá. *Má-fé e boa-fé na processualidade democrática*.

2 *Responsabilidade do Estado pela função jurisdicional*.

vários artigos e ensaios doutrinários cujos textos seguiram a linha de pesquisa do referido Programa, como dito, o processo na construção no Estado Democrático de Direito.[3]

Entendíamos, então, como ainda continuamos a entender, que o processo adequado à concretização de tal objetivo é o processo constitucional – processo constitucional legislativo, processo constitucional jurisdicional e processo constitucional administrativo – estando sempre o Estado Democrático de Direito em permanente estágio de inacabada consolidação, em outras palavras, espécie de projeto constitucional principiológico *in fieri*.[4]

Essa é, pois, a resumida história deste livro, na realidade, uma coletânea dos textos que produzimos em três décadas de intensa e profícua atividade acadêmica, os quais, após revistos, ampliados e atualizados, foram interligados em cinco capítulos, em forma concatenada, de sorte a permitir uma exposição científica lógica e coerente com a ideia básica de demonstrar a importância marcante do processo constitucional na sempre inacabada construção do Estado Democrático de Direito. Embora a maior parte do texto consolidado focalize o processo constitucional jurisdicional, não nos deslembramos do processo constitucional legislativo, igualmente importante na consecução daquele mesmo objetivo, razão pela qual lhe fizemos algumas referências.[5]

Ao mencionarmos o processo constitucional legislativo, o fizemos valendo-nos de obra especializada insuperável no assunto, escrita por André Del Negri, estruturada em sua dissertação de Mestrado, defendida com sucesso na

---

3 Ver BRÊTAS. *Temas de direito processual democrático*, p. 53-72.

4 Parece-nos que, com essa mesma ótica, porém, em perspectiva mais ampliada, é a posição de Habermas, ao dissertar que *"o Estado Democrático de Direito não se apresenta como uma configuração pronta, e sim, como um empreendimento arriscado, delicado e, especialmente, falível e carente de revisão, o qual tende a reatualizar, em circunstâncias precárias, o sistema de direitos, o que equivale a interpretá-los melhor e a institucionalizá-los de modo mais apropriado e a esgotar de modo mais radical o seu conteúdo." (Direito e democracia: entre facticidade e validade,* v. II, p. 118).

5 A respeito, leciona Zulmar Facchin: *"Por processo legislativo entende-se o conjunto de atos praticados por agentes públicos competentes, com o propósito de elaborar a lei. [...]. Em outras palavras, a finalidade do processo legislativo é inovar no ordenamento jurídico. A base normativa do processo legislativo está na Constituição Federal (arts. 59 a 69), na lei (Lei Complementar 95, de 26 de fevereiro de 1998) e nos regimentos internos das Casas Legislativas".* (FACCHIN. *Curso de Direito Constitucional*, p. 446).

Universidade Federal de Minas Gerais, prefaciada pelo seu orientador, Professor Rosemiro Pereira Leal.[6]

Atentos às intensas discussões de natureza terminológica, existentes na doutrina nacional e alienígena, geradas em torno do emprego das expressões *direito processual constitucional, direito constitucional processual* e *processo constitucional*, conforme excelente e detalhada mostra feita em trabalho produzido por Ivo Dantas,[7] queremos registrar que estamos utilizando o termo *processo constitucional* em proximidade com a perspectiva doutrinária considerada por Baracho, em obra pioneira, ao lecionar: *"A aproximação entre Constituição e processo gera o surgimento do Direito Constitucional Processual ou Direito Processual Constitucional, como preferem outros: a condensação metodológica e sistemática dos princípios constitucionais do processo toma o nome de Direito Processual Constitucional. Não se trata de um ramo autônomo do Direito Processual, mas sim uma colocação científica, de um ponto de vista metodológico e sistemático, do qual se pode examinar o processo em suas relações com a Constituição. O Direito Processual Constitucional abrange, de um lado, a tutela constitucional dos princípios fundamentais da organização judiciária e do processo; de outro lado, a jurisdição constitucional. A tutela constitucional dos princípios fundamentais da organização judiciária corresponde às normas constitucionais sobre os órgãos da jurisdição, sua competência e suas garantias. A tutela constitucional do processo engloba o direito de ação e de defesa e outros postulados que desses decorrem. A jurisdição constitucional compreende, por sua vez, o controle judiciário da constitucionalidade das leis e dos atos da administração, bem como a jurisdição constitucional das liberdades, com o uso dos remédios constitucionais-processuais: o habeas corpus, o mandado de segurança e a ação popular".*[8]

6 *Controle de Constitucionalidade no Processo Legislativo: teoria da legitimidade democrática.*

7 *Estudos de direito processual constitucional*, p. 119-136.

8 *Processo constitucional*, p. 125-126. É de se observar que Baracho não se refere às demais garantias procedimentais constitucionais, as quais intitula *remédios constitucionais-processuais*, postas na Constituição Federal de 1988, ou seja, não menciona os procedimentos constitucionais da ação direta de inconstitucionalidade, da arguição de descumprimento de preceito fundamental, do *habeas data*, do mandado de injunção, da ação de revisão de súmula vinculante e da reclamação constitucional, vez que a obra foi escrita anteriormente à Constituição atual e publicada em 1984. Vale destacar que tivemos o cuidado de explicitar, logo na Introdução, o que entendemos seja o *processo constitucional* e, assim, bem às claras, revelar o sentido pelo qual o consideramos neste livro. Por isto, como de-

Em sua obra mencionada, Baracho não considerou o Direito Processual Constitucional (ou Processo Constitucional) ciência autônoma, mas metodologia de pesquisa científica com o objetivo de estudar o Direito Processual no plano de suas relações com o sistema normativo da Constituição, posição que também adotamos.

Entretanto, textos atuais da literatrura jurídica especializada, produzidos sobretudo por autores latinoamericanos, tendem a reconhecer o Direito Processual Constitucional como nova ciência ou disciplina recente, considerando-a dotada de sistematização e coerência estrutural próprias[9].

Conveniente destacar que a expressão Direito Processual Constitucional foi empregada, pela primeira vez, por Niceto Alcalá-Zamora y Castillo, processualista espanhol, que esteve em exílio na Argentina e no México, a partir de 1940. Despontou em seu livro Ensaios de Direito Processual (civil, penal e constitucional), publicado na Argentina, em 1944. Posteriormente, no México, Héctor Fix-Zamúdio, discípulo de Alcalá-Zamora y Castillo, sistematizou o Direito Processual Constitucional como disciplina jurídica, na sua tese de licenciatura em direito apresentada em 1955, na Universidade Nacional do México (UNAM). A partir daí, Fix-Zamúdio empregou a terminologia processo constitucional em suas obras, por meio das quais construiu os alicerces de uma teoria constitucionalista do processo, sobre a qual discorremos no Capítulo 2, nº 3, adiante.[10]

Com esses prévios esclarecimentos, inicialmente, no primeiro capítulo, procuramos desenvolver os fundamentos do Estado Democrático de Direito, partindo de uma revisitação das ideias de Montesquieu, focalizando a teoria

---

dicamos várias linhas ao processo constitucional, causou-nos estranheza as considerações críticas de Dhenis Cruz Madeira, que reputamos sem razão de ser, quando afirmou: *"Diferentemente de outros tempos, hoje, já não é difícil encontrar no mercado editorial obras que tratam do tema Processo Constitucional. Contudo, apesar dos diversos livros sobre o assunto, não se enxerga uma linha teórica única entre os juristas ou, nem mesmo, um consenso sobre o que vem a ser, afinal, o Processo Constitucional"* (*Direito processual civil latino-americano*, p. 14).

9 Por todos, ver VILLALBA BERNIÉ. *Derecho procesal constitucional, Contenidos Essenciales*, p. 34-35, 46, 48-49.

10 Cf. VILLALBA BERNIÉ. *Derecho procesal constitucional, Contenidos Essenciales*, p. 39. BRÊTAS, Ronaldo de Carvalho Dias. *Fundamentos e inovações do Código de Processo Civil*, p. 37. BRÊTAS, Ronaldo de Carvalho Dias. *Revista Brasileira de Direito Processual-RBDPro*, v. 108, p. 414.

das funções do Estado, para se compreender que o poder exercido pelo Estado em nome do povo é uno e indivisível. Em seguida, empreendemos análise e distinção das funções jurídicas do Estado, fixando o marco teórico de que a jurisdição só pode ser exercida por meio do processo constitucional. Ao seu final, procuramos esboçar uma noção do que seja Estado Democrático de Direito, compreendido como a junção de dois princípios jurídicos, o princípio da democracia e o princípio do Estado de Direito, amalgamados pelas normas constitucionais.

No capítulo segundo, dissertamos sobre alguns elementos da teoria do processo constitucional, focalizando, inicialmente, a jurisdição como direito fundamental do povo, e prosseguindo no exame da ação como direito constitucional de petição, tentando distingui-la da pretensão de direito material posta no processo à apreciação do Estado-jurisdição, para chegarmos ao estudo crítico de algumas teorias processuais segundo o devido processo constitucional. Encerramos dito capítulo com observações sobre a concepção atual do contraditório no processo constitucionalizado contemporâneo, importante viga mestra do devido processo legal, e sobre a cooperação processual, novidade temática surgida no Código de Processo Civil de 2015 (artigo 6º.), por influência da doutrina alienígena.

No terceiro capítulo, tentamos sistematizar os princípios constitucionais diretivos da jurisdição, descrevendo-os como base informadora e de fundamentação da atividade jurisdicional desenvolvida segundo a dimensão maior do Estado Democrático de Direito, considerados tais princípios elos de integração da jurisdição com o sistema constitucional, procurando destacar alguns aspectos da dimensão principiológica da atual Constituição Federal. Ao lado disto, ainda buscamos estabelecer conexão ou correlação entre os princípios do contraditório e da fundamentação das decisões jurisdicionais, além de analisar alguns acórdãos do Supremo Tribunal Federal e do Superior Tribunal de Justiça cujas fundamentações se mostraram lastreadas no devido processo constitucional.

No quarto capítulo, focalizamos a garantia processual constitucional da razoável duração no processo e sua inserção na garantia fundamental mais extensa do devido processo legal, sem que disto possa resultar a supressão das demais garantias processuais constitucionais, assunto que mereceu a atenção especial do Estado brasileiro, ao publicar, no dia 31/12/2004, a Emenda Constitucional nº 45, de 8/12/2004, visando a efetivar uma alardeada reforma do sistema judiciário, de sorte a imprimir eficiência à jurisdição, em razão da notória e crônica insatisfação da sociedade brasileira com a demora do serviço público jurisdicional.

Finalmente, no último capítulo, em considerações finais, procuramos alinhavar resumidamente os resultados conclusivos obtidos com as pesquisas efetuadas visando ao desenvolvimento dos temas centrais deste livro, processo constitucional e Estado Democrático de Direito.

Nesta oportunidade introdutória, impõe-se alertar que tentamos reler e reorganizar estudos que fizemos sobre os temas expostos nos capítulos mencionados, de sorte que as ideias às vezes dispersas nos textos aqui interligados ficassem sistematizadas e desenvolvidas, formando uma exposição unitária lógica.

Contudo, como já consideramos em publicações anteriores, assim o fizemos sempre com humildade científica, esta entendida como a postura ou predisposição de compreender que todos podem nos trazer valiosos ensinamentos e de que nem sempre as melhores diretrizes doutrinárias surgem da leitura de autores de maior destaque ou prestígio na comunidade acadêmica, segundo relatos marcados pelas experiências de pesquisadores e doutrinadores de nomeada autoria, que nos ditaram orientação.[11]

Efetivamente, a experiência na área da pesquisa científica dita que as soluções adequadas, às vezes, são encontradas nos textos produzidos por autores mais modestos ou menos conhecidos, em algumas oportunidades criticados ou menosprezados pela comunidade acadêmica. Daí nossa adesão ao pensamento de Jean-Louis Bergel, para quem os juristas não sabem tudo, independentemente da habilidade intelectual que tenham recebido na sua formação, devendo-se considerar o espírito jurídico mais uma aptidão qualificativa do que um conhecimento qualitativo.[12]

Impelidos por essa orientação, no desenvolvimento deste livro, acolhemos a advertência de Cândido Rangel Dinamarco, invocando lições de Carnelutti, *"não se faz ciência por saltos e ninguém pensa sozinho, ainda que se iluda ao crer que está pensando sozinho"*, porque, justifica, *"o que escrevo eu, o que escreveram meus antecessores e o que continuará a ser escrito são passos de uma caminhada cujo começo se conhece razoavelmente mas cuja consumação não ocorrerá jamais,*

11 ECO. *Como se faz uma tese*, p. 2, 11, 111-112. PONTES DE MIRANDA. *Revista Forense*, v. 267, p. 113.

12 BERGEL. *Théorie générale du droit*, p. 62.

enquanto o homem for homem e enquanto o gênio humano for capaz de criar". Como ainda observou e concluiu Dinamarco, é próprio do ser humano procurar criar algo, mas sempre dependente do que já foi criado antes.[13]

Por fim, consignamos que as ideias desenvolvidas nesta obra também levaram em conta o pensamento de Karl Popper, ao advertir: *"não podem existir enunciados definitivos em ciência – não pode haver, em ciência, enunciado insuscetível de teste e, consequentemente, enunciado que não admita, em princípio, refutação pelo falseamento de algumas das conclusões que dele possam ser deduzidas"*.[14]

13 DINAMARCO. *Instituições de Direito Processual Civil,* p. 30.

14 *A lógica da pesquisa científica,* p. 49.

1 Capítulo

FUNDAMENTOS DO ESTADO DEMOCRÁTICO DE DIREITO

1. EXERCÍCIO DO PODER PELO ESTADO

Lembra José Alfredo de Oliveira Baracho, com esteio na doutrina[1] de Carré de Malberg,[2] que a noção de Estado é tida como pressuposto a todo estudo

---

1 Neste livro, utilizamos o vocábulo *doutrina* com certa frequência. Portanto, é conveniente lembrar que *doutrina, "do latim doctrina, de docere (ensinar, instruir, mostrar), na terminologia jurídica, é tido, em sentido lato, como o conjunto de princípios expostos nos livros de Direito, em que se firmam teorias ou se fazem interpretações sobre a ciência jurídica"* (DE PLÁCIDO E SILVA. *Vocabulário jurídico*, p. 501). Assim, empregamos dita expressão com o sentido de *literatura jurídica especializada*, como o fazem em poucas oportunidades os juristas alemães (ver MARTINS, Leonardo. *Direito processual constitucional alemão*, p. 41 e 53). Algumas vezes, porém, a utilizamos em acepção estrita, pretendendo indicar as opiniões, ideias e reflexões jurídicas de um determinado autor ou jurista, sobre determinados pontos ou questões discutidas na ciência do Direito. Em quaisquer destes sentidos, ao utilizarmos a expressão, levamos em conta as considerações de Aroldo Plinio Gonçalves: *"As doutrinas particulares, quando possuem fundamentos comuns, podem ser agregadas em escolas ou em correntes de um determinado campo do pensamento jurídico. Podem ser, ainda, designadas genericamente como 'doutrina', mas a essa expressão se ajunta um determinado qualificativo, que será a marca pela qual se reconhecem os fundamentos que, sendo por elas compartilhados, sustentam diversas construções teóricas sobre um dado tema, que se põe como objeto do conhecimento. As diferenças internas que apresentem não serão importantes para impedir seu reconhecimento dentro de uma mesma tendência de pensamento"* (*Técnica processual e teoria do processo*, 2ª ed., p. 52).

2 *Raymond Carré de Malberg* (1861-1935). Por razões particulares, ligadas à espiritualidade e à eternidade, colacionamos alguns dados biográficos do autor. Jurista francês. Professor de Direito Público. Desenvolveu teorias críticas relacionadas ao Direito Constitucional

de direito público, em geral, e do Direito Constitucional, em particular, razão pela qual se observa grande empenho dos publicistas em delineá-la. Ao fazê-lo, constatam que as noções apresentadas pelos estudiosos da doutrina do Estado evidenciam nos textos produzidos conexão entre as ideias de poder e direito. Em face dessas considerações, Baracho pôde concluir que as palavras chaves das instituições políticas são poder político e Estado. Daí ter afirmado Lenio Luiz Streck, em brado conclusivo: "Afinal, direito é poder. E os juristas sabem muito bem disso!". E é também essa realidade que levou Norberto Bobbio a considerar e advertir: "o alfa e o ômega da teoria política é o problema do poder: como o poder é adquirido, como é conservado e perdido, como é exercido, como é defendido e como é possível defender-se contra ele".[3]

Aliás, sempre claro e coerente com seu pensamento científico, Baracho teve o ensejo de observar que a conceituação de poder, embora frequentemente surja sob diversificadas formas e características, apresenta-se não só como tema central da teoria do Estado, mas também de extrema importância para a própria teoria do direito, porque sua determinação e modo de se exercitá-lo são passíveis de afetar toda a ordem jurídica.[4]

Em razão disso, é importante apreender algumas noções sobre o que seja *poder*.[5] Apressando-nos em transmiti-las, reproduzimos, a tanto, as seguintes explanações feitas por Filomeno Moraes: *"Poder é a capacidade ou a possibilidade de gerar e de produzir efeitos, de comandar a natureza, indivíduo ou grupo*

francês, influenciado em grande parte pelo pensamento jurídico alemão. Suas principais obras, havidas como clássicos da literatura jurídica francesa, são: *Contribution à la théorie générale de l'État* (1920) e *La loi, expression de la volonté génerale* (1931). Alguns leitores, por certo, não entenderão o porquê, mas uns poucos colegas e alunos sabem a razão pela qual, por pertinente a Carré de Malberg e à minha existência, é consignada a seguinte citação bíblica: *"e o pó volte à terra, como o era, e o espírito volte à Deus, que o deu"* (Eclesiastes, 12:7). Este texto bíblico, entre tantos outros, justifica nossa crença na eternidade e, nesta existência, consequente preocupação com a espiritualidade.

3 Cf. BARACHO. *Regimes* políticos, p. 119 e 137. STRECK. *Constituição e processo*, p. 14. BOBBIO. *A era dos direitos*, p. 143.

4 *Revista de Informação Legislativa* v. 19, p. 33.

5 Anota Wendy Brown que a palavra poder deriva do latim *potere*, significando potencialidade e meios para ser capaz. Considera o autor que a origem etimológica da referida palavra sugere a importância do poder como qualidade ou habilidade, sem ligação ou pertinência com temas políticos e sociais, ao contrário do que ocorre na contemporaneidade (BROWN. *The Oxford Handbook of Political Theory*, p. 65).

de indivíduos. [...]. Muitas vezes o vocábulo poder é utilizado como equivalente a poder político, significando ter autoridade, por meio de prerrogativas legais e políticas. Outras vezes afirma-se que quem detém o poder possui influência sobre quem possui autoridade política. [...]. Também já se disse que o termo poder se presta às mais divergentes interpretações e, se designa a capacidade de realizar a própria vontade e de frustrar as vontades opostas, não logra exprimir por que meios e para que fins deseja e utiliza essa capacidade, sendo, pois, inepto para fornecer apropriada utilidade básica. Apesar dos problemas que são inerentes à sua definição, pode-se dizer que o poder é a capacidade, atual e potencial, de impor-se a vontade sobre os outros, inclusive, mas não necessariamente, contra a sua resistência. Ademais, deve ser lembrado que o principal conceito que os estudos jurídicos e os estudos políticos têm em comum talvez seja o conceito de poder. [...]. Na vida social, é praticamente inexistente a influência involuntária de um indivíduo ou grupo sobre outro indivíduo ou grupo. Neste sentido, o estudo sobre o poder abrange todas as esferas de vida em sociedade, no entanto, é na política que o poder mostra de forma crucial o seu papel". [6]

Como salientou Karl Loewenstein, em texto de belíssima tessitura, intitulado *"anatomia do processo do poder político"*, ali caracterizando o autor o que qualificou de *"enigmática tríade"*, os três estímulos fundamentais que marcam acentuadamente a vida do ser humano na sociedade, regendo-lhe as múltiplas relações com seus semelhantes, são o amor, a fé e o poder, que se unem e entrelaçam por elos misteriosos. A afirmativa despontou justificada pelo mencionado autor sob as considerações de que o poder da fé move montanhas, assim como o amor é vencedor em todas as batalhas, sendo inerente ao ser humano o amor e a fé ao poder, lembrando ser a história testemunha de como o amor e a fé contribuíram para a felicidade do ser humano e de como o poder, muitas vezes, contribuiu para a sua miséria.[7]

Assim, ainda segundo Loewenstein, quaisquer que sejam as relações humanas, impelidas por essa tríade de motivações, o poder tem grande importância no contexto sócio-político, podendo ser considerado como a infraestrutura das instituições sociais e políticas. Sem dúvida, considerada na sua inteireza,

6 *Dicionário de Filosofia do Direito,* p. 640-642. Especificamente sobre *poder político,* ver importantes observações de Michael Walzer, em seu livro *Esferas da justiça: uma defesa do pluralismo e da igualdade,* p. 385-419.

7 *Teoría de la Constitución,* p. 23.

a sociedade é um sistema de relações de poder, de caráter variado, eis que fundadas no poder político, social, econômico, religioso, moral ou cultural. O poder pode ser compreendido como relação sócio-psicológica, fundada no efeito recíproco das ações daqueles que o detêm e o exercem e das ações de seus destinatários, ou seja, daqueles frente aos quais o poder é exercido. Impulsionado por tais reflexões, Loewenstein entende que o poder político surge na sociedade estatal como exercício de um efetivo controle social por parte daqueles que o detêm. Como controle social, deve-se entender a função de se tomar determinada decisão e a capacidade que os detentores do poder têm de obrigar os destinatários deste mesmo poder a obedecê-la.[8]

É interessante observar que essas considerações trazidas à baila por Loewenstein entram nas cogitações do Direito Político, ramo da ciência jurídica pouco pesquisado em nosso país, ao contrário do que sucede sobretudo nos países europeus, conforme já consideramos em trabalho anterior. Com esteio nas doutrinas de Verdú e de Stein, entendemos que o Direito Político busca estudar o equilíbrio harmonioso entre o exercício do poder pelo Estado, na preservação da ordem e da autoridade constituídas, necessárias para o desempenho das complexas e ingentes atividades estatais, e a garantia da liberdade dos destinatários desse mesmo poder, livrando-os do perigo imanente a todo poder, qual seja, o de ser exercitado de forma degenerada, arbitrária ou abusiva. Com esse propósito, o Direito Político tem o objetivo de estudar as normas que estabelecem limites e restrições ao exercício do poder pelo Estado, nas suas relações com a sociedade, de modo a assegurar, simultaneamente, a plenitude das liberdades fundamentais das pessoas. Na persecução desse objetivo, apoia-se nos estudos da Ciência Política, concernentes aos fundamentos e à organização do poder político na sociedade, e nos princípios e regras do Direito Constitucional, tendentes à disciplina das instituições jurídicas básicas ao exercício do poder pelo Estado e ao concomitante respeito dos direitos e liberdades fundamentais do ser humano.[9]

---

8 *Teoría de la Constitución*, p. 24-27.

9 Cf. VERDÚ, Pablo Lucas. *Curso de Derecho Politico*, p. 40. STEIN, Ekkehart. *Derecho politico*, p. 9-10. BRÊTAS. *Revista do Instituto dos Advogados de Minas Gerais*, v. 8, p. 107-122. VIVANCO MARTÍNEZ, Ángela. *Curso de Derecho Constitucional*, p. 54-56. No sentido do texto, o pensamento doutrinário de Eduardo Cambi, ao afirmar que *"a Constituição deve ser concebida como um sistema de princípios e regras – formais e subs-*

Em obra de Habermas, vamos encontrar confirmadas algumas dessas ideias, ao tratar o filósofo alemão da relação interna entre direito e política. Com efeito, assevera Habermas que *"o Estado é necessário como poder de organização, de sanção e de execução, porque os direitos têm que ser implementados, porque a comunidade de direito necessita de uma jurisdição organizada e de uma força para estabilizar a identidade, e porque a formação da vontade política cria programas que têm que ser implementados. (...). Pois o poder organizado politicamente não se achega ao direito como que a partir de fora, uma vez que é pressuposto por ele: ele mesmo se estabelece em formas do direito. O poder político só pode desenvolver-se através de um código jurídico institucionalizado na forma de direitos fundamentais"*.[10]

Por isso, as investigações e estudos científicos desenvolvidos em torno da doutrina do Estado, visando à sua compreensão, conduzem a noções que, como dito anteriormente, revelam em seus enunciados estreito vínculo entre as ideias que lhe servem de vigas-mestras, quais sejam, poder político e direito, merecendo lembrar que Kelsen chegou a considerar o poder como a medula substancial do Estado.[11]

Com efeito, para Jellinek, em obra clássica, o Estado pode ser considerado sob dois aspectos: um é o social, outro o jurídico. Sob o primeiro aspecto, o Estado é visto na unidade de sua natureza como fenômeno ou construção social, partindo-se da constatação de que o Estado consiste em relações de vontade de uma variedade de pessoas, tendo como substrato pessoas que mandam e pessoas que obedecem, vivendo e permanecendo em um território. Sob o

---

tanciais – que tem como destinatários os titulares do poder", isto significando, em última análise, que, ao regular a organização e o exercício do poder político pelo Estado, *"a Constituição é um instrumento limitativo do poder"* (*Neoconstitucionalismo e neoprocessualismo: direitos fundamentais, políticas públicas e protagonismo judiciário*, p. 21-22). Na mesma diretriz, Jorge Bacelar Gouveia, ao lecionar que *"o Direito Constitucional, no contexto da sua inserção no Direito em geral, consiste no conjunto de princípios e de normas que regulam a organização, o funcionamento e os limites do poder público do Estado, assim como estabelecem os direitos das pessoas que pertencem à respectiva comunidade política"*. (BACELAR GOUVEIA. *Manual de Direito Constitucional*, v. I, p. 29).

10 HABERMAS. *Direito e democracia: entre faticidade e validade*, v. I, p. 171. Sobre a conexão entre Direito e poder, ver, ainda, estudo feito por Cattoni de Oliveira, com base nas obras de Habermas e de Hannah Arendt (*O Brasil que queremos: reflexões sobre o Estado Democrático de Direito*, p. 505).

11 *Teoría general del Estado*, p. 125.

segundo aspecto, o Estado é considerado como formação jurídica, submetendo-se às normas do direito, em verdadeira autolimitação jurídica, convertendo-se, via de consequência, em sujeito de direitos e de deveres. Para referido autor, sob o aspecto jurídico, o Estado se subsume ao conceito de corporação jurídica, "*forma de síntese jurídica*", que expressa as relações decorrentes da unidade de associação das pessoas e seu enlace com a ordem jurídica, em outras palavras, relação de uma individualidade coletiva com a ordem jurídica estabelecida. A partir dessas ideias, considera Jellinek que a noção social do Estado resulta na seguinte fórmula: "*o Estado é a unidade de associação dotada originariamente de poder de dominação e formada por homens assentados em um território*". Como noção jurídica, para o mesmo autor, o Estado é "*a corporação formada por um povo, dotada de um poder de mando originário e assentada em um determinado território*" ou, em enunciado mais simples, "*a corporação territorial dotada de um poder de mando originário*". A concepção jurídica de Jellinek, em resumo, conforme ele próprio admite, tem como objeto o conhecimento das normas jurídicas que servem de pauta às instituições e funções do Estado e se propõe a completar sua concepção social.[12]

Nos estudos que realizou, ao discorrer sobre o Estado e o direito, Georges Burdeaux visualiza o Estado como forma de poder, acentuando não ser possível conceber-se o poder como uma força estranha ao direito. Esclarece dito autor que o Estado é espécie de organização social, que se exprime na "*ideia de direito*", ou seja, em um certo acomodamento das relações sociais, origem das regras disciplinadoras da vida em comum das pessoas. Entende Burdeaux que o Estado é instrumento de realização da ideia de direito, a ensejar o surgimento do poder. Por sua vez, o poder é a energia da ideia de direito, a força que tende a se introduzir-se no ordenamento jurídico positivo e que rege a vida das pessoas em sociedade.[13]

Segundo Canotilho, o Estado é "*uma forma histórica de organização jurídica do poder dotada de qualidades*", dentre estas, "*a qualidade de poder soberano, que tem como destinatários os cidadãos nacionais*". Este poder é visto por Jorge Miranda não só como "*qualidade ou atributo do Estado*", mas como a própria condição de existência do Estado, porque o poder "*aparece simultaneamente*

---

12 *Teoría general del Estado,* p. 131-132, 166, 168, 172, 174 e 175.

13 *Droit Constitutionnel et Institutions Politiques,* p. 35-36.

como a mais marcante das manifestações e encontra-se-lhe ligado por um nexo de pertença".[14]

Nesse contexto, explica Marcello Caetano, "*chama-se poder a possibilidade de eficazmente impor aos outros o respeito da própria conduta ou de traçar a conduta alheia*". Assim, assinala o autor, "*existe poder sempre que alguém tem a possibilidade de fazer acatar pelos outros a sua própria vontade, afastando qualquer resistência exterior àquilo que quer fazer ou obrigando os outros a fazer o que ele queira*". Em consequência, conclui Marcello Caetano que a sociedade política é formada e organizada a partir do momento em que se institui o poder político.[15]

Lembra Mário Lúcio Quintão Soares que o poder da organização estatal revela diferenças, se comparado com qualquer outro, primeiro, pela espécie de coação que envolve seu exercício, segundo, pela relação de dominação com o território, chegando à conclusão de que "*as decisões adotadas pelos órgãos estatais capacitados possuem obrigatoriedade geral para todos os habitantes do território, mesmo aqueles que não sejam considerados juridicamente membros da organização estatal*". Para Quintão Soares, "*dominação é a probabilidade de encontrar obediência a uma ordem de certo conteúdo entre determinadas pessoas indicáveis*", daí sendo válida a ideia de se considerar o Estado grupo territorial de dominação.[16]

Em trecho que pode ser considerada síntese percuciente dessas reflexões científicas sobre a doutrina do Estado, sustenta Baracho, ao escrever sobre regime político e poder, colacionando, como sempre, extensa doutrina estrangeira, que o ponto comum das análises políticas é o relacionamento dos fenômenos políticos com o poder, constatação vinculada à organização e ao seu exercício em sociedade. Considera Baracho que a ideia de poder acarreta a divisão dos grupos sociais em dois segmentos, (1º.) o que manda e (2º.) o que obedece, ou seja, (1º.) o grupo que dá ordens e (2º.) o grupo que as acata, tese amplamente aceita pelos doutrinadores, razão pela qual o poder é encontrado em todos os estágios sociais. Citando Maurice Duverger, cuja doutrina lhe serve de anteparo, Baracho culmina em inferir que o direito é um dos instrumentos essenciais do poder. Justifica tal afirmativa, porque o Estado exerce

14 CANOTILHO. *Direito Constitucional e Teoria da Constituição,* p. 85-86. MIRANDA, Jorge. *Manual de Direito Constitucional,* t. III, p. 169.

15 *Manual de Ciência Política e Direito Constitucional,* t. I. p. 5-8.

16 *Teoria do Estado,* p. 49.

o poder por via das Constituições, dos Códigos, das leis, dos regulamentos, das decisões administrativas e judiciais e dos pronunciamentos dos Tribunais, tidos como verdadeiros procedimentos fundamentais de exercício do poder, assentados em dois elementos, a legitimidade e a coação.[17]

Discorrendo sobre a estrutura do poder político, Luiz Sanchez Agesta também sufraga a tese de que esse poder é exercido por meio do direito, porquanto, em boa síntese, *"mandar é estabelecer e fazer cumprir normas"*. Observa referido doutrinador que, dentro da comunidade política, existe uma ordenação da estrutura do poder, tendo como pressuposto *"um processo de atuação jurídica do poder"* em seus momentos essenciais, normalmente referidos pelos publicistas como *"funções do Estado"*. Tais funções, para Agesta, sob rigor técnico, poderiam ser consideradas quatro: 1ª.)- a proposição ou iniciativa das normas jurídicas (governo); 2ª.)- a deliberação e aprovação das normas jurídicas (legislação); 3ª.)- a execução e aplicação dessas normas (administração); 4ª.)- o julgamento ou aplicação contenciosa do direito para restabelecer a paz jurídica (justiça). Todavia, ressalva referido publicista que se constata tendência geral da doutrina para simplificar o quadro dessas funções, reduzindo-as somente a três: 1ª.)- a executiva, compreendendo o governo e a administração; 2ª.)- a legislativa; 3ª.)- a judicial. Os fundamentos dessa simplificação estariam assentados em que são atribuídas tais funções, como competências próprias, a três órgãos específicos, que formam a base estrutural do Estado moderno, quais sejam, o governo, como órgão diretivo e cabeça da administração, as assembleias (Câmaras ou Parlamentos), como órgãos deliberativos da legislação, e os juízes e tribunais, como órgãos da função jurisdicional.[18]

Essas funções, segundo enfoque de Jorge Miranda, devem ser compreendidas como atividades do Estado que traduzem manifestações específicas do exercício do poder político, ou seja, um complexo ordenado de atos que o Estado desenvolve, por meio de seus órgãos e agentes, visando à realização das tarefas e incumbências que lhe cabem, impostas pela Constituição e pelas leis editadas, componentes do ordenamento jurídico.[19]

Em princípio, como vislumbra Carré de Malberg, o poder do Estado é uno e as funções decorrentes do exercício desse poder são as formas pelas quais a atividade dominadora do Estado se manifesta sobre as pessoas, obviamente,

---

17 *Regimes políticos*, t. V, p. 134-137.

18 *Curso de Derecho Constitucional Comparado*, p. 54-55.

19 *Manual de Direito Constitucional*, t. V, p. 9-11.

ressaltamos, com intransigente fidelidade às normas jurídicas (princípios e regras constitucionais e infraconstitucionais) que compõem o ordenamento jurídico do mesmo Estado, informado pelos princípios do Estado de Direito e da democracia, pontos sobre os quais dedicamos atenção ao final desde capítulo. Bem por isto, anota Canotilho que, na literatura juspublicística atual, a expressão *função* do Estado aflora nos textos jurídicos com o sentido de *"atividade"* ou de *"exercício do poder"*.[20]

2. TEORIA DAS FUNÇÕES DO ESTADO

Vale mencionar que essas três funções fundamentais atribuídas ao Estado, como observou Kelsen, em concepção teórica atual – legislação, administração e jurisdição – são todas funções jurídicas do Estado, sejam porque assim consideradas no sentido estrito de funções de criação e aplicação do direito, sejam porque reputadas funções jurídicas em sentido mais amplo, nas quais se inclui a função precípua do Estado de permanente observância do direito.[21]

De fato, se todas as funções do Estado são regidas por normas de direito, principalmente pelas normas constitucionais, a conclusão a que se chega, trilhando-se o raciocínio lógico de Jorge Miranda, é a de que, então, *"todas as funções do Estado e todos os actos em que se desdobram não podem deixar de ser funções jurídicas"*, porquanto, afinal de contas, não é possível conceber-se qualquer atividade do Estado à margem do direito.[22]

Essas formulações teóricas acerca das funções jurídicas do Estado vêm sendo desenvolvidas e sustentadas pela esmagadora maioria dos mais renomados publicistas, em substituição à decrépita teoria da *separação* ou *tripartição* dos poderes estatais – Poder Executivo, Poder Legislativo e Poder Judiciário. Tal teoria é atribuída com certa deturpação de seu enfoque original a Montesquieu, o qual, por sua vez, inspirou-se nas ideias de Locke. Porém, de qualquer forma, embora os doutrinadores, sobretudo os processualistas, em maioria, não percebam, a esclerosada e deturpada teoria da tripartição dos poderes restou revisada por importantes manifestações doutrinárias produzidas nos últimos cem anos e amplamente criticada, por sugerir a ideia de fragmentação ou

20 Cf. CARRÉ DE MALBERG, R. *Teoría general del Estado,* p. 249. CANOTILHO. *Direito Constitucional e Teoria da Constituição,* p. 504.

21 *Teoria pura do direito,* p. 394.

22 *Manual de Direito Constitucional*; t. V, p. 12.

divisão do poder e de fracionamento da soberania do Estado. Tal aspecto suscitou a moderna posição doutrinária tendente à substituição da expressão *separação dos poderes do Estado* pela locução *separação das funções do Estado.*

É importante perceber que o fundamento da concepção jurídica do Estado reside no seu reconhecimento como unidade, do que decorre, em consequência, a doutrina da indivisibilidade do poder estatal.[23] Este ponto é fundamental para se combater a afirmativa muitas vezes divulgada de que juízes e tribunais integram o entendido *Poder Judiciário* e, quando exercem a jurisdição, sob delegação do Estado, o fazem na qualidade de órgãos da sua soberania, como se o erroneamente nominado Poder Judiciário pudesse ser considerado um poder estanque do Estado e o exercício da atividade jurisdicional um dos privilégios da soberania. Não existe órgão estatal soberano. O Estado é que detém a soberania, em nome do povo, sua comunidade política. E o exercício do poder pelo Estado é limitado pelas normas constitucionais e infraconstitucionais que integram seu ordenamento jurídico, legitimado e definido pelo intransigente respeito aos direitos e garantias fundamentais, uma das importantes marcas do Estado Democrático de Direito.[24]

Na doutrina brasileira, essa questão vem abordada de forma proficiente por Baracho, ao observar que a expressão "*separação de poderes*" é criticada como equivocada para muitos, gerando mal-entendidos na moderna ciência do direito constitucional, em face da constatação de extensas dificuldades para se defini-la com precisão técnica. Com efeito, esclarece o precitado publicista, a respeito da intitulada teoria da separação dos poderes, que "*a teoria rígida e inflexível não está no próprio Montesquieu, mas em muitos de seus intérpretes, que lhe deram contornos rigorosos*", sendo pertinente observar-se que a "*tendência mais aceita é aquela que ensaia preservar a teoria graças a uma interpretação renovada da fórmula de Montesquieu, não como uma separação impossível, mas como uma distinção funcional entre os órgãos do Estado*". Prosseguindo na

23 Cf. JELLINEK. *Teoría general del Estado*, p. 488.

24 Nesse sentido, lições precisas de Gustavo Binenbojm: "*As ideias de direitos fundamentais e democracia representam as duas maiores conquistas da moralidade política de todos os tempos. Não à toa, representando a expressão jurídico-política de valores basilares da civilização ocidental, como liberdade, igualdade e segurança, direitos fundamentais e democracia apresentam-se, simultaneamente, como fundamentos de legitimidade e elementos estruturantes do Estado democrático de direito*". (*Uma teoria do direito administrativo: direitos fundamentais, democracia e constitucionalização*, p. 49).

exposição, Baracho alinha os fundamentos de sua postura científica a respeito do assunto, esclarecendo: *"A expressão separação de poderes não foi empregada uma vez sequer por Montesquieu, nem entendeu que os órgãos investidos das três funções do Estado seriam representantes do soberano, investidos de uma parte da soberania, absolutamente. Não está em Montesquieu qualquer explicação que leva ao entendimento de que uma teoria da separação dos poderes implicava em separação absoluta dos órgãos que exercem a função executiva e a legislativa. Entendia que devia existir uma ação contínua dos dois poderes um sobre o outro, uma verdadeira colaboração. Explicando o que se passava na Inglaterra, esclarecia que o Executivo participa na legislação, sendo que o Legislativo exerce um controle contínuo sobre o Executivo e que aquele sistema repousa em uma colaboração constante e íntima dos poderes".*[25]

Outro notável constitucionalista brasileiro, Paulo Bonavides, ao discorrer sobre o declínio e a reavaliação da doutrina da separação dos poderes, difundida a partir de Montesquieu, concede razão aos autores que consideraram a literal separação dos poderes como causa de destruição da unidade do poder estatal, indivisível por natureza. Completa Bonavides seu pensamento, considerando que o princípio da separação dos poderes, sob enfoque moderno, *"vale unicamente por técnica distributiva de funções distintas entre órgãos relativamente separados, nunca porém valerá em termos de incomunicabilidade, antes sim de íntima cooperação, harmonia e equilíbrio, sem nenhuma linha que marque separação absoluta ou intransponível".*[26]

Realmente, ao se ler a obra de Montesquieu, que o vem imortalizando por séculos, publicada em 1748, depois de lhe consumir vinte anos de grande trabalho,[27] percebe-se que aquele autor não concebeu uma teoria da separação absoluta ou rígida dos poderes do Estado, mas desenvolveu o pensamento de que as três espécies de poder fossem distribuídas de forma obediente ao princípio do equilíbrio, com o objetivo de se garantir a liberdade individual. Na parte considerada das mais notáveis de sua obra, Montesquieu iniciou o desenvolvimento de sua doutrina sobre o equilíbrio dos poderes exercidos pelo

---

25 *Revista de Informação Legislativa*, v. 76, p. 107-108.

26 *Ciência Política*, p. 147.

27 *De l'esprit des lois*, Prèface. A obra colacionada, no original, edição anterior ao século XX, a encontramos em pesquisa que realizamos na biblioteca geral da *Université de Paris I – Panthéon-Sorbonne*. Seu prefácio, escrito pelo próprio autor, informa o tempo consumido por Montesquieu para produzi-la, vinte anos.

Estado com frase que se tornou célebre, pretendendo que os destinatários do poder ficassem protegidos do abuso de seu exercício por aqueles que o detivessem: "*Para que não se possa abusar do poder, é preciso que, pela disposição das coisas, o poder detenha o poder*". Com esta finalidade, Montesquieu sugeriu uma distinção dos poderes do Estado, discorreu sobre a liberdade política do cidadão e estabeleceu as bases de um direito político, com espeque na distribuição dos poderes do Estado, mas sem falar em *separação dos poderes*, como se pode apreender nos seguintes excertos de sua obra: "*Existem em cada Estado três tipos de poder: o poder legislativo, o poder executivo das coisas que dependem do direito das gentes e o poder executivo daqueles que dependem do direito civil. Com o primeiro, o príncipe ou o magistrado cria leis por um tempo ou para sempre e corrige ou revoga aquelas que foram feitas. Com o segundo ele faz a paz ou a guerra, envia ou recebe embaixadas, estabelece a segurança, previne invasões. Com o terceiro, ele castiga os crimes, ou julga as desavenças entre os particulares. Chamar-se-á este último poder de julgar; e ao outro simplesmente poder executivo do Estado. A liberdade política, em um cidadão, é esta tranquilidade de espírito que provém da opinião que cada um tem sobre a sua segurança; e para que se tenha esta liberdade é preciso que o governo seja tal que o cidadão não possa temer outro cidadão. Quando, na mesma pessoa ou no mesmo corpo de magistratura, o poder legislativo está reunido ao poder executivo, não existe liberdade; porque se pode temer que o mesmo monarca ou o mesmo senado crie leis tirânicas para executá-las tiranicamente. Tampouco existe liberdade se o poder de julgar não for separado do poder legislativo e do executivo. Se estivesse unido ao poder legislativo, o poder sobre a vida e a liberdade dos cidadãos seria arbitrário, pois o juiz seria legislador. Se estivesse unido ao poder executivo, o juiz poderia ter a força de um opressor. Tudo estaria perdido se o mesmo homem, ou o mesmo corpo dos principais, ou dos nobres, ou do povo exercesse os três poderes: o de fazer leis, o de executar as resoluções públicas e o de julgar os crimes ou as querelas entre os particulares*" (Livro XI, Capítulo VI). É de se reparar que, na inteligente exposição de sua doutrina, Montesquieu ainda pregou a colaboração ou a harmonia dos poderes entre si: "*Estes três poderes deveriam formar um repouso ou uma inação. Mas, como, pelo movimento necessário das coisas, eles são obrigados a avançar, serão obrigados a avançar concertadamente*" (Livro XI, Capítulo VI).[28]

---

28 *De l'esprit des lois*, p. 142-143 e 150. "*Pour qu'on ne puisse abuser du pouvoir, il faut que, par la disposition des choses, le pouvoir arrête le pouvoir*" (Livre XI, Chapitre IV). "*Il y a dans chaque État trois sortes de pouvoirs: la puissance législative, la puissance exécutrice des choses qui dépendent*

Interpretando o texto do Capítulo XI dessa notável obra, Simone Goyard-Fabre sublinha que Montesquieu ali não concebeu uma teoria da separação dos poderes, como se costuma frequentemente repetir, mas elaborou uma doutrina da *"balança dos poderes"*, o que se expressa na frase utilizada pelo autor: *"Para que não se possa abusar do poder, é preciso que, pela disposição das coisas, o poder detenha o poder"*. No entendimento da autora colacionada, pretendeu Montesquieu dizer que as três espécies de poder não poderiam ficar concentradas nas mãos da mesma pessoa ou de um corpo de pessoas principais ou mais importantes, mas distribuídos aqueles poderes a instâncias organicamente distintas. O cerne da doutrina de Montesquieu, como exsurge de sua obra, aduz Simone Goyard-Fabre, nunca residiu na ideia da separação inflexível dos poderes do Estado, mas que suas atribuições fossem obedientes a uma divisão e distribuição orientadas pelo princípio do equilíbrio, funcionando esses considerados *poderes*, em sua dinâmica, de forma ajustada, ou, segundo expressão do próprio Montesquieu, *"concertadamente"*, a fim de impedir os desvios, os abusos ou descaminhos do poder político.[29]

Ao que se depreende, nesse aspecto, não há discrepâncias de vulto entre os publicistas, os quais, tomando como ponto de partida a doutrina de

---

du droit des gens, et la puissance exécutrice de celles qui dépendent de droit civil. Par la première, le prince ou le magistrat fait des lois pour un temps ou pour toujours et corrige ou abroge celles qui sont faites. Par la seconde, il fait la paix ou la guerre, envoie ou reçoit des ambassades, établit la sureté, previent les invasions. Pour la troisième, il punit les crimes ou juge les différends des particuliers. On appellera cette dernière la puissance de juger; et l'autre simplement la puissance exécutrice de l'État. La liberté politique, dans un citoyen, est cette tranquillité d'esprit qui provient de l'opinion que chacun a de sa sùreté; et, pour qu'on ait cette liberté, il faut que le gouvernement soit tel qu'un citoyen ne puisse pas craindre un autre citoyen. Lorsque dans la même personne ou dans le même corps de magistrature la puissance législative est réunie à la puissance exécutrice, il n'y a point de liberté, parce qu'on peut craindre que le même monarque ou le même sénat ne fasse des lois tyraniques pour les éxecuter tyranniquement. Il n'y a point encore de liberté si la puissance de juger n'est pas séparée de la puissance législative et de l'exécutrice. Si elle étoit jointe à la puissance législative, le pouvoir sur la vie et la liberté des citoyens seroit arbitraire; car le juge seroi législateur. Si elle étoit jointe à la puissance exécutrice, le juge pourroit avoir la force d'un oppresseur. Tout seroit perdu si le même homme, ou le même corps de principaux, ou des nobles, ou du peuple, exerçoient ces trois pouvoirs: celui de faire des lois, celui d'exécuter les résolutions publiques, et celui de juger les crimes ou les différends des particuliers" (Livre XI, Chapitre VI). *"Ces trois puissances devraient former un repos ou une inaction. Mais, comme par le mouvement nécessaire des choses elles sont contraintes d'aller, elles seront forcées d'aller de concert"* (Livre XI, Chapitre VI).

29 *Les principes philosophiques du droit politique moderne*, p. 195.

Montesquieu, desenvolveram suas concepções teóricas por caminhos diferenciados, mas, ao final, chegando às mesmas conclusões, preferindo consagrar a expressão funções fundamentais do Estado,[30] em substituição às locuções Poder Executivo, Poder Legislativo e Poder Judiciário, pois assentadas na ideia tecnicamente incorreta e superada da tripartição do poder estatal, atribuindo ao Estado vários poderes.

Em face dessas ideias, também acatamos a doutrina da existência de um poder único do Estado, que se espraia sobre os indivíduos pelo exercício das suas três fundamentais funções jurídicas, a executiva, a legislativa e a jurisdicional. O Estado deve ser concebido como ordenação de várias funções atribuídas a órgãos diferenciados, segundo a previsão das normas constitucionais que o organizam juridicamente. O que deve ser considerada repartida ou separada é a atividade e não o poder do Estado, do que resulta uma diferenciação de funções exercidas pelo Estado por intermédio de órgãos criados na estruturação da ordem jurídica constitucional, nunca a existência de vários poderes do mesmo Estado.[31]

Nesse sentido, a crítica oportuna e deveras atualizada de Rosemiro Pereira Leal, ao acoimar de envelhecida *"a expressão 'poderes', largamente usada nos meios acadêmicos, jurídicos, filosóficos, sociológicos, econômicos, como unidades míticas de comandos, que podem mais do que a lei, do que o povo, do que o sistema jurídico constitucionalmente criado"*. Porque, justifica o autor, *"com o advento do Estado moderno, torna-se arcaica a divisão da atividade estatal pela afirmação de Poderes, porque, em face do discurso jurídico-democrático avançado das sociedades modernas, a única fonte de poder é o povo."*[32]

Ainda sobre o tema, Loewenstein explica que o dogma político da separação de poderes, impregnando as errôneas e provectas expressões ainda utilizadas nos dias de hoje – *poderes legislativo, executivo e judicial* – encontrou sua formulação clássica no enunciado do artigo 16 da Declaração dos Direitos do Homem e do Cidadão, em 26 de agosto de 1789, que se seguiu à Revolução Francesa: *"Toda sociedade na qual a garantia dos direitos não é assegurada e a*

30 BARACHO. *Revista de Informação Legislativa*, v. 19, p. 117.

31 Ver CANOTILHO. *Direito Constitucional e Teoria da Constituição*, p. 510. VIVANCO MARTÍNEZ, Ángela. *Curso de Derecho Constitucional*, p. 289-290.

32 *Teoria geral do processo: primeiros estudos*, p. 71 e 187. *Estudos continuados de teoria do processo*, v. II, p. 25.

separação dos poderes determinada, não tem constituição". Entretanto, prossegue o autor, a assim chamada *"separação de poderes"* nada mais é do que a constatação de que, por um lado, o Estado tem de cumprir funções determinadas, em decorrência do *"problema técnico da divisão do trabalho"*, enquanto, de outro lado, os destinatários do poder se beneficiam, quando essas funções são realizadas por diferentes órgãos, sendo a liberdade a matriz ideológica da entendida separação de poderes. Assim, conclui Loewenstein que a equivocada e obsoleta concepção da *"separação dos poderes estatais"* só pode ser aceita de maneira figurativa e deve ser tecnicamente entendida como a distribuição de determinadas funções do Estado a diferentes órgãos, em decorrência da necessidade de se controlar o exercício do poder político.[33]

Da mesma forma, em alentada obra, Carré de Malberg, depois de observar, com amparo em Duguit, que Montesquieu sequer pronunciou a expressão *"separação de poderes"* em seu monumental livro *De l'esprit des lois*, culmina em acentuar ser indiscutível que Montesquieu, na verdade, procurou construir um sistema de distinção de poderes com o sentido único e determinado de aplicá-lo a funções materiais determinadas, pelo que sua teoria deve ser vista, em grau de maior amplitude, como teoria de separação das funções do Estado.[34]

Para Carl Schmitt, ao invés de se falar em divisão de poderes, dever-se-ia considerar, em substituição, o princípio orgânico da distinção dos poderes do Estado, cuja observância visa a assegurar a moderação e o controle de todos os órgãos do Estado que exercem o poder.[35] Pensamento similar é exteriorizado por Giorgio del Vecchio, ao salientar que Montesquieu teve o mérito de por em relevo o princípio impropriamente denominado de *divisão dos poderes*, mas que, com maior rigor, deveria ser chamado de princípio da *distinção dos poderes*.[36]

Enfrentando o tema, Georges Burdeau faz alusão ao princípio da separação dos poderes, cuja origem se encontra na filosofia política do século XVIII, mas ressalvando que sua mais perfeita expressão se encontra na consagrada obra de Montesquieu já mencionada. Seu mérito, na análise de Burdeau, foi o de transformar o considerado princípio da separação dos poderes em instrumento de segurança dos cidadãos, ao formular o pensamento de que

---

33 *Teoría de la Constitución*, p. 54-56.

34 CARRÉ DE MALBERG. *Teoría general del Estado, p. 758 e 766.*.

35 *Teoría de la Constitución*, p. 212-213.

36 *Teoria do Estado*, p. 55-56.

todo aquele que detém o poder está tentado a dele abusar. Partindo dessa premissa, percebeu Montesquieu ser necessário limitá-lo, a fim de impedir fosse o poder degenerado em arbítrio ou despotismo. Mas o fundamento básico dessa limitação, que alguns consideraram impropriamente divisão, ainda no dizer de Burdeau, decorreu do reconhecimento das funções do Estado, em número de três, as funções legislativa, executiva e jurisdicional, exercidas por distintos órgãos, a fim de que os direitos dos cidadãos ficassem amplamente garantidos. Ao aprofundar sua análise, coube a Burdeau a genialidade da explicação incomum de que os revolucionários franceses de 1789, ao elaborarem a Declaração dos Direitos do Homem e do Cidadão, deturparam e substituíram o pensamento original de Montesquieu por uma construção metafísica, segundo a qual os poderes estatais eram frações da soberania, além do que a nação, ao instituir seus representantes, delegava a uns o poder legislativo, a outros o poder executivo e, por fim, o poder jurisdicional era delegado aos juízes. Dessa forma, arremata o genial e insuperado Burdeau sua explicação, os revolucionários franceses, invés de conceberem o princípio da separação dos poderes como receita de técnica política, o enunciaram como dogma de filosofia política.[37]

Por essas razões, ao que tudo leva a crer, uma qualificada teoria da separação plena e absoluta ou da tripartição dos poderes do Estado, entendida em sentido rígido e irracional, foi posteriormente difundida e atribuída de forma equivocada a Montesquieu, mas reavaliada pelos publicistas nos últimos cem anos, como procuramos demonstrar neste segmento, do que resultou sua substituição pela atual teoria das funções do Estado.[38]

---

37 BURDEAU, *Droit Constitutionnel et Institutions Politiques*, p. 137-138. Declaração dos Direitos do Homem e do Cidadão, elaborada na França em 26 de agosto de 1789, artigo 16: "*Toda sociedade na qual a garantia dos direitos não é assegurada e a separação dos poderes determinada, não tem constituição*". A respeito, as seguintes considerações de Luiz Sérgio Arcanjo dos Santos: "*Quase em sua totalidade, o 'jurista historicista dogmático' [...] ainda se apega à expressão "princípio da separação dos poderes do Estado', como se compreende do célebre artigo XVI da Declaração do Homem e do Cidadão, de 1789, mencionando Montesquieu como um de seus idealizadores, o que é evidenciado por Brêtas, em estudos cientificamente realizados, deturpado*". (ARCANJO DOS SANTOS, Luiz Sérgio. *Processo e Poder Constituinte Originário: a construção do direito na processualidade democrática*, p. 121.

38 Cf. MIRANDA, Jorge. *Manual de Direito Constitucional*, t. V, p.12-13.

Comprovando a assertiva, percebe-se que essa moderna concepção da teoria das funções do Estado foi albergada na regra do artigo 22º da Constituição portuguesa de 1976, ao tratar da responsabilidade do Estado pelos prejuízos causados a terceiros. Dita regra impõe que o Estado português e as demais entidades públicas são responsáveis, em forma solidária com os titulares dos seus órgãos, funcionários e agentes, por ações ou omissões praticadas no exercício de suas funções e, por causa desse exercício, venha a resultar violação de direitos, liberdades e garantias ou prejuízo para outrem.

Observa-se que a atual Constituição portuguesa não se vale da palavra *poderes* para designar os órgãos ou as funções do Estado. Menciona *poder político*, dizendo-o pertencer ao povo e exercido nos termos da Constituição, como se lê na regra do artigo 108º, porém evita separar os poderes do Estado (Poder Legislativo, Poder Executivo e Poder Judiciário), como, tradicionalmente, o faz a Constituição brasileira.

Na regra do artigo 111º, a Constituição portuguesa proclama o princípio da separação e da interdependência dos órgãos da soberania, o que implica, segundo Jorge Miranda, na perfeita articulação das funções e órgãos do Estado.[39] Entretanto, como observa Canotilho, quando se utiliza da expressão *poderes do Estado*, aquele texto constitucional pretende indicar *"os complexos orgânicos do sistema do poder político dotados de funções ditas supremas, mas separados e interdependentes entre si"*.[40]

Tecnicamente escorreita é a Constituição italiana, quando, no seu título IV, seção I, dispõe sobre o ordenamento jurisdicional do Estado (*Ordinamento giurisdizionale)*, ali fazendo referência expressa (artigo 102) à função jurisdicional (*funzione giurisdizionale).* Na seção II do mesmo título (artigo 111), estabelece normas sobre a jurisdição (*norme sulla giurisdizione*), dentre elas a de que *"a jurisdição se atua mediante o justo processo regulado por lei"* (*la giurisdizione si attua mediante il giusto processo regolato dalla legge).* Na mesma seção (artigos 111 e 113), há diversas disposições sobre os provimentos (*provvedimenti)* pronunciados por órgãos jurisdicionais (*organi giurisdizionali*). Em passagem alguma, o texto normativo da Constituição italiana cogita do tal *Poder Judiciário*, expressão antiquada e envolta por atecnia, embora tradicionalmente utilizada nos textos das Constituições brasileiras. Por isto, em face

39 *Manual de Direito Constitucional*, t. V, p. 20.

40 *Direito Constitucional e Teoria da Constituição*, p. 503.

da unidade e da indivisibilidade do poder do Estado e cultuando a precisão técnico-científica, dita expressão sempre merecerá nossa crítica.

Curiosamente, entretanto, a Constituição brasileira de 1988, nas regras dos artigos 2º, 44, 76 e 92, embora mantenha referência aos arcaicamente considerados *três Poderes do Estado* (Poder Legislativo, Poder Executivo e Poder Judiciário), em rota de colisão com a doutrina publicística dos últimos cem anos, dispensa discretas referências à *função jurisdicional*, na regra do artigo 127, quando declarou o Ministério Público instituição permanente e essencial à *função jurisdicional do Estado*, e na regra do artigo 134, ao considerar a Defensoria Pública igualmente instituição essencial à *função jurisdicional do Estado*.

Ao finalizar o presente segmento, desejamos considerar que esses mencionados Poderes do Estado, na dicção constitucional brasileira, em visão tripartida e antiquada – Poder Legislativo, Poder Executivo e Poder Judiciário – só podem ser compreendidos, segundo concepção doutrinária mais atual, como sistemas ou complexos de órgãos aos quais as normas da Constituição atribuem competências para o exercício das qualificadas funções fundamentais do Estado.[41]

3. EXAME E DISTINÇÃO DAS FUNÇÕES FUNDAMENTAIS DO ESTADO

Pode-se considerar um truísmo a afirmação de que o Estado contemporâneo se organiza e se rege por meio de uma Constituição, cujas regras e princípios estruturam juridicamente o exercício disciplinado do poder que ostenta sobre as pessoas do povo, substancialmente uno, sem comportar divisão ou divisões de quaisquer espécies. Mas é importante observar que tal estruturação jurídica ainda permite ao Estado a criação de órgãos autônomos para o desempenho de suas funções jurídicas consideradas fundamentais ou essenciais e, ao mesmo tempo, estabelece um sistema político de garantia dos direitos, liberdades e garantias fundamentais das pessoas sobre as quais o poder estatal é exercido, de sorte que não o faça de forma abusiva ou degenerada. Esses órgãos estatais, quaisquer que sejam, não são soberanos, pois, indiscutivelmente,

41 Cf. CANOTILHO. *Direito Constitucional e Teoria da Constituição*, p. 503.

é o Estado que detém a soberania em nome do povo, sua comunidade política, sem a qual lhe faltaria o poder de criação e de aplicação das normas que edita para composição do seu ordenamento jurídico, o qual lhe serve de diretriz obrigatória no desempenho de quaisquer de suas funções.[42]

Valendo-nos da sempre aplaudida doutrina de Jorge Miranda, devemos considerar que, na dinâmica estatal, povo deve ser considerado o substrato humano, formador da comunidade política do Estado, sua razão de ser e que o modela em concreto. Em razão disto, o território do Estado corresponde à área de fixação do povo. Ainda segundo o mesmo autor, o Estado é resultante da obra de uma coletividade, que há de se tornar o povo, daí por que o poder político se define como poder em relação ao povo. Em consequência, este poder político, nos sistemas democráticos, é sempre exercido, direta ou indiretamente, em nome do povo, por isto mesmo conformado pelo modo de ser, de agir e de obedecer do povo e das pessoas que o compõem.[43]

O moderno e importante papel desempenhado pela Constituição, ao qual nos referimos anteriormente, na organização e regência do Estado, impondo-lhe normas para o exercício do poder, é bem analisado por Joaquim Carlos Salgado, ao tecer considerações sobre a harmonização do exercício e organização do poder pelo Estado com a garantia da liberdade das pessoas do povo, em verdadeira simbiose constitucional. Com efeito, afirma referido autor: *"É na Constituição que se dá o encontro do político (poder) e do jurídico (norma) e é na Constituição democrática contemporânea que se dá a superação da oposição entre poder e liberdade. E isso na forma de uma organização do poder e de uma ordenação da liberdade, qual se mostra como ordem jurídica ou liberdade objetivada. Com relação ao direito, diz-se ordenação, norma; com relação ao poder, diz-se organização. A organização só é possível por normas; a ordenação, por órgãos"*.[44]

Como já definido em doutrina secular, três são as funções jurídicas essenciais ou fundamentais do Estado, a legislativa, a governamental ou administrativa e a jurisdicional, todas exercidas por intermédio de órgãos criados pela

---

42 Cf. DEL VECCHIO, Giorgio. *Lições de Filosofia do Direito*, v. II, p. 240-243. BARACHO. *Processo Constitucional*, p. 61-63.

43 *Manual de Direito Constitucional*, t. III, p. 50-51.

44 SALGADO, Joaquim Carlos. *Revista do Tribunal de Contas do Estado de Minas Gerais*, v. 27, p. 39.

estruturação jurídica constitucional e nos limites das normas que compõem a ordem jurídica instituída.

Em linhas gerais, acerca das referidas funções e sob o pálio de boa doutrina,[45] entendemos juridicamente possível a enumeração das seguintes ideias básicas:

a) a função legislativa consiste na edição de normas obrigatórias de caráter geral e abstrato, as quais compõem o ordenamento jurídico vigente, criando o Estado, assim, o direito positivo, com o objetivo de disciplinar as suas próprias atividades e as condutas das pessoas na vida em sociedade;

b) a função governamental, administrativa ou executiva compreende todas as manifestações concretas das diversas atividades desenvolvidas pelo Estado que visem à concretização dos interesses e negócios públicos correspondentes às necessidades coletivas prescritas no ordenamento jurídico vigente;

c) a função jurisdicional permite ao Estado, quando provocado, pronunciar o direito de forma imperativa e em posição imparcial, tendo por base um processo legal e previamente organizado, segundo o ordenamento jurídico constituído pelas normas constitucionais e infraconstitucionais que o Estado edita, nas situações concretas da vida social em que essas normas são descumpridas.

Em reflexão correta, considera Aroldo Plinio Gonçalves que essas três funções do Estado são exercidas com lastro no mesmo fundamento de legitimidade existente nas ordens jurídicas instituídas no mundo contemporâneo, quando estabelecem que todo poder emana do povo, em nome de quem é exercido. O Estado, então, representa a sociedade politicamente organizada pelo direito. Nesta qualidade, consoante se infere das lições do mesmo autor, o Estado assume o poder para, em nome do povo, (I) legislar (garantir

45 Cf. CARRÉ DE MALBERG. *Teoria general del Estado*, p. 635. FIX-ZAMUDIO, Héctor. *Latinoamérica: constitución, proceso y derechos humanos* p.. 227. ALTAMIRA GIGENA, Julio I. *Responsabilidad del Estado*, p. 36. DEL VECCHIO, Giorgio. *Lições de Filosofia do Direito*, p. 245-246. MIRANDA, Jorge. *Manual de Direito Constitucional*, t. V, p. 29. SILVA, José Afonso da. *Curso de Direito Constitucional Positivo*, p. 475.

direitos e prescrever deveres), (II) administrar (gerir os negócios públicos) e (III) exercer a função jurisdicional (reagir contra o ilícito e promover a tutela de direitos). Ressalta Aroldo Plínio Gonçalves que, nessas consideradas ordens jurídicas soberanas, ou seja, no Estado de Direito, *"o poder legitimamente constituído se exerce nos limites da lei, e a função jurisdicional, que traz implícito o poder uno e indivisível do Estado, que fala pela nação, se exerce em conformidade com as normas que disciplinam a jurisdição"*.[46]

Sem dúvida, na concepção de Estado Democrático de Direito, essa legitimidade tem de ser democrática, porque exige assentamento na exclusiva sujeição dos órgãos jurisdicionais às leis emanadas da vontade popular,[47] sendo este ideário a razão determinante de alguns ordenamentos jurídicos modernos afirmarem que as decisões jurisdicionais devem ser proferidas em nome do povo. É bem o caso da Constituição italiana, em seu artigo 101, ao declarar que *"a justiça é administrada em nome do povo" (la giustizia è amministrata in nome del popolo)*.[48] Da mesma forma, o Código de Processo Civil italiano, no artigo 132, ao prescrever que *"a sentença é pronunciada em nome do povo italiano" (la sentenza é pronunciata 'In nome del popolo italiano')*. Nesta linha de legitimidade democrática, o novo Código de Processo Civil francês de 2001, no artigo 454, preceituando que *"o julgamento é entregue em nome do povo francês" (le jugement est rendu au nom de peuple français)*. Na mesma diretriz formal e democrática, a Lei Orgânica do Tribunal Constitucional Federal alemão (§ 25, IV) prescreve que suas decisões devem ser proferidas *em nome do povo (in namen des volkes)*, elemento necessário à decisão, pois expressão obrigatoriamente alocada em forma de título, no texto que estampá-la, logo abaixo da águia de asas abertas (*Adler*), símbolo nacional da República Federal da Alemanha.[49]

Em atenção a esse tema da estrutura de legitimação democrática do Estado, que lhe concede autorização e limites constitucionais para o exercício do poder, é oportuna a advertência de Friedrich Müller, ao lembrar que o juiz (órgão

---

46 *Técnica processual e teoria do processo*, p. 50.

47 BARACHO. *Revista da Faculdade de Direito da Universidade de Lisboa*, v. XXXVIII, n. 1, p. 44.

48 A respeito, ver Eduardo José da Fonseca Costa. Em suas exaustivas pesquisas, o autor verificou que enunciados normativos semelhantes são encontrados na Constituição de Portugal, do Líbano e da Grécia (COSTA. *Processo e garantia*, p. 166-169).

49 Cf. MARTINS, Leonardo. *Direito processual constitucional alemão*, p. 82.

jurisdicional) não pode "*brincar de pretor romano*", justificando: "*Os poderes 'executantes' ['ausführenden'] Executivo e Judiciário não estão apenas instituídos e não são apenas controlados conforme o Estado de Direito; estão também comprometidos com a democracia. O povo ativo elege os seus representantes; do trabalho dos mesmos resultam (entre outras coisas) os textos das normas; estes são, por sua vez, implementados nas diferentes funções do aparelho do Estado; os destinatários, os atingidos por tais atos são parcialmente todos, a saber, o 'povo' enquanto população. Tudo isso forma uma espécie de ciclo ['Kreislauf'] de atos de legitimação, que em nenhum lugar pode ser interrompido (de modo não-democrático). Esse é o lado democrático do que foi denominado estrutura de legitimação*". Ainda esclarece Müller que o povo deve ser visto como instância global da atribuição de legitimidade democrática e somente neste sentido é que são proferidas "*decisões judiciais em nome do povo*".[50]

Porém, sustentamos que o processo constitucional concorre para o fortalecimento dessa legitimação democrática do Estado, seja o processo constitucional legislativo,[51] seja o processo constitucional jurisdicional. Por meio do primeiro, o povo pode fiscalizar e participar do controle democrático de constitucionalidade da elaboração da norma jurídica. Por meio do segundo, como destinatário da norma jurídica produzida, qualquer do povo (sujeito constitucional) poderá provocar a jurisdição estatal, visando a controlar em concreto sua constitucionalidade, quando posta em vigor, notadamente se a

---

50 *Quem é o povo? A questão fundamental da democracia*, p. 60.

51 Leciona Zulmar Facchin: "*Por processo legislativo entende-se o conjunto de atos praticados por agentes públicos competentes, com o propósito de elaborar a lei. Ele abrange a iniciativa, as discussões, os pareceres, as emendas, a votação, a sanção, a promulgação, a publicação, podendo também ocorrer o veto, o envio das razões deste ao Presidente do Senado Federal e sua apreciação pelo Congresso Nacional. [...]. A prática de tais atos tem por finalidade produzir a lei. Em outras palavras, a finalidade do processo legislativo é inovar no ordenamento jurídico. A base normativa do processo legislativo está na Constituição Federal (arts. 59 a 69), na lei (Lei Complementar 95, de 26 de fevereiro de 1998) e nos regimentos internos das Casas Legislativas [...]. O processo legislativo é inspirado pelos seguintes princípios: a) publicidade; b) oralidade; c) separação da discussão e votação; d) unidade da legislatura; e) exame prévio dos projetos por comissões parlamentares. [...]. A forma dos debates é oral, predominando a palavra falada sobre a escrita. Embora o projeto de lei seja escrito e os pareceres das comissões sejam, em regra, também escritos, predomina a oralidade, em que os debates, na tribuna, são o ponto alto do processo legislativo*". (FACCHIN, Zulmar. *Curso de Direito Constitucional*, p. 446-447).

norma jurídica estiver em colisão com os direitos e garantias fundamentais positivados no texto constitucional.[52]

Discorrendo sobre as funções do Estado, Seabra Fagundes esboçou visão sumária do assunto, ao transmitir as seguintes noções: *"O Estado, uma vez constituído, realiza os seus fins por meio de três funções em que se reparte a sua atividade: legislação, administração e jurisdição. A função legislativa liga-se aos fenômenos de formação do Direito, enquanto as outras duas, administrativa e jurisdicional, se prendem à fase de sua realização. Legislar (editar o direito positivo), administrar (aplicar a lei de ofício) e julgar (aplicar a lei contenciosamente) são três fases da atividade estatal, que se completam e a esgotam em extensão. O exercício dessas funções é distribuído pelos órgãos denominados Poder Legislativo, Poder Executivo e Poder Judiciário"*.[53]

Observa-se que Seabra Fagundes considera os denominados *Poderes Legislativo, Executivo e Judiciário* como órgãos do Estado. Este entendimento, de certa forma, coincide com a posição que adotamos, porque, como enfatizado anteriormente, os qualificados *Poderes do Estado* (*Poder* Legislativo, *Poder* Executivo e *Poder* Judiciário), em terminologia arcaica, devem ser entendidos como sistemas ou complexos de órgãos aos quais a Constituição outorga competências para o exercício das funções essenciais do Estado.

Acertada, pois, nessa linha de entendimento, a primorosa lição de Rosemiro Pereira Leal, ao considerar que, *"embora se defronte com a designação pomposa de Poder Judiciário encampada pela terminologia constitucional brasileira, o que*

52 Nesse contexto, desponta a figura do *sujeito constitucional*, dissecada técnica e cientificamente nos fecundos estudos de André Del Negri: *"O sujeito constitucional não é senão a soma das reivindicações empregadas dialeticamente numa relação com o outro em sociedade, pois a expressão não pode se afastar do constitucionalismo. O sujeito constitucional, portanto, só será reconhecido quando lhe for assegurada a condição de protagonista das decisões mediante compartilhamento decisório (discurso que vincula todos os atores humanos que estão reunidos pelo mesmo conjunto de normas constitucionais. [...]. É nesse passo que o sujeito constitucional (cidadãos-intérpretes/coautores legitimados) pode reivindicar a sua identidade no discurso de fundamentação pela teoria do Processo Constitucional (articulação de defesa simétrica nos atos decisionais em qualquer segmento do serviço público). Logo, o sujeito constitucional precisa se dotar do instrumental do discurso constitucional para construir uma narrativa onde ele seja protagonista do seu destino (Processo constitucional e decisão interna corporis*, p. 29-30).

53 *O Controle dos Atos Administrativos pelo Poder Judiciário*, p. 2-3.

se tem é, pela outorga do povo, o monopólio da função jurisdicional pelo Estado, que a delega, como dever, ao órgão jurisdicional (Estado-Juiz)".[54]

Por incontestável, distinguir ou extremar com precisão técnica essas funções do Estado, uma das outras, não é tarefa das mais fáceis, até porque, a se considerar aquele esboço feito por Seabra Fagundes, as funções administrativa e jurisdicional seriam consideradas apenas espécies de uma função estatal única, qual seja, a função de aplicar a lei, ora de ofício (Estado-administração), ora contenciosamente (Estado-jurisdição).

Nessas condições, a dificuldade maior apontada pela doutrina estaria em distinguir a função administrativa da função jurisdicional. Sem embargo da complexidade que envolve o assunto, de modo geral, considera-se que, por meio da função legislativa, o Estado edita normas de caráter geral e abstrato que compõem o direito positivo. Ao exercer a função jurisdicional, quando provocado nos casos e forma legais, o Estado realiza o direito, aplicando aquelas normas editadas na solução das situações fáticas e concretas submetidas à sua apreciação, e o faz por meio do processo, situações não poucas vezes resultantes dos conflitos de interesses intersubjetivos. No exercício da função administrativa, o próprio Estado decide a respeito do ato que praticará, buscando a concretização do interesse público, para satisfação das necessidades coletivas, em permanente obediência às normas jurídicas editadas por meio da função legislativa, mesmo em determinadas situações em que se lhe permite um agir discricionário, isto é, a prática de atos com certa mobilidade de atuação, que não se confunde, porém, com um agir arbitrário, pois jamais deixará de observar os exatos limites traçados pela norma de direito em que se funda o ato estatal.[55]

Segundo a doutrina de Chiovenda, acolhida e repetida, com ligeiras modificações, pela maioria dos processualistas brasileiros contemporâneos, a função jurisdicional ou jurisdição, função própria e essencial do Estado moderno, é o poder de aplicar a lei em casos concretos. É função do Estado *"que tem por escopo a atuação da vontade concreta da lei por meio da substituição, pela atividade de órgãos públicos, da atividade de particulares ou de outros órgãos públicos, já no afirmar a existência da vontade da lei, já no torná-la, praticamente,*

54 *Teoria geral do processo: primeiros estudos*, p. 187.

55 Cf. BARACHO. *Processo Constitucional*, p. 67. DI PIETRO. *Direito Administrativo*, p. 176-177. SILVA, José Afonso da. *Curso de Direito Constitucional Positivo*, p. 475-476.

efetiva". Ao cotejá-la com a função administrativa, esta, para o referido autor, seria uma atividade estatal imposta direta e imediatamente pela lei aos órgãos públicos. Na tentativa de estabelecer distinções entre as funções jurisdicional e administrativa, faz o doutrinador várias comparações explicativas. Nesse propósito, Chiovenda entende que, assim como o proprietário age por conta própria, nos limites de seu direito de propriedade, também o Estado, ao desempenhar a função administrativa, nos limites de seu poder, age por conta própria, mas não em lugar de outrem, como sucede na função jurisdicional. Considera Chiovenda que o Estado, no exercício da função administrativa, ao reconhecer, reintegrar ou reparar direitos alheios, pratica atos semelhantes aos do devedor, quando este, espontaneamente, paga o credor, ou ao do possuidor, no momento em que restitui a coisa possuída ao proprietário. Essas considerações levaram-no à conclusão de que o Estado, ao exercer a função jurisdicional, agiria *atuando a lei*, considerando a lei em si mesma. Ao exercer a função administrativa, o Estado agiria em *conformidade com a lei*, considerando-a norma de sua própria conduta. Assim, para Chiovenda, a função administrativa seria uma atividade primária ou originária do Estado, ao passo que a função jurisdicional seria uma atividade secundária ou coordenada.[56]

Conforme visão de Jorge Miranda, ao contrapor as funções administrativa e jurisdicional, a causa dos atos decorrentes da função administrativa seria o interesse público, enquanto a causa dos atos praticados no exercício da função jurisdicional residiria no cumprimento das normas jurídicas. Na função administrativa preponderaria postura estatal essencialmente volitiva e prospectiva. Na função jurisdicional predominaria postura estatal intelectiva e retrospectiva. Na função administrativa, haveria supremacia de um componente autoritário, naturalmente longe de ser arbitrário, levando-se em conta a crescente e enfática prescrição constitucional em torno dos direitos e garantias fundamentais dos administrados. Na função jurisdicional, a presença marcante do princípio do contraditório, pois exercida pelo Estado somente por meio do processo.[57]

Ao enfocar a distinção entre a função legislativa e a função jurisdicional, Carnelutti alinha importantes e originais observações sobre o assunto, em

56 *Instituições de Direito Processual Civil*, v. 2, p. 3. *Principii di diritto processuale civile*, p. 65, 291, 297 e 298.

57 *Manual de Direito Constitucional*, t. V, p. 30.

obra escrita no final de sua vida. Para o doutrinador, a função legislativa seria uma produção do direito *sub specie* normativa, ou seja, produção de normas jurídicas ou produção de preceitos em série, para casos típicos, não para casos concretos. A função jurisdicional ou jurisdição declararia direitos e produziria preceitos para cada caso concreto levado à apreciação do Estado pelas partes envolvidas em conflitos de interesses. Logo, em princípio, ambas as funções consistiriam em produção do direito, feita pelo Estado, por meio de processos, o processo legislativo e o processo jurisdicional. Mas as características de cada uma das referidas funções acarretariam diferenças na estrutura do *processo formativo do direito*, conforme se tratasse de *legislação* ou de *jurisdição*. Explicando melhor sua teoria, Carnelutti esclarece que o Estado, ao declarar o direito em determinado caso concreto, atividade que se chama *jurisdição*, serve-se do processo, onde as partes envolvidas no conflito de interesses instruem o caso concreto, fornecendo ao Estado-juiz, ao apresentarem suas razões, todos os elementos úteis para que seja pronunciado o comando estatal que se conterá na decisão final (sentença). A característica da jurisdição estaria em que o direito, embora *produzido super partes* no processo, seria *preparado inter partes*. Já no processo legislativo de elaboração das regras, ao contrário do que ocorre no processo jurisdicional, as partes teriam posição meramente passiva. O Estado, ao legislar, exerce sua soberania, do que decorre a sujeição das partes, as quais se colocam na postura de pacientes em relação àquele. No processo jurisdicional, ao contrário, as partes não são mais pacientes, porque se tornam agentes. Considera Carnelutti que essas ideias são importantes para a teoria do direito e para a teoria do processo, pois permitem a distinção entre partes no sentido material e partes no sentido formal. Prosseguindo, observa Carnelutti que essas considerações geram melhor compreensão dos mecanismos de produção do direito utilizados pelo Estado, afastando, também, certa tendência incorreta de se situar o juiz no centro de gravidade do processo, reduzindo as partes à posição meramente passiva, o que considera verdadeira ignorância dos princípios que regem a teoria das fontes jurídicas. Em arremate, esclarece que essas diferenças estruturais constatadas nos processos de produção do direito permitem distinguir melhor as funções legislativa e jurisdicional. Assim, para Carnelutti, aquelas duas funções, longe de constituírem duas modalidades por meio das quais o Estado produz direito diferente, são duas modalidades diferentes de produzir direito.[58]

Parece-nos que, entre nós, Calmon de Passos retomou as linhas teóricas de Carnelutti, ao discorrer sobre o processo de produção do direito, nos seguintes termos: *"distingue-se o processo legislativo de produção do direito do processo jurisdicional de produção do direito, delimitada a função de cada qual deles no espaço amplo da disciplina da solução de conflitos, específica do jurídico, aos quais, na modernidade e em decorrência da institucionalização do Estado de Direito Democrático, se acresceu o processo administrativo de produção do Direito. Há, por conseguinte, no processo global de produção do direito, uma primeira redução de complexidade, de natureza predominante, mas não exclusivamente política, para determinação de um universo de dever ser formalizados em termos genéricos, a par de uma segunda redução de complexidade, de natureza predominante, mas não exclusivamente técnica, a partir daquela, para concreção do que foi definido genericamente, tendo em vista sua aplicação a casos concretos. O processo político-legislativo disciplina e conforma a primeira função; os processos político-administrativo e político-jurisdicional disciplinam e conformam a segunda função."*[59]

Próximo à posição de Carnelutti está o pensamento de Liebman, ao se referir às atividades fundamentais do Estado: *"A legislação consiste na produção das normas que vêm a compor o ordenamento jurídico e seus atos têm (de regra) um conteúdo abstrato e geral, porque destinados a regular um número indefinido de casos e fatos futuros. A jurisdição expressa-se, ao contrário, através de atos que têm um conteúdo concreto, referindo-se a determinado fato ou caso que então vem a ser julgado e sancionado mediante a aplicação das regras do direito vigente. Por isso, a jurisdição é, em certo sentido, uma atividade que se coloca como continuação e especificação da legislação; e a norma jurídica, que é o produto da legislação, torna-se critério de julgamento para a jurisdição".*[60]

Em capítulo extenso de sua clássica obra, Carré de Malberg discorre longamente sobre a função jurisdicional do Estado, procurando defini-la segundo seu objeto. Assinala que, segundo o pensamento majoritário da doutrina, o objeto da função jurisdicional seria o de resolver os litígios que eclodem entre as pessoas, nas suas relações de ordem privada, e aqueles que também surgem

58 *Teoria Geral do Direito*, p. 129-131.

59 *Direito, poder, justiça e processo: julgando os que nos julgam*, p. 87.

60 *Manual de Direito Processual Civil*, v. I, p. 5.

entre o administrado e a autoridade administrativa, em relação aos atos por esta praticados. Assim, o exercício da jurisdição teria como pressuposto um litígio entre partes que sustentassem pretensões contrárias, de sorte a provocar a intervenção jurisdicional. A ideia geral, então, prossegue o autor, é a de que a função jurisdicional teria seu exercício postulado sempre que suscitado um litígio, cuja solução tornasse necessária a interpretação ou aplicação da lei. O litígio teria origem em um ponto de direito, divergindo as partes litigantes quanto ao sentido ou alcance de uma disposição legal, ou em um ponto de fato, que condicionasse a aplicação da lei, situação na qual não estaria em discussão o sentido da lei, mas o de saber se a lei incidiria sobre o fato que causou o litígio. Entretanto, para Carré de Malberg, apesar de verdadeira em grande parte, a teoria de que a função jurisdicional teria por objeto solucionar as questões litigiosas ainda seria insuficiente, não se limitando a tal aspecto, o que justifica satisfatoriamente, ao lembrar a jurisdição exercida em matéria penal, que surge independente da existência de um litígio. Alarga seu pensamento lembrando que a aplicação da lei penal pressupõe sempre um juízo de condenação formalizado por meio de um ato jurisdicional. Com efeito, explica Carré de Malberg, assim como o direito penal moderno se baseia no princípio *nulla poena sine lege*, também há um princípio de direito público, segundo o qual a pena não pode ser aplicada pela autoridade administrativa sem que haja um prévio pronunciamento jurisdicional, após comprovados os fatos imputados ao acusado e verificados se estes fatos estão tipificados na legislação penal, de sorte a se aplicar as sanções ali previstas ao caso concreto. A partir dessas premissas, segundo o pensamento de Carré de Malberg, melhor seria dizer-se que a função jurisdicional é a atividade do Estado que consiste em pronunciar o direito, entendida esta expressão como reconhecer o direito vigente e não o criar, porque, no Estado moderno, nas palavras do publicista francês, direito é o conjunto de regras formuladas pelas leis ou em virtude das leis, que constituem seu ordenamento jurídico.[61]

Sem dúvida, essas considerações relativas ao indispensável controle decorrente do exercício da função jurisdicional na aplicação da pena, nos casos em que o Estado empreende o julgamento das infrações penais (*nulla poena sine judicio)*, constituem o mais franco desmentido à ideia de que a jurisdição somente consistiria na resolução de conflitos que surgem entre as pessoas, entre

61 *Teoria general del Estado*, p. 631-635.

si, ou entre elas e o próprio Estado, como têm afirmado os processualistas brasileiros, em sua grande maioria.[62]

Aliás, sobre o assunto, lembra atenta doutrina que a função jurisdicional desenvolvida no processo penal transformou-se em forma supletiva de exercício do poder político, ou seja, casos em que o Estado reage contra o ilícito penal, ao dar respostas (ou tentar dá-las) às situações bem atuais decorrentes do fenômeno do terrorismo e de suas nefastas consequências, do aumento da ocorrência de crimes conectados ao tráfico e consumo de drogas e das resultantes ações nefastas em larga escala praticadas pela chamada criminalidade organizada e violenta, maléficos fenômenos sociais que flagelam os tempos modernos.[63]

---

62 Por todos, confira-se texto de Dinamarco, sob nítida influência da doutrina de Chiovenda, ao conceituar jurisdição como *"função do Estado, destinada à solução imperativa de conflitos e exercida mediante a atuação da vontade do direito em casos concretos"* (*Instituições de Direito Processual Civil*, p. 305). Observa-se que, também nos casos abrangidos pela chamada *jurisdição voluntária*, expressão que, segundo sugere Celso Neves, deveria ser substituída por *atividade processual jurisintegrativa*, não há conflito algum entre as partes que postulam a jurisdição. Nessas situações, como lembra o mesmo autor, a doutrina entende que o Estado pratica, por meio do processo, atos considerados como *administração pública de interesses privados* (*Estrutura fundamental do processo civil: tutela jurídica processual, ação, processo e procedimento*, p. 44-45). Segundo Thais Souza Grossi, com apoio na doutrina de Lopes da Costa, são situações nas quais o Estado age em colaboração com o particular, por meio do processo, visando à formação da ordem jurídica privada (Originalidade e contemporaneidade da obra de Lopes da Costa. *Caderno de Estudos Jurídicos: PUC Minas*, v. 5, p. 22). São os casos, por exemplo, da publicação de testamento particular, da interdição de pessoas e do divórcio consensual dos cônjuges. A distinção entre jurisdição voluntária e jurisdição contenciosa, como esclarece Chiovenda, tem grande importância prática, eis que o provimento (*provvedimento*) obtido no processo em que prestada a jurisdição voluntária, como ato de pura administração, não produz coisa julgada (*Principii di diritto processuale civile*, p. 318).

63 Cf. GIULIANI, Alessandro; PICARDI, Nicola. *La responsabilità del giudice*, p. 193-194. CATARINO, Luís Guilherme. *A Responsabilidade do Estado pela Administração da Justiça: o erro judiciário e o anormal funcionamento*, p. 21-22. BARACHO. *A Prática Jurídica no Domínio da Proteção Internacional dos Direitos do Homem (A Convenção Européia dos Direitos do Homem)*, p. 388.

4. JURISDIÇÃO CONCRETIZADA PELO DEVIDO PROCESSO CONSTITUCIONAL

Após meditar sobre as reflexões doutrinárias até agora colacionadas, mas sem a pretensão de emitir um conceito infalível sobre a função jurisdicional, reputamos sustentável a ideia básica de se entender que, na concepção estruturante do Estado Democrático de Direito, a função jurisdicional ou, simplesmente, jurisdição, é atividade-dever do Estado, prestada pelos órgãos competentes indicados no texto da Constituição, somente exercida sob petição da parte interessada (direito de ação) e mediante a garantia do devido processo constitucional. Logo, a jurisdição somente se concretiza por meio de processo instaurado e desenvolvido em forma obediente aos princípios e regras constitucionais,[64] dentre os quais avultam o juízo natural, a ampla defesa, o contraditório e a fundamentação dos pronunciamentos jurisdicionais baseada na reserva legal, com o objetivo de realizar imperativa e imparcialmente os preceitos das normas componentes do ordenamento jurídico.[65]

Essas noções descritivas da função jurisdicional revelam nosso alinhamento com as ideias cientificamente renovadas sobre jurisdição e processo neste século XXI, ancoradas na preservação dos direitos e das garantias constitucionais outorgados às pessoas, que vêm sendo expostas em estudos magníficos e atualizados da teoria do Estado e da teoria do processo constitucional, única

64 Cf. BARACHO. Teoria geral do processo constitucional. *Revista da Faculdade Mineira de Direito* v. 2, ns. 3 e 4, p. 118. É o que prestigiada doutrina italiana classifica de *modelo constitucional do processo*, assim caracterizado: *"as normas e os princípios constitucionais respeitantes ao exercício da função jurisdicional, se consideradas na sua complexidade, consentem ao intérprete delinear um verdadeiro e próprio esquema geral de processo, suscetível de formar o objeto de uma exposição unitária"* (cf. ANDOLINA, Italo e VIGNERA, Giuseppe. *I fondamenti constituzionali della giustizia civile: il modelo costituzionale del processo civile italiano*, p. 7: *"Le norme ed i principi costituzionali riguardanti l'esercizio della funzione giurisdizionale, se considerati nella loro complessità, consentono all'interprete di disegnare un vero e proprio schema generale di processo, suscetibile di formare l'oggetto di una esposizione unitaria").*

65 Cf. ROSEMBERG. *Tratado de Derecho Procesal Civil*, p. 45. COUTURE. Eduardo J. *Fundamentos del derecho procesal civil*, p. 40-44. FIX-ZAMUDIO. *Latinoamérica: constitución, proceso y derechos humanos*, p. 227. FAZZALARI. *Istituzioni di Diritto Processuale*, p. 7-8. BARACHO, *Revista Forense*, v. 337, p. 107. GONÇALVES, Aroldo Plínio. *Técnica Processual e Teoria do Processo*, p. 50. LEAL, Rosemiro Pereira. *Teoria geral do processo: primeiros estudos*, p. 73-74.

forma de afirmar a legitimidade democrática dos pronunciamentos jurisdicionais feitos nos processos.[66]

Com efeito, Rosemiro Pereira Leal considera que, sob o ponto de vista jurídico-sistemático, jurisdição é *"atividade-dever estatal do órgão jurisdicional de cumprir e fazer cumprir o direito positivo, mediante observação das garantias constitucionais do processo e do princípio da reserva legal, cujo fundamento submete os provimentos (sentenças, decisões judiciais) ao dado prévio da lei"*.[67]

Nessa mesma perspectiva, após realçar o caráter discursivo do processo jurisdicional e a relevância pertinente dos princípios constitucionais processuais, sustenta Marcelo Andrade Cattoni de Oliveira que a jurisdição deve ser entendida como *"a atividade, o poder público-estatal que se realiza através de discursos jurídico-processualmente institucionalizados de aplicação jurídico-normativa"*. Sobre o caráter discursivo do processo, explica Cattoni de Oliveira que, no quadro do exercício da função jurisdicional, *"o Direito realiza sua pretensão de legitimidade e de certeza da decisão através, por um lado, da reconstrução argumentativa no processo da situação de aplicação, e, por outro, da determinação argumentativa de qual, dentre as normas jurídicas válidas, é a que deve ser aplicada, em razão de sua adequação, ao caso concreto"*. Além disto, prossegue: *"a argumentação jurídica através da qual se dá a reconstrução do caso concreto e a determinação da norma jurídica adequada"* estão submetidas *"à garantia processual da participação em contraditório dos destinatários do provimento jurisdicional"*. Por isso, para Cattoni de Oliveira, *"o contraditório é uma das garantias centrais dos discursos de aplicação jurídica institucional e é condição de aceitabilidade racional do processo jurisdicional"*. Conclui dito autor, nessa linha de raciocínio, que processo *"é procedimento discursivo, participativo, que garante a geração de decisão participada"*. Ainda esclarece Cattoni de Oliveira

---

66 A propósito, as pertinentes considerações de José Herval Sampaio Júnior: *"A jurisdição constitucional fora idealizada justamente para fazer valer o princípio da supremacia constitucional. A hermenêutica contemporânea tem como lócus a Constituição, ou seja, toda a interpretação parte da Lei Maior, que precisa ser respeitada por todos os que fazem parte da sociedade. Esta ideia é a origem e a própria razão de ser de um processo constitucional, eis que por meio deste a jurisdição se materializa ...[...]. Como se viu em páginas anteriores, todo o coração do constitucionalismo contemporâneo reside nos direitos e garantias fundamentais dos cidadãos, que, por conseguinte, influenciam essa nova visão da jurisdição e conduzem a um processo constitucional que se preocupe sempre com essas garantias"* (*Processo constitucional: nova concepção de jurisdição*, p. 57 e 80).

67 *Teoria geral do processo: primeiros estudos*, p. 73.

que a concepção de processo garantidor da geração de decisão participada resulta da associação entre a perspectiva reconstrutiva da teoria discursiva do direito e da democracia, elaborada por Habermas, e a tese formulada por Fazzalari, exposta e desenvolvida, no Brasil, por Aroldo Plinio Gonçalves, concebendo o processo como procedimento em contraditório. Como resultante da referida associação, o processo deve ser entendido espécie de procedimento que se realiza em contraditório, garantindo-se a simétrica participação dos interessados na preparação do provimento estatal.[68]

Essas ideias revelam a importância do processo constitucional na obtenção do pronunciamento estatal decisório reivindicado pelas partes, única forma de lhes permitir, democraticamente, dentro de um espaço procedimental cognitivo-argumentativo informado pelo contraditório e pela ampla defesa, a possibilidade de individualizarem as normas jurídicas abstratas e gerais integrantes do ordenamento jurídico que deverão incidir na solução das particularidades do caso concreto reconstruído dialeticamente no processo.

Em consequência, percebeu Inocêncio Mártires Coelho, com esteio na teoria da argumentação jurídica formulada por Alexy, que, *"nessa perspectiva, pode-se dizer que as regras de direito só entram em vigor no momento da sua aplicação, porque só então é que se aperfeiçoam os modelos jurídicos, pela fusão dialética do que neles é norma e situação normada, preceito e realidade, horizonte de produção e horizonte de aplicação do direito."*[69]

Como já observamos, as decisões, os pronunciamentos emanados dos órgãos jurisdicionais ou os chamados provimentos, sob influência da doutrina italiana,[70] na concretização da função jurisdicional, são atos estatais imperativos,

---

68 CATTONI DE OLIVEIRA. *Direito Processual constitucional*, p. 160 e 198. *Revista da Faculdade Mineira de Direito*, v. 1, p. 108-109, v. 3, p. 162-163.

69 *Interpretação constitucional*, p. 28.

70 Influenciada pelos textos jurídicos italianos, a doutrina brasileira passou a utilizar o vocábulo *provimento* com o sentido de decisão jurisdicional. Os italianos se valem com frequência da palavra *provvedimento* (provimento), derivada de *provvedere* (prover), a fim de expressar o que a doutrina brasileira chama de decisão jurisdicional, providência jurisdicional, medida jurisdicional ou pronunciamento jurisdicional. Provimento é o ato ou efeito de prover. Nos textos legislativos e doutrinários brasileiros, ao mencionarem *"provimentos mandamentais"*, *"provimentos jurisdicionaios"*, *"provimentos finais"*, *"provimento antecipado"*, surge com o sentido de *ato jurisdicional decisório*, como sucede no direito italiano (*provvedimento*). Não obstante, na tradição jurídica luso-brasileira, provimento é expressão utilizada no plano recursal, com o sentido de acolhimento do recurso. Assim, o Tribunal, após verificar a

que refletem manifestação do poder político do Estado, poder que jamais poderá ser arbitrário, insista-se, mas poder constitucionalmente organizado, delimitado, exercido e controlado conforme as diretivas do princípio do Estado Democrático de Direito.

Em razão disso, a manifestação de poder do Estado, exercido em nome do povo, que se projeta no pronunciamento jurisdicional decisório e no pronunciamento administrativo decisório (também, no pronunciamento legislativo, a *lei aprovada*), tem de ser realizada sob rigorosa disciplina constitucional principiológica, qualificada como devido processo constitucional.

Esse considerado devido processo constitucional vem a ser metodologia normativa que, em grau máximo, informa e orienta o processo jurisdicional, o processo legislativo e o processo administrativo, fundamentos pelos quais podemos falar em processo constitucional jurisdicional, processo constitucional legislativo e processo constitucional administrativo, conforme lembramos na introdução deste livro.

Nesse ponto, oportuno e preciso é o ensinamento de André Del Negri: *"Percebe-se, pois, que a expressão Devido Processo Constitucional é vista como instituição regenciadora de todo e qualquer procedimento (devido processo legal), a fim de tutelar a produção de provimentos seja administrativo, legislativo ou judicial. Neste sentido, o procedimento legislativo, para atingir suas plenas condições de regularidade deve guardar fundamental observância à lei constitucional (Devido Processo Constitucional), regenciadora da estrutura normativa (procedimento) e dos atos do legislador que, interessado no provimento final (lei), pode*

---

existência dos pressupostos subjetivos e objetivos de admissibilidade do recurso (conhecimento do recurso), lhe dará provimento, acolhendo-o e reformando o ato jurisdicional objeto do recurso, ou lhe negará provimento, rejeitando o recurso e mantendo a decisão jurisdicional recorrida. Em conclusão, o vocábulo provimento, em nosso direito, passou a ter dois sentidos jurídicos diferentes, um à brasileira, outro à italiana (sobre o assunto, cf. DINAMARCO. *Fundamentos do processo civil moderno*, t. I, p. 209-211. ROSA, Eliézer. *Novo Dicionário de Processo Civil*, p. 238). Prestando culto à tradição luso-brasileira, como o fazemos desde a 1ª edição deste livro (2010), evitamos utilizar em nossos textos a expressão *provimento*, em seu lugar empregando *pronunciamento jurisdicional decisório*. A respeito, é interessante observar que o Código de Processo Civil brasileiro de 2015, em seus artigos 36, §§ 1º e 2º, e 203, §§ 1º., 2º. e 3º. (Seção IV, *Dos pronunciamentos do juiz*), evitou mencionar provimento, em seu lugar utilizando as expressões *pronunciamento judicial* e *pronunciamentos do juiz*, como o fazemos nesta obra desde sua 1ª. edição (2010).

participar na sua preparação desde que submetido às diretrizes formais do processo constitucionalizado. Como se pode perceber, o Devido Processo Legislativo, o qual é também Devido Processo Legal, é um direito-garantia que os cidadãos possuem com relação a uma produção democrática do Direito, uma produção realizada em consonância com o eixo-teórico-discursivo atual (Direito democrático), concretizado por intermédio do Processo Legislativo orientado pelo Processo Constitucional".[71]

No assunto, ainda é de se lembrar que a Lei Federal nº 9.784, de 29/1/1999, incorporou no ordenamento jurídico brasileiro um complexo normativo de regência do processo administrativo, de observância obrigatória por quaisquer órgãos estatais que estejam exercendo ou desempenhando funções administrativas (art. 1º.), sendo por demais evidente que tais normas têm de ser interpretadas e aplicadas segundo o devido processo constitucional.[72]

Portanto, calha ao tema, pela sua pertinência, lição de Dierle José Coelho Nunes, ao observar que o princípio-garantia do contraditório, integrante da metodologia normativa do processo constitucional, *"permite que o cidadão assuma a função de autor-destinatário dos provimentos (jurisdicionais, legislativos e administrativos), cujos efeitos sofrerá."*[73]

Por isso, o Estado só pode agir, se e quando chamado a exercer a função jurisdicional, dentro de uma estrutura metodológica construída normativamente (devido processo legal), de modo a garantir adequada participação dos destinatários na formação do seu ato decisório imperativo. Com essa metodologia, afasta-se qualquer subjetivismo ou ideologia do agente público decisor (juiz), investido pelo Estado do poder de julgar, sem espaço para a discricionariedade[74] ou a utilização de hermenêutica canhestra fundada no prudente ou livre arbítrio do julgador ou prudente critério do juiz[75], incompatível com

---

71 DEL NEGRI, André. *Controle de constitucionalidade no Processo legislativo: teoria da legitimidade democrática,* p. 118.

72 Ver DINIZ CAIXETA, Maria Cristina. *O novo processo constitucional administrativo: sua importância na construção do Estado Democrático de Direito,* p. 10-41 e 87-173.

73 *Processo jurisdicional democrático,* p. 237.

74 Com judiciosas considerações, Streck bem demonstra a incorreção de se trazer o conceito de discricionariedade administrativa para o âmbito da interpretação do direito, com o fito de se criar uma insustentável discricionariedade judicial (*Constituição e processo,* p. 10).

75 Chamando a atenção para o perigo do "*livre arbítrio judicial*", em exposição feita nas XVI Jornadas Ibero-Americanas de Direito Processual, realizadas em Brasília, de 10 a

os postulados do Estado Democrático de Direito, como, ao contrário, até hoje e infelizmente, alguns doutrinadores supõem e apregoam e outras tantas decisões jurisdicionais consagram em seus fundamentos.

A esse desiderato, está o processo plenamente ajustado à referida estrutura normativa (*devido processo legal*), como procedimento que se realiza em contraditório entre as partes, por exigência do devido processo constitucional, sem exceção de espécie alguma. É o contraditório que viabiliza a participação simetricamente igualitária das partes destinatárias do pronunciamento jurisdicional decisório final (decisão interlocutória, sentença, acórdão, provimento) na fase procedimental da sua preparação, influindo as mesmas partes na sua construção.[76]

É o que Calmon de Passos chama de devido processo constitucional jurisdicional, em concepção cujas premissas básicas também são defendidas neste livro, como se colhe do seguinte excerto: *"Devido processo constitucional jurisdicional, cumpre esclarecer, para evitar sofismas e distorções maliciosas, não é sinônimo de formalismo, nem culto da forma pela forma, do rito pelo rito, sim um complexo de garantias mínimas contra o subjetivismo e o arbítrio dos que têm poder de decidir. Exige-se, sem que seja admissível qualquer exceção, a prévia instituição e definição da competência daquele a quem se atribua o poder de decidir o caso concreto (juiz natural), a bilateraridade da audiência (ninguém pode sofrer restrição em seu patrimônio ou em sua liberdade sem previamente ser ouvido e ter o direito de oferecer suas razões), a publicidade (eliminação de todo procedimento secreto e da inacessibilidade ao público interessado de todos os atos praticados no processo), a fundamentação das decisões (para se permitir a avaliação objetiva e crítica da atuação do decisor) e o controle dessa decisão (possibilitando-se, sempre,*

14/8/1998, advertiu José Luis Vazquez Sotelo que o juiz não é livre no sentido de arbitrário e não pode julgar sob critérios caprichosos, subjetivos, idealistas ou românticos, informadores de seu "*particular sentimento jurídico*", devendo, ao contrário, guiar-se pelas normas que informam o sistema jurídico. Ainda enfatizou Sotelo que não pode o juiz orientar-se por considerações de simpatia, antipatia, benevolência ou tomar partido por algum dos interesses em disputa no processo, segundo a chamada *"jurisprudência dos interesses (Interessenjurisprudentz"*, que esteve em voga na Alemanha (*Temas atuais de direito processual ibero-americano*, p. 332-333).

76 Sendo assim, já que o pronunciamento jurisdicional do Estado, segundo o devido processo constitucional, é construído pelos argumentos jurídico-procedimentais dos legitimados ao processo, conforme discorre Rosemiro Pereira Leal (*Teoria Processual da Decisão Jurídica*, p. 44), corretíssima se revela a observação de Cattoni de Oliveira: *"não é necessário ser Hércules (Dworkin), para se cumprir a tarefa jurisdicional"* (*Direito processual constitucional*, p. 154).

a correção da ilegalidade praticada pelo decisor e sua responsabilização pelos erros inescusáveis que cometer). Dispensar ou restringir qualquer dessas garantias não é simplificar, deformalizar, agilizar o procedimento, privilegiando a efetividade da tutela, sim favorecer o arbítrio em benefício do desafogo de juízos e tribunais. Favorece-se o poder, não os cidadãos, dilata-se o espaço dos governantes e restringe-se o dos governados. E isso se me afigura a mais escancarada antidemocracia que se pode imaginar".[77]

Portanto, no Estado Democrático de Direito, que visualizamos como princípio, a função jurisdicional somente se concretiza dentro da moderna e inafastável estrutura constitucionalizada do processo.[78] A declaração final do Estado (ato decisório), decorrente do poder de cumprir o dever de prestar a jurisdição, quando e se provocado por qualquer um do povo ou mesmo por qualquer órgão estatal, inserida na decisão, sentença ou provimento ali prolatados, jamais será um ato isolado ou onipotente do órgão jurisdicional, ditando ou criando direitos a seu talante, máxime se fundados nas fórmulas ilógicas, inconstitucionais e antidemocráticas do livre (ou prudente) arbítrio ou prudente critério do juiz ou sentimento de justiça do julgador. Dentro da estrutura constitucionalizada do processo, o ato decisório estatal será o resultado lógico de uma atividade jurídica realizada com a obrigatória participação em contraditório daqueles interessados que suportarão seus efeitos.[79]

---

77 *Direito, poder, justiça e processo: julgando os que nos julgam*, p. 69-70.

78 Respeitosamente, não concordamos com a crítica feita por Sálvio de Figueiredo Teixeira, talentoso jurista mineiro de saudosa memória, em relação ao que considera *"excessiva constitucionalização processual"*, no trecho a seguir reproduzido, por sustentar, ao nosso modesto juízo, tese visivelmente incompatível com o princípio do Estado Democrático de Direito: *"...não obstante a nossa tradição em Constituições analíticas, não se justificava constitucionalizar com tanta ênfase a disciplina processual no respeitante às regras, e até mesmo em relação a princípios, conhecida a distinção entre estes e as garantias. Além de ampliar desnecessariamente o texto constitucional, a inclusão de determinadas normas de índole processual no corpo da Lei Maior desservem ao processo e ao próprio sistema jurídico, sabido o quão difícil é a emenda de uma Constituição" (A criação e realização do direito na decisão judicial*, p. 63).

79 Cf. FAZZALARI. *Istituzioni di Diritto Processuale*, p. 7-8. BARACHO. *Revista da Faculdade de Direito da Universidade de Lisboa*, v. XXXVIII, n. 1, p. 44. GONÇALVES, Aroldo Plínio. *Técnica processual e teoria do processo*, p. 192-194. LEAL, Rosemiro Pereira. *Teoria geral do processo: primeiros estudos*, p. 41-43 e 49. CATTONI DE OLIVEIRA. *Direito Processual Constitucional*, p. 153-154. NUNES, Elpídio Donizetti. *Estudos Continuados de Teoria do Processo* v. II, p. 247. Causando perplexidade , o Código de Processo

Em resumo, inspirando-nos nas lições proficientes de Rosemiro Pereira Leal, a função jurisdicional do Estado tem de ser prestada sob fiel obediência ao processo constitucional, não se podendo conceber o processo como se fosse um meio de obediência servil à jurisdição.[80]

Essa concepção atual e preponderantemente constitucionalizada do processo, cujo estudo se iniciou, no Brasil, com obra notável de Baracho *(Processo constitucional)*, publicada em 1984, por isto mesmo citada várias vezes neste livro, é exposta por Rosemiro Pereira Leal, nos seguintes termos: *"o processo é instituição constitucionalizada garantidora de direitos procedimentais pelos princípios do contraditório, isonomia, ampla defesa, anterioridade da lei, dever da jurisdição, direito ao advogado, liberdade incondicionada de requerer, caracterizadores do due process que abrange o direito material do substantive due process modulador dos procedimentos (procedural due process) para assegurar efetividade"*. Afinal, em boa síntese, leciona Baracho que *"o processo constitucional é metodologia de garantia dos direitos fundamentais"*.[81]

Contudo, em face de avançados estudos da atualidade, não se pode deslembrar que essa garantia de aplicação dos direitos fundamentais, como observa Gilmar Ferreira Mendes, envolve tanto as relações entre os particulares e o Estado, quanto as relações existentes exclusivamente entre particulares. No primeiro caso, a doutrina costuma falar em verticalização dos direitos fundamentais. No segundo, em horizontalização dos direitos fundamentais. Sobre esses temas, Virgílio Afonso da Silva, em magnífica obra especializada, discorrendo sobre os efeitos horizontais dos direitos fundamentais, ou seja,

---

Civil de 2015, em seu artigo 404, inciso V, permite que o incidente de exibição de documento seja julgado "segundo o prudente arbítrio do juiz". Sustentamos a inconstitucionalidade do referido texto normativo, em razão da garantia fundamental da reserva legal (Constituição Federal, art. 5º, inciso II). A respeito, ver BRÊTAS. *Fundamentos e inovações do Código de Processo Civil*, p. 58-61.

80 *Revista Síntese de Direito Civil e Processual Civil*, v. 2, p. 19. Com razão Rosemiro Pereira Leal, quando afirma, em tom veemente: *"conceber jurisdição sem processo é retornar às superstições, às ordálias, ao totalitarismo sacerdotal e dos pretores, porque jurisdição, sem o controle e a disciplinação das garantias históricas e fundamentais do processo moderno, já universalmente normatizadas pelas Constituições de povos relativamente civilizados, é meio retórico de salvação da imagem do Judiciário pelo aceno fantasmagórico de justiça rápida e popular"* (*Teoria geral do processo: primeiros estudos*, p. 43).

81 LEAL, Rosemiro Pereira. *Revista Síntese de Direito Civil e Processual Civil*, v. 2, p. 18. BARACHO. *Revista da Faculdade Mineira de Direito*, v. 2, p. 119.

sobre a eficácia dos direitos fundamentais nas relações entre os particulares, e também Álvaro Ricardo de Souza Cruz, focalizando a mesma qualificada horizontalização dos direitos fundamentais, empreendem boa análise de decisões do Supremo Tribunal Federal, nas quais ficou reconhecida a vinculação dos particulares aos direitos fundamentais nas relações estabelecidas entre si. Esclarece Leonardo Martins que *"o efeito do direito fundamental é chamado 'horizontal', porque ele atingiria (vincularia), além do Estado (efeito vertical), também terceiros (particulares)."*[82]

Nessa perspectiva, Kildare Gonçalves Carvalho, exteriorizando pensamento que seguimos, bem salienta a importância da constitucionalização do processo e a necessidade daí consectária de se observar a garantia do devido processo constitucional, quando, ao invocar a doutrina de Rosemiro Pereira Leal, assim se manifesta: *"A constitutucionalização do processo impedirá, dessa maneira, que seja ele entendido tão-somente como uma sequência de atos coordenados, passando a se destacar como um sistema de garantia dos direitos fundamentais. Nessa linha de pensamento, há o reconhecimento da supremacia da Constituição sobre as normas processuais, e se concebe a Constituição não apenas como um estatuto jurídico do político ou das atividades estatais, mas como um 'texto articulador e legitimante de direitos de instituições jurídicas', entre elas o processo e seus princípios do contraditório, da ampla defesa, e da isonomia, reunidos pelo instituto do devido processo legal".*[83]

Algumas vezes, a função jurisdicional exercida pelo Estado é chamada de *administração da justiça*, expressão criticada por Rosenberg, Fazzalari e Fernández Hierro, com nossa irrestrita adesão, porque destituída de qualquer sentido técnico. Contudo, é neste sentido que a Constituição brasileira de 1988 se vale da referida expressão, na regra de seu artigo 133, ao declarar que *"o advogado é indispensável à administração da justiça"*. Mas é preciso entender-se, de uma vez por todas, face à irritante e incompreensível recalcitrância de alguns doutrinadores e da quase unanimidade dos juízes e tribunais

82 MENDES, Gilmar Ferreira. *Direitos fundamentais e controle de constitucionalidade: estudos de Direito Constitucional*, p. 118. *Estado de Direito e jurisdição constitucional*, p. 29-30. SILVA, Virgílio Afonso da. *A constitucionalização do direito*, p. 91-94. SOUZA CRUZ, Álvaro Ricardo de. *Constituição e Democracia: fundamentos*, p. 89-91. MARTINS, Leonardo. *Direito processual constitucional alemão*, p. 61.

83 CARVALHO, Kildare Gonçalves. *Revista do Instituto dos Advogados de Minas Gerais*, v. 11, p. 19-20.

brasileiros, que administração da justiça nada mais é do que a função jurisdicional ou a jurisdição exercida obrigatoriamente pelo Estado em processo afeiçoado às garantias constitucionais. Em outras palavras, o que o texto constitucional prescreve é a presença obrigatória ou a indispensabilidade da presença e atuação do advogado, representando as partes e defendendo-lhes os direitos, em qualquer processo no qual o Estado esteja desempenhando a atividade-dever jurisdicional. Em suma, como escreveu José Cretella Júnior, *"administrar justiça é julgar"*, atividade do Estado denominada jurisdição e somente prestada no processo, espaço cognitivo-argumentativo e democrático no qual o advogado contribui tecnicamente ao convencimento do Estado-juízo, quando ali desenvolve adequada argumentação fática e jurídica a fim de postular decisão favorável ao seu constituinte plasmada no ordenamento jurídico vigente. É justamente por isto que a prática de atos postulatórios pelo advogado no processo é considerada *ex vi legis* prestação de serviço público e exercício de relevante função social, é ler com atenção a Lei Federal nº 8.906, de 4/7/1994 – Estatuto da Advocacia e da Ordem dos Advogados do Brasil – artigos 1º e 2º. Daí a escorreita lição de Rosemiro Pereira Leal, ao observar que a jurisdição só pode ser realizada pelo devido processo constitucional, este definindo-se pela coexistência dos princípios da ampla defesa e do contraditório, incluindo-se, no primeiro, necessariamente, o direito ao advogado.[84]

Aliás, com este mesmo sentido, é o conteúdo normativo do artigo 24.2 da Constituição espanhola de 1978, que acreditamos tenha sido a fonte de inspiração da Constituição Federal brasileira de 1988:: *"Todos têm direito ao juiz ordinário determinado previamente pela lei, à defesa e assistência de advogado, a ser informados da acusação contra si deduzida, a um processo público sem dilações indevidas e com todas as garantias, a utilizar os meios de provas adequadas à sua defesa, a não prestar declarações contra si próprios, a não se confessarem culpados e à presunção de inocência"*.

Logo, nos processos, qualquer um do povo (parte) tem de estar representado por advogado frente ao Estado, representação que traduz direito de cidadania das pessoas, direito a uma defesa técnica, sendo esta a recomendação

84 ROSENBERG, Leo. *Tratado de Derecho Procesal Civil*, t. I, p. 45. FAZZALARI. *Istituzioni di Diritto Processuale*, p. 5. FERNÁNDEZ HIERRO, José Manuel. *Responsabilidad civil judicial*, p. 13. CRETELLA JÚNIOR. *Comentários à Constituição Brasileira de 1988*, v. VI, p. 3.343-3.344. LEAL, Rosemiro Pereira. *Teoria geral do processo: primeiros estudos*, p. 70 e 72.

constitucional que o misoneísmo dos juízes e tribunais brasileiros, infelizmente, algumas vezes, faz com que seja sumariamente ignorada. A presença do advogado, no ato estatal de julgar, somente possível no processo, não é superfluidade, mas necessidade da parte, em razão do cada vez mais acentuado tecnicismo jurídico que disciplina as relações do Estado com as pessoas e entre estas entre si, daí a recomendação do art. 133 da Constituição Federal de 1988.

Por isso, relevantes considerações são feitas por Carlos Henrique Soares sobre o assunto, ao perceber que o advogado é *"agente garantidor da legitimidade da decisão judicial, uma vez que é o mesmo juridicamente capaz de estabelecer um diálogo técnico-jurídico que permite a construção do provimento em simétrica paridade, garantindo o contraditório e a ampla defesa, bem como um controle da jurisdição"*. Em suma, ainda segundo Carlos Henrique Soares, no Estado Democrático de Direito, o advogado é *"agente garantidor da democracia, da cidadania e da soberania, bem como dos direitos fundamentais"*.[85]

Por essas razões, são manifestamente conflitantes com o texto constitucional regras da legislação ordinária que dispensam a presença do advogado nos processos, por exemplo, artigo 839 da Consolidação das Leis do Trabalho, artigo 2º, da Lei nº 7.244, de 23/7/1968, nas ações de alimentos, e artigo 9º, da Lei nº 9.099, de 26/9/1999, nos Juizados Especiais Cíveis.

Infelizmente, apontadas normas continuam a ser aplicadas nos processos, porque, como bem argumenta Lenio Luiz Streck, falta-nos um *"sentimento constitucional concretizante"*. Tivéssemos tal sentimento, prossegue o citado jurista, poderíamos desenvolver *"um labor avassalador, pelo qual as leis infraconstitucionais seriam simplesmente devassadas a partir de uma implacável hermenêutica constitucional"*, ou seja, uma *"verdadeira filtragem constitucional"*, o que, à evidência, infelizmente, não tem ocorrido no Brasil durante todos estes anos de vigência da Constituição Federal de 1988.[86]

Observa-se que Streck utiliza a expressão *sentimento constitucional concretizante*, visando a alcançar *uma implacável hermenêutica constitucional*,

85 SOARES, Carlos Henrique. *O advogado e o processo constitucional*, p. 173-174. O autor ainda lembra a doutrina de Calmon de Passos, ao observar que: *"Cercear o advogado é cercear o cidadão. Limitar as prerrogativas do advogado é limitar as prerrogativas do cidadão. Constrangê-lo é constranger aquele"* (ob. cit., p. 174).

86 STRECK. *Constituição e processo*, p. 5-6.

enquanto a expressão *sentimento constitucional*, mais reduzida, havida por necessária à construção cotidiana do Estado Constitucional, como assinala Daniel Mitidiero, foi utilizada por Pablo Lucas Verdú, com tal propósito, em obra que lhe serviu de título.[87]

Ao finalizar o presente tópico, é válida a lembrança de que a doutrina brasileira, quanto ao estudo do processo constitucional, já mereceu elogios de Canotilho, na seguinte passagem: " *Diferentemente da doutrina portuguesa, a doutrina brasileira tem-se mostrado mais atenta aos problemas processuais e procedimentais. Cfr. Oliveira Baracho, Processo Constitucional, Rio de Janeiro, 1984; Roberto Rosas, Direito Processual Constitucional, São Paulo, 1983; e sobretudo, Oliveira Baracho, 'Processo e Constituição: o Devido Processo Legal', in: Revista Brasileira de Direito Público, 1983, p. 55 e ss.; R. Lauria Tucci/J.R. Cruz e Tucci, Constituição de 1988 e Processo, São Paulo, 1989*".[88]

5. JURISDIÇÃO CIVIL, PENAL E TRABALHISTA

Costuma-se falar em jurisdição civil, penal ou trabalhista, divisão nitidamente vinculada ao ramo do direito cujas regras são aplicadas preponderantemente na solução do caso concreto submetido à apreciação do Estado, mediante pronunciamento jurisdicional gerado em contraditório no processo. Entendemos que essas caracterizações são desprovidas de rigor científico, porque a jurisdição é una e indivisível. Estamos de acordo com o pensamento doutrinário que não admite divisões ou fracionamentos da jurisdição, face ao seu conceito unívoco, porque, se jurisdição é exercício de atividade-dever pelo Estado, forçosamente há de ser única, sendo ilógico e contraditório conceber-se a existência de várias jurisdições no mesmo Estado, até porque,

---

87 Cf. MITIDIERO. *Processo civil e Estado Constitucional*, p. 27. VERDÚ. *O sentimento constitucional – Aproximação ao estudo do sentir constitucional como modo de integração política*, p. 25. Por sua vez, com os mesmos objetivos, Habermas cogita de uma lealdade política à Constituição, designando-a por *patriotismo constitucional* (ver Capítulo 3, n. 5). Permitimo-nos trazer alguns adminículos ao assunto, em tom talvez menos circunspecto. Pensamos que somente construiremos um Estado Constitucional Democrático de Direito no dia em que o povo, a comunidade política do Estado, integrada por governantes e governados, tiver *"um ardente caso de amor com a Constituição"* ou, então, *"uma ligação erótica com a Constituição"*.

88 *Direito Constitucional e Teoria da Constituição*, p. 901.

sublinhe-se, jurisdição é função essencial do Estado para a realização do direito em sua totalidade.[89]

Portanto, em princípio, à luz desses argumentos, não vislumbramos sentido técnico em se diversificar a jurisdição, máxime no Brasil, que consagra o sistema da jurisdição una (ao contrário da França, ver-se-á em seguida), considerando-se uma jurisdição civil, uma jurisdição trabalhista ou uma jurisdição penal, só porque, ao efetivá-la no processo, o Estado faz incidir ou aplica, na solução do caso concreto, normas de direito civil ou de direito empresarial, de direito do trabalho ou de direito penal, como se fossem múltiplas as atividades estatais jurisdicionais desenvolvidas de forma estanque, visando à realização fragmentada do direito positivo.

Aliás, no Brasil, por tradição, como observa José Carlos Barbosa Moreira, ao dissertar sobre as bases do Direito Processual Civil, utiliza-se a expressão *jurisdição civil*, a que alude o artigo 13 do Código de Processo Civil de 2015, por exemplo, para abranger também a atividade jurisdicional desenvolvida pelo Estado nos processos que julgam litígios provenientes das relações jurídicas de direito público (direito constitucional, direito administrativo e direito tributário) e não apenas aquela desempenhada nos processos que decidem questões fundadas nas relações jurídicas de direito privado (direito civil e direito empresarial).[90]

Sem embargo dessas considerações, tem-se de uso correntio nos textos doutrinários a expressão jurisdição administrativa, em contraposição à jurisdição ordinária, quando se faz referência ao sistema de jurisdição dúplice, existente de longa tradição histórica e de forma original na França, ali criada a jurisdição administrativa por uma Lei de Organização Judiciária editada em agosto de 1790. Portanto, no sistema jurisdicional francês, há duas ordens jurisdicionais independentes, a jurisdição judicial (*juridiction judiciaire)* e a jurisdição administrativa (*juridiction administrative*), ou seja, juntamente com os órgãos daquela, há órgãos específicos e autônomos desta, dos quais o Conselho de Estado é o tribunal supremo, todos exclusivamente competentes para o

89 Cf. JELLINEK. *Teoría general del Estado*, p. 782. BARACHO. *Processo constitucional*, p. 80 e 186. GONÇALVES, Aroldo Plínio. *Técnica processual e teoria do processo*. p. 50. DINAMARCO. *A Instrumentalidade do Processo*, p. 167-168. CARREIRA ALVIM, José Eduardo. *Elementos de teoria geral do processo*, p. 65.

90 BARBOSA MOREIRA, José Carlos. *Temas de direito processual civil: primeira série*, p. 3.

julgamento de questões emergentes do exercício da função administrativa estatal, envolvendo o Estado e os particulares, cujas decisões também têm força de coisa julgada. No Brasil, que consagra o sistema da jurisdição uma, não há lugar para a utilização da expressão jurisdição administrativa.[91]

Os órgãos do Estado brasileiro competentes para o exercício da função jurisdicional, geralmente, são os órgãos judiciais, isto é, juízes e tribunais, como tais apontados na regra do artigo 92 da atual Constituição. Porém, nem sempre é assim, podendo observar-se que a função jurisdicional, na referida Constituição, também é atribuída, em situações especiais ali delineadas, a outros órgãos estatais, por exemplo, ao Senado Federal, competente para julgamento do Presidente e Vice-Presidente da República, Ministros de Estado, Ministros do Supremo Tribunal Federal, Procurador-Geral da República, Advogado-Geral da União e Comandantes da Marinha, do Exército e da Aeronáutica, nos casos de crimes de responsabilidade e em alguns casos de crimes da mesma natureza conexos àqueles (artigo 52, incisos I e II). Da mesma forma, desempenham o Senado Federal e a Câmara dos Deputados a função jurisdicional, quando decidem a perda do mandato de seus membros, nas situações em que estes infringem as diversas proibições alinhadas no artigo 54 da Constituição, também por adotarem procedimento declarado incompatível com o decoro parlamentar ou quando forem condenados criminalmente, tendo a sentença passado em julgado (artigo 55, incisos I, II, VI, e § 2º).

6. JURISDIÇÃO CONSTITUCIONAL

Aspecto de extrema relevância a se considerar sobre a função jurisdicional no Estado contemporâneo prende-se aos estudos desenvolvidos no âmbito da teoria geral do processo constitucional em torno da qualificada jurisdição constitucional, entendida, em noção alargada, como atividade jurisdicional exercida pelo Estado objetivando tutelar o princípio da supremacia da

91 Cf. BARACHO. *Processo Constitucional*, p. 85-86. *Revista de Direito Público*, v. 59-60, p. 59. LAUBADÉRE. *Traité de droit administratif*, p. 345 e 369. ROBERT, Jacques. *Le juge constitutionnel, juge des libertés*, p. 45-46. Na América espanhola e portuguesa, o único Estado que recepcionou o modelo francês em seu ordenamento jurídico, adotando o sistema de jurisdição dúplice, foi a Colômbia (a respeito, ver GUTIÉRREZ, Andrés Rodríguez. *Reformas procesales en Colombia y en el mundo*, p. 679-705).

Constituição e o de proteger os direitos fundamentais da pessoa humana nela estabelecidos. Assim, a classificada jurisdição constitucional visa a preservar o ordenamento jurídico-constitucional no julgamento dos casos concretos submetidos à apreciação do Estado por meio do processo, com isto obtendo a preeminência das normas constitucionais sobre as disposições das leis ordinárias.

Exame das manifestações doutrinárias sobre o tema leva-nos à conclusão de que, em princípio, a expressão jurisdição constitucional denotava a atividade jurisdicional voltada ao exame de matéria jurídico-constitucional afeta ao Estado, com a finalidade de se efetuar o controle de constitucionalidade das leis ordinárias e dos atos estatais que estivessem em contrariedade aos preceitos constitucionais, visando a manter a supremacia da Constituição. Entretanto, ampliou-se consideravelmente o conteúdo do sentido daquela expressão, face à percepção da doutrina de que não seria suficiente consagrar os direitos fundamentais do ser humano nas Constituições para que fossem respeitados, sendo necessária a implantação de um coeso e eficiente sistema de garantias e mecanismos que protegesse e assegurasse a efetividade daqueles direitos, evitando transformá-los em meras expressões formais de aformoseamento do texto constitucional, destituídas de qualquer eficácia prática. [92]

Esse sistema de proteção dos direitos fundamentais definiu-se por meio das garantias procedimentais constitucionais, também chamadas de tutela constitucional do processo, tais como devido processo legal (contraditório, ampla defesa, fundamentação das decisões estatais respaldadas na reserva legal), recurso de amparo, recurso de proteção, recurso constitucional, ação direta de inconstitucionalidade, ação declaratória de constitucionalidade, arguição de descumprimento de preceito fundamental, mandado de segurança, *habeas*

---

92 Cf. BARACHO. *Processo constitucional*, p. 97-99. Processo Constitucional. *Revista Forense*, v. 337, p. 116, 121-122. FIX ZAMUDIO. *La protección juridica y procesal de los derechos humanos ante las jurisdicciones procesales*, p. 23-29. COUTURE. *Fundamentos del derecho procesal civil*, p. 148-152. FAZZALARI. *Istituzioni di Diritto Processuale*, p. 255-262. FAVOREU, Louis *et alii*. *Droit des libertés fondamentales*, p. 166-168. CANOTILHO. *Direito Constitucional e Teoria da Constituição*, p. 828 e 831. GONÇALVES, Aroldo Plínio. *Técnica processual e teoria do processo*, p. 184. CATTONI DE OLIVEIRA. *Direito processual constitucional*, p. 206. COSTA, Luciana da Silva. *Estudos continuados de teoria do processo*, v. II, p. 271-273. Assinala BARACHO que *"a jurisdição constitucional, no seu significado preciso, surge com a Constituição austríaca de 1920, sendo Hans Kelsen considerado o inspirador do sistema e fundador de uma nova disciplina: o direito processual constitucional"* (*Processo constitucional*, p. 103).

corpus, *habeas data*, mandado de injunção, ação popular, dentro das especificidades de cada ordenamento jurídico-constitucional. Com isso, impõe-se ao Estado o exercício da jurisdição constitucional para a efetiva concretização dos direitos fundamentais em situações concretas, além do clássico controle de constitucionalidade das leis ordinárias e dos atos normativos estatais, que já era alcançado pela jurisdição constitucional.[93]

Daí as considerações pertinentes de Baracho, ao lecionar que *"a jurisdição constitucional atua por meio do processo constitucional, tutela a regularidade constitucional do exercício ou atividades dos órgãos constitucionais"* e *"ao mesmo tempo"* – prossegue o autor – *"faz valer as situações jurídicas subjetivas do cidadão, previamente consagradas no texto constitucional"*. Conclui Baracho, destacando que o controle da constitucionalidade das leis não é senão um dos aspectos da jurisdição constitucional, sendo mais importante, na contemporaneidade, a tutela eficaz que é feita, por seu intermédio, dos direitos fundamentais consagrados no texto da Constituição.[94]

No mesmo sentido, lição oportuna de Eduardo Cambi, fazendo estreita interligação dos temas relativos aos direitos fundamentais, ao processo constitucional e à jurisdição constitucional, nas seguintes passagens: *"A afirmação dos direitos fundamentais, destarte, decorreu de muitas lutas, às vezes sanguinárias, e pela negação dos antigos regimes. Vale recordar, neste sentido, a célebre frase de Santayana, no museu do campo de concentração de Dachau, perto de Munique, na Alemanha: 'Aqueles que não se recordarem do passado*

93 A respeito, ensinamento de Gilmar Ferreira Mendes, reportando-se a textos de Hesse, Alexy e Canotilho, ao assinalar que *"nos últimos tempos vem a doutrina utilizando-se do conceito de direito à organização e ao procedimento (Recht auf Organization und auf Verfahren) para designar todos aqueles direitos fundamentais que dependem, na sua realização, tanto de providências estatais com vistas à criação e conformação de órgãos, setores ou repartições (direito à organização), como de outras, normalmente de índole normativa, destinadas a ordenar a fruição de determinados direitos ou garantias, como é o caso das garantias processuais-constitucionais (direito de acesso à Justiça, direito de proteção judiciária, direito de defesa"* (*Direitos fundamentais e controle de constitucionalidade: estudos de Direito Constitucional*, p. 8). Na mesma linha, obtempera Leonardo Martins que *"a função ou dimensão jurídico-objetiva dos direitos fundamentais encerra outras funções, algumas também já tornadas 'clássicas', como as garantias da organização"* (*Direito processual constitucional alemão*, p. 59). Sobre o direito fundamental ao procedimento, ver CANOTILHO. *Estudos sobre Direitos Fundamentais*, p. 71-76.

94 BARACHO. *Processo constitucional*, p. 110 e 113-114.

são condenados a revivê-lo'.(...). Com a derrota dos regimes totalitários (nazi-fascistas), verificou-se a necessidade de criarem catálogos de direitos e garantias fundamentais para a defesa do cidadão frente aos abusos que poderiam vir a ser cometidos pelo Estado, ou por quaisquer detentores do poder (...). A derrota dos regimes totalitários também evidenciou a necessidade de criação de mecanismos efetivos de controle da Constituição, por intermédio do aperfeiçoamento, especialmente pelos institutos de Direito Processual, da jurisdição constitucional. Em um contexto mais amplo, o estudo concreto dos institutos processuais, a partir da Constituição, inaugura uma nova disciplina, denominada Direito Processual Constitucional. Está preocupada, de um lado, com a tutela constitucional do processo, a qual inclui o direito de acesso à justiça (ou de ação e de defesa) e o direito ao processo (ou as garantias do devido processo legal), e, de outro lado, com a jurisdição constitucional".[95]

Coube a Mauro Cappelletti difundir a expressão jurisdição constitucional da liberdade (*grundrechtsgerichtsbarkeit*), largamente empregada nos textos jurídicos, a fim de designar os mecanismos processuais dirigidos especificamente à tutela dos direitos fundamentais consagrados na Constituição e os órgãos jurisdicionais incumbidos de realizá-la. Referido autor identifica jurisdição constitucional com justiça constitucional e a considera função estatal de tutela e atuação dos preceitos da Constituição, abrangendo o controle de constitucionalidade das leis e os mecanismos de tutela dos direitos de liberdade do ser humano.[96]

Referindo-se à doutrina de Cappelletti, considera Baracho que jurisdição constitucional da liberdade *"é a atividade jurisdicional destinada à tutela das normas constitucionais que consagram os direitos fundamentais da pessoa humana"*, acrescentando que *"seu exercício ocorre por meio de um conjunto de instrumentos jurídicos processuais destinados a levar à apreciação dos tribunais questões que suscitam a infringência dos direitos fundamentais"*.[97]

---

95 CAMBI, Eduardo. *Neoconstitucionalismo e neoprocessualismo: direitos fundamentais, políticas públicas e protagonismo judiciário*, p. 30, 31 e 35.

96 Cf. CAPPELLETTI. *Proceso, ideologias, sociedad*, p. 371. *O controle judicial de constitucionalidade das leis no direito comparado*, p. 23. BARACHO. *Processo constitucional*, p. 111-116. FIX ZAMUDIO. *La protección juridica y procesal de los derechos humanos ante las jurisdicciones procesales*, p. 57.

97 BARACHO. *Jurisdição Constitucional e Direitos Fundamentais*, p. 26.

No Brasil, como sucede também em Portugal, as modalidades de efetivação da jurisdição constitucional ocorrem, simultaneamente, por meio do sistema misto complexo, na qualificação da doutrina portuguesa. Por meio da jurisdição difusa, o controle de constitucionalidade das leis e dos atos normativos é feito de forma concreta e incidental, por qualquer órgão jurisdicional, ou seja, a questão constitucional é conhecida e apreciada de ofício ou sob arguição das partes (exceção) em qualquer processo que estas iniciarem, mas tal controle limita-se ao caso específico em julgamento. Na jurisdição concentrada, o mesmo controle de constitucionalidade é atribuído exclusivamente ao Supremo Tribunal Federal, mediante provocação das pessoas legitimadas a tanto no texto constitucional, em processo próprio, cujo julgamento se insere no âmbito da competência originária daquele Tribunal, que declara a inconstitucionalidade da lei ou do ato normativo sob apreciação em tese, de forma que seu pronunciamento final possa ter eficácia para todos. A coexistência tradicional, democrática e benfazeja desses dois modelos, no sistema constitucional brasileiro, permitindo o exercício da jurisdição constitucional, ao mesmo tempo, em sede difusa ou concentrada, conduz às seguintes afirmações conclusivas: 1ª)- no Brasil, a rigor, toda jurisdição é constitucional, pois os órgãos jurisdicionais, quaisquer que sejam, não só podem como devem apreciar e decidir as questões constitucionais suscitadas em qualquer processo, nos casos concretos levados à sua apreciação para julgamento; 2ª)- a partir daí, lógica e consequentemente, todos os órgãos jurisdicionais são (ou devem ser) órgãos da jurisdição constitucional.[98]

Enfim, a função jurisdicional do Estado depende de provocação dos interessados e consiste em cumprir e fazer cumprir as normas do direito positivo, realizando o ordenamento jurídico vigente na sua integridade, tratando-se de atividade estatal monopolizada, somente exercida pela garantia do processo constitucional, por meio de um procedimento legalmente estruturado e informado pelos princípios constitucionais do contraditório, da ampla defesa e da fundamentação das decisões jurisdicionais.

98 Cf. BARACHO. *Processo constitucional*, p. 109, 168-173 e 333. CANOTILHO. *Direito Constitucional e Teoria da Constituição*, p. 851. SILVA, José Afonso da. *Curso de Direito Constitucional Positivo*, p. 48-54. MAGALHÃES, José Luiz Quadros de. *Revista da Faculdade Mineira de Direito*, v. 3, ns. 5 e 6, p. 108-109. CATTONI DE OLIVEIRA. *Direito processual constitucional*, p. 205-207.

Portanto, ao cabo das considerações até aqui alinhavadas, há de se destacar que a função jurisdicional, no Estado Democrático de Direito, não é atividade beneficente, obsequiosa ou caritativa, mas atividade-dever do Estado, razão pela qual, em contrapartida, é direito fundamental de qualquer um do povo (governantes e governados) e também dos próprios órgãos estatais obtê-la, a tempo e modo, vale dizer, de forma adequada e eficiente, pela garantia do devido processo constitucional.[99]

7. O QUE É ESTADO DEMOCRÁTICO DE DIREITO

Ao assinalar a importância do estudo dos elementos componentes da caracterização do Estado de Direito, Baracho transcreve o entendimento de Héctor González Uribe, para quem *"a teoria do Estado moderno é fundamentalmente a de um Estado de Direito"*. Este posicionamento de Uribe, segundo Baracho, reflete a importância da noção de Estado de Direito na evolução das instituições políticas ocidentais, *"fundamental para que se compreenda a posição que o Estado adquiriu, desde que sua conceituação é feita, tendo em vista certa ordem jurídica, como um sistema normativo"*. Prosseguindo sua exposição, Baracho sublinha que o termo Estado de Direito expressa a realidade do Estado moderno, modelada por um ideal de racionalização jurídica da vida, e representa um sistema consistente de legalidade normativa, inspirado ideologicamente nos pressupostos filosófico-políticos da democracia liberal.[100]

A pesquisa que fizemos sobre o assunto indica que a expressão Estado de Direito é genuína construção do idioma germânico (*Rechtsstaat*), resultante da justaposição das palavras *Recht* (Direito) e *Staat* (Estado), feita com o objetivo de revelar teoria criada e desenvolvida pelos juristas alemães sobre o Estado, na primeira metade do século XIX. A teoria do Estado de Direito surgiu em oposição à ideia do que, comumente, de forma aproximada, se traduz

99 Nesse sentido, Cármen Lúcia Antunes Rocha: *"O direito à jurisdição é o direito público subjetivo constitucionalmente assegurado ao cidadão de exigir do Estado a prestação daquela atividade. A jurisdição é, então, de uma parte, direito fundamental do cidadão, e, de outra, dever do Estado. O direito à jurisdição apresenta-se em três fases: a) o acesso ao poder estatal prestador da jurisdição; b) a eficiência e prontidão da resposta estatal à demanda da jurisdição; e c) a eficácia da decisão jurisdita"* (*As garantias do cidadão na justiça*, p. 33). Sobre a jurisdição como direito fundamental, ver Capítulo II, nº 1. Sobre a eficiência da função jurisdicional, ver Capítulo 3, nº 12.

100 *Regimes políticos*, p. 126.

por *Estado de Polícia* (*Obrigkeitsstaat* ou *Polizeistaat)*, também chamado de *Estado Iluminista* ou de *Estado-providência*, cujas características gerais eram o predomínio da ideia de soberania centrada no monarca, a extensão do poder soberano ao âmbito religioso, assim exercendo autoridade eclesiástica, a assunção pelo Estado, no plano teórico, da promoção do bem estar e da felicidade dos súditos, missão confiada ao soberano, e a configuração do Estado desvinculada do moderno constitucionalismo, designando a expressão *polícia* a administração estatal interna. Ainda segundo o relato da literatura jurídica examinada, embora não se possa obter uma tradução rigorosamente precisa em outros idiomas, a expressão alemã *Rechtsstaat* é traduzida com frequência para o português, francês, espanhol, italiano e inglês, sem rigorosa correspondência ao original, como ressalvado, pelos termos *Estado de Direito, État de Droit, Estado de Derecho, Stato del Diritto* e *Law State*. De modo geral, a doutrina alienígena afirma que a teoria do Estado de Direito despontou como formulação científica, objeto de discussão geral e de referência na Alemanha, dentro da ciência política e da teoria do Estado, a partir de Robert Von Mohl, quando este se valeu daquela expressão em sua obra *Die Polizeiwissenschaft nach den Grundsätzen des Rechtsstaates* (título traduzido como *A ciência policial segundo os princípios do Estado de Direito*), publicada entre 1832 e 1834.[101]

Impõe-se observar que a doutrina alemã não idealizou o Estado de Direito como forma especial de Estado ou como forma de governo, mas como *"o Estado da razão"* ou *"o Estado do entendimento"*, ou seja, aquele no qual se governasse segundo a vontade racional geral, com o objetivo de se alcançar o melhor para todos os indivíduos.

101 Cf. CARRÉ DE MALBERG, R. *Teoría general del Estado*, p. 449. GOYARD-FABRE, Simone. *Les principes philosophiques du droit politique moderne*, p. 253-254. BÖCKENFÖRDE, Ernst Wolfgang. *Estudios sobre el Estado de Derecho y la democracia*, p. 18-19. STEIN, Ekkehart. *Derecho politico*, p. 101. CANOTILHO. *Direito Constitucional e Teoria da Constituição*, p. 87 e 92-93. Segundo disserta Simone Goyard-Fabre, Robert von Mohl, ao se referir às doutrinas de Milton, Hobbes, Locke e Kant, teria considerado que *"o Estado de direito dos tempos modernos [...] protege e encoraja o desenvolvimento de todas as forças naturais, desenvolvimento reconhecido pelo povo como objetivo de vida do indivíduo e do conjunto da sociedade"*. No original: *"L'État de droit des temps modernes [...] protège et encourage le développement de toutes les forces naturelles, développement reconnu par le peuple comme objectif de vie de l'individu et de l'ensemble de la societé"* (*Les principes philosophiques du droit politique moderne*, p. 254-255).

Ao desenvolverem essas ideias, os juristas alemães passaram a conceber o Estado de Direito como o Estado de direito racional, vale dizer, o Estado realizador dos princípios da razão, preservando a vida em comum das pessoas, ideias básicas que, inicialmente, a partir da primeira metade do Século XIX, floresceram e projetaram os seguintes pontos de desenvolvimento da teoria do Estado de Direito:

a) rejeição à ideia do Estado como criação divina, substituída pela concepção do Estado como comunidade a serviço do interesse comum de todos os indivíduos;

b) certa limitação às tarefas e aos objetivos estatais, mais inclinados à preservação da liberdade e segurança das pessoas e da propriedade privada, ou seja, atividade do Estado voltada com ênfase à garantia da liberdade individual das pessoas, assegurando-lhes a possibilidade de pleno desenvolvimento;

c) organização do Estado e regulamentação de suas atividades segundo princípios racionais, o que envolvia, de um lado, o reconhecimento de direitos básicos da cidadania (proteção da liberdade pessoal, da fé e da consciência individuais, da liberdade de imprensa, da livre movimentação das pessoas e da liberdade de contratação e de aquisição, a igualdade jurídica e a garantia do direito de propriedade), de outro, a independência dos juízes, visando a se obter segurança na administração da justiça (expressão que deve ser entendida como exercício da função jurisdicional), o predomínio da lei e a representação do povo junto à atividade legislativa do Estado;

d) aceitação do chamado princípio da divisão dos poderes, na expressão cunhada pelos revolucionários franceses, entendido dito princípio, porém, em fiel acatamento à doutrina de Montesquieu, como distribuição de competências entre as diversas forças políticas do Estado, a fim de não se abalar ou ameaçar a ideia lograda com muito esforço de unidade do poder do Estado.[102]

---

102 BÖCKENFÖRDE. *Estudios sobre el Estado de Derecho y la democracia*, p. 19-21.

Consideram Böckenförde e Canotilho que, na Alemanha, o conceito de Estado de Direito despontou prefigurado na teoria do Estado do direito racional, sob certa influência de Kant, quando este considerou o Estado como união de homens debaixo de leis, consideradas estas leis os princípios da razão. Sobre o Estado de direito kantiano como o Estado da Razão, regendo-se pela vontade racional geral, na persecução do bem comum, Mário Lúcio Quintão Soares lhe confere a seguinte explicação: *"O Estado da Razão, assente na premissa de que a razão fundamenta a legislação positiva, deve respeitar a liberdade ética do homem tomado individualmente e reconhecer uma vinculação jurídica para seus próprios atos, visando a coincidir sua finalidade com os fins múltiplos dos indivíduos. Este Estado passa, então, a atuar de forma que cada indivíduo possa alcançar livremente os seus objetivos, numa situação de liberdade externa garantida"*.[103]

Nesse contexto, é possível identificar os elementos configuradores do Estado de Direito, já sedimentados em meados do século XX, e assentados, em resumo, nas seguintes premissas básicas:

1ª) no império da lei, esta compreendida como expressão da vontade geral, ato formalmente emanado da função legislativa, exercida com a participação indispensável de representantes do povo;

2ª) na divisão dos poderes do Estado, entendida esta *divisão*, todavia, como separação das funções do Estado (legislativa, administrativa e jurisdicional);

3ª) na legalidade da administração pública, isto significando atuação do Estado segundo a lei e sob suficiente controle jurisdicional;

4ª) no enunciado dos direitos e liberdades fundamentais dos indivíduos, reconhecidos sob garantia jurídico-formal e efetiva realização material.[104]

---

103 BÖCKENFÖRDE. *Estudios sobre el Estado de Derecho y la democracia*, p. 20-21. CANOTILHO. *Direito Constitucional e Teoria da Constituição*, p. 272. QUINTÃO SOARES. *Direitos Fundamentais e Direito Comunitário: por uma metódica de direitos fundamentais aplicada às normas comunitárias*, p. 79-80.

104 Cf. BARACHO. *Regimes políticos*, p. 126. QUINTÃO SOARES, Mário Lúcio. *Direitos Fundamentais e Direito Comunitário: por uma metódica de direitos fundamentais aplicada*

Merece registro que, na França, ao início do século transato, coube a Carré de Malberg desenvolver importantes reflexões sobre a noção de Estado de Direito, assentadas no pensamento doutrinário alemão, as quais ainda reputamos plenamente válidas no atual estágio de desenvolvimento científico da teoria do Estado, para justificar a tese da responsabilidade do Estado pelo exercício da função jurisdicional, se causadora de dano ao particular. Com efeito, para mencionado autor, por Estado de Direito deve-se entender aquele Estado que, nas relações com seus súditos e para garantia deles, submete-se, ele próprio, a um regime de direito, segundo o qual suas atividades são regidas por um conjunto de regras de natureza diversa, umas determinando os direitos outorgados aos indivíduos, preservando-lhes a liberdade, outras estabelecendo previamente as vias e os meios que podem ser empregados visando à realização dos fins do Estado. Por isso, a rigor, no Estado de Direito, essas duas classes de regras têm o objetivo comum de conformar o exercício do poder estatal à ordem jurídica estabelecida. Na essência, explica Carré de Malberg, o regime do Estado de Direito implica em que as regras limitativas impostas pelo Estado a si próprio, no interesse de seus súditos, por estes possam ser alegadas, em defesa de seus direitos. Assim, resume o referido publicista francês, o Estado de Direito é aquele que, a um só tempo, no seu ordenamento jurídico, prescreve regras relativas ao exercício do poder pelo Estado e assegura aos indivíduos, como sanção dessas regras, o poder jurídico de atuarem perante um órgão jurisdicional, com o propósito de obterem a anulação ou a revogação dos atos estatais que as tenham infringido. Completa Carré de Malberg seu pensamento, enfatizando que, para se realizar o Estado de Direito, é indispensável que as pessoas disponham do direito de ação em face do Estado, provocando a jurisdição, com o fito de impugnarem os atos estatais, quaisquer que sejam, causadores de lesão aos seus direitos individuais.[105]

Comentando o enfoque doutrinário de Carré de Malberg a respeito da teoria do Estado de Direito, notadamente quanto à tecnicidade jurídica de estarem os cidadãos armados com o direito de ação para atacarem os atos estatais viciosos que lesassem seus direitos individuais, Simone Goyard-Fabre sintetizou o pensamento daquele publicista, ao dizer que, *"em outros termos, o*

às normas comunitárias, p. 76. SILVA, José Afonso. *Curso de Direito Constitucional Positivo*, p. 99-100.

105 *Teoría general del Estado*, p. 452-453.

princípio básico do Estado de Direito é a inalienabilidade dos direitos fundamentais reconhecidos ao homem".[106]

Vale realçar que incluído está no rol dos direitos fundamentais o acesso das pessoas do povo à jurisdição, por meio do processo, com o propósito de suscitarem pretensão indenizatória pela responsabilidade do Estado, daí postulando reparação dos prejuízos por ele causados no exercício das suas funções jurídicas fundamentais.

Por sustentar a inseparabilidade do Estado e do direito, Kelsen, em princípio, considerou pleonástica a expressão Estado de Direito, ao partir do entendimento de que o Estado moderno não se distingue da ordem jurídica que o organiza, porque impensável conceber-se um Estado não submetido ao direito. Sustentava o autor que *Estado* e *ordem jurídica* seriam expressões sinônimas. Por isso, concluiu: *"se o Estado é reconhecido como uma ordem jurídica, se todo Estado é um Estado de Direito, esta expressão representa um pleonasmo".* Entretanto, apesar desse pensamento, afeiçoado à sua teoria pura do direito, reconheceu Kelsen o uso consagrado da expressão Estado de Direito com o propósito de indicar aquele Estado que satisfizesse os requisitos da democracia e da segurança jurídica. Nesse sentido específico, admitiu Kelsen ser o Estado de Direito uma ordem jurídica relativamente centralizada, dentro da qual a jurisdição e a administração estivessem vinculadas às leis, normas gerais estabelecidas por um parlamento eleito pelo povo, os membros do governo fossem responsabilizados pelos seus atos, os tribunais gozassem de independência e certas liberdades fundamentais despontassem garantidas aos cidadãos.[107]

Impelida por essas formulações doutrinárias, já no século XX, como aponta Karl Larenz, a ideia de Estado de Direito foi alçada definitivamente à categoria de princípio, nele se contendo uma série de espécies de subprincípios, dentre eles sobressaindo os da legalidade da administração pública, da vinculação do legislador a direitos fundamentais do povo, da independência dos juízes, do pleno acesso à jurisdição (impropriamente chamado de *acesso à justiça*), da proibição de intromissões arbitrárias no *status* jurídico do indivíduo e da proibição da retroatividade das leis desvantajosas. Sobre o assunto, prossegue Larenz, explicando que *"estes subprincípios (e as normas que porventura deles se venham a derivar ulteriormente) não são predicados enunciativos, mediante cuja*

---

106 *Les principes philosophiques du droit politique moderne*, p. 261.

107 *Teoria pura do direito*, p. 416-417.

adição ao princípio do Estado de Direito este fosse, de certo modo, dividido em espécies e subespécies. O princípio do Estado de Direito é antes a ideia diretiva que serve de base a todos estes subprincípios e lhes indica a direção, não podendo explicar-se esta ideia diretiva de outro modo senão aduzindo os seus subprincípios e princípios jurídicos gerais concretizadores na sua conjugação plena de sentido, devida justamente à ideia de Estado de Direito."[108]

Mas o Estado de Direito é também um Estado constitucional, em consequência do marcante e crescente constitucionalismo desenvolvido a partir dos processos constituintes americano e francês,[109] que consagraram o princípio de constitucionalidade da ordem jurídica, de sorte a justificar o surgimento de um Estado vinculado ao direito.

Dessa forma, despontou o Estado constitucionalmente estruturado, cujas atividades são regidas por leis votadas e aprovadas pelos representantes do povo. Nessa estruturação constitucional ficou autorizado o exercício do poder ao Estado por meio de separadas funções fundamentais, impropriamente entendidas como divisão de poderes, dentro de um sistema político que permitiu o reconhecimento jurídico-formal e a garantia dos direitos fundamentais do povo. Tais ideias impregnaram todo o pensamento político do Século XIX, razão pela qual restaram projetadas e disseminadas nos estudos sobre a teoria do Estado e sobre a teoria do processo realizados nos dias de hoje.

A partir de então, concebeu-se a Constituição como a lei do Estado e do seu poder, o que mereceu oportuna observação de Simone Goyard-Fabre, ao salientar, de forma expressiva, que, *"em menos de dois séculos, a Constituição foi considerada a escritura necessária do Poder"* [110].

Essas considerações permitem afirmar que não se pode mais cogitar de um Estado, qualquer que seja seu conceito e justificação, sem as modernas e importantes qualidades identificadas pelo marcante fenômeno do

---

108 *Metodologia da ciência do direito*, p. 676.

109 Cf. CANOTILHO. *Direito Constitucional e Teoria da Constituição*, p. 85. Considera o autor que os processos constituintes americano e francês, contemporâneos aos históricos movimentos revolucionários daqueles povos, criaram a Constituição como lei conformadora do corpo político. Neste sentido, entendia-se que a Constituição *"constituía"* os *"Estados Unidos"* dos americanos e o *"Estado-Nação"* dos franceses.

110 *Les principes philosophiques du droit politique moderne*, p. 78. Conforme o texto original: *"En moins de deux siècles, la Constitution a été considérée comme l'écriture nécessaire du Pouvoir"*.

constitucionalismo, que são o Estado de Direito e o Estado Democrático. Tem-se, portanto, um Estado submetido às normas do direito e estruturado por leis, sobretudo a lei constitucional, um Estado no qual se estabeleça estreita conexão interna entre dois grandes princípios jurídicos, democracia e Estado de Direito, ou seja, um Estado Constitucional Democrático de Direito.[111]

A propósito desses temas, costuma-se falar em *paradigmas constitucionais, visões paradigmáticas* e *imagens-modelo*, construções vocabulares cunhadas por juristas proeminentes, sob influência das teorias do físico Thomas Kuhn,[112] geradas pelas costumeiras referências, nos textos jurídicos atuais, ao *paradigma do Estado de Direito* e ao *paradigma do Estado Democrático de Direito*, merecendo seja a expressão *paradigma*, em tal contexto, analisada convenientemente, na tentativa de se alcançar seu significado técnico no plano da ciência do direito.

Nesse desiderato, parece-nos conveniente, desde logo, antecipar a consideração de evitar-se compreendê-la no sentido de modelo ou padrão, o que poderia conduzir ao entendimento inadequado de que *Estado de Direito* e *Estado Democrático de Direito* fossem meros modelos ou padrões estanques de diferentes espécies ou formas de Estado, como alguns textos parecem sugerir.

Discorrendo a respeito do termo paradigma, explica Arthur José Almeida-Diniz, citando Nicola Abbagnano, que Platão o empregou no sentido de modelo ou exemplo, ao considerar como paradigma o mundo dos seres eternos, sendo a imagem seu mundo sensível, enquanto Aristóteles, na lógica, o utilizou com este último significado. Valendo-se dos acréscimos de pesquisa realizada por Christophe Grzegorczyk, enfatiza Almeida-Diniz que, de fato, a concepção antiga do termo remonta a Platão, que lhe assinalava a compreensão de um exemplo ou de um modelo apresentado com intuitos propedêuticos, ou seja, um objeto mais fácil a ser reportado pela inteligência, antes de se enveredar na abordagem dos mais difíceis. Porém, ressalta Almeida Diniz, ainda baseado na pesquisa de Grzegorczyk, que a acepção moderna do termo paradigma tem origem em Thomas Kuhn, cuja obra *"rebatizou o conceito de*

---

111 CANOTILHO. *Direito Constitucional e Teoria da Constituição*, p. 89. SILVA, José Afonso da. *Curso de Direito Constitucional Positivo*, p. 99.

112 Cf. QUINTÃO SOARES, Mário Lúcio. *Direitos Fundamentais e Direito Comunitário: por uma metódica de direitos fundamentais aplicada às normas comunitárias*, p. 15. CRUZ, Álvaro Ricardo de Souza. *O direito à diferença: as ações afirmativas como mecanismo de inclusão social de mulheres, negros, homossexuais e portadores de deficiência*, p. 3.

sistema para paradigma". Nessa configuração, complementa Almeida-Diniz, passou a ter a expressão paradigma o sentido de "*matriz disciplinar*", ou seja, uma grade de avaliações, de generalizações, de procedimentos científicos ou de métodos e de regras de pesquisas, utilizadas por uma certa comunidade científica.[113]

Com efeito, o termo paradigma, a partir das lucubrações de Kuhn, em sua obra consagrada à estrutura das revoluções científicas, vem sendo entendido como um conjunto de hipóteses científicas gerais e de leis e diretrizes técnicas necessárias à sua aplicação, assim adotado por uma comunidade científica, verdadeiras realizações científicas reconhecidas em âmbito universal, as quais, durante certo tempo, na busca da resolução de determinados problemas, fornecem soluções modelares para os praticantes de determinada ciência. Parte referido autor da consideração de que a atividade desorganizada e multiforme que precede à formação de uma ciência termina por se estruturar e se orientar ordenadamente quando um determinado paradigma recebe a aceitação da comunidade científica. Considera Kuhn que a cuidadosa investigação histórica, acerca de alguma especialidade do saber humano, realizada em determinado momento, revela um conjunto de ilustrações científicas quase padronizadas de teorias diferentes, nas suas aplicações conceituais e instrumentais. Esse conjunto de realizações ou de ilustrações constitui o paradigma da comunidade científica, tratado nos livros e nas conferências, permitindo aos membros de uma considerada comunidade científica estudá-lo e utilizá-lo, na prática, o que lhes permite adequada orientação. Para Kuhn, abandonar um paradigma é deixar de praticar a ciência por ele definida, porque um paradigma é aquilo que os membros de uma comunidade partilham. Em sentido contrário, uma comunidade científica é constituída de pessoas que partilham um paradigma.[114]

---

113 *Novos Paradigmas em Direito Internacional Público*, p. 29.

114 Cf. KUHN, Thomas S. *A Estrutura das Revoluções Científicas*, p. 55, 219, 222 e 226-227. CHALMERS, Alan F. *Qu'est-ce que la science? Récents développements en philosophie des sciences: Popper, Kuhn, Lakatos, Feyerabend*, p. 150-151. QUINTÃO SOARES, Mário Lúcio. *Direitos Fundamentais e Direito Comunitário: por uma metódica de direitos fundamentais aplicadas às normas comunitárias*, p. 15. Sob referência a estudo realizado por Margaret Masterman, observa Alberico Alves da Silva Filho que Khun faz uso do termo *paradigma* em aproximadamente 21 acepções, embora redutíveis a três perspectivas fundamentais, uma metafísica, uma sociológica e outra instrumental (*Estudos continuados de teoria do processo*, v. III, p. 135-136).

Colhidas essas considerações sobre o termo paradigma, principalmente a partir das reflexões de Kuhn, sempre sustentamos sua inadequada utilização na área científica do Direito, com o propósito específico de expressar o conjunto das ideias determinantes e estruturadoras das figuras jurídico-constitucionais Estado de Direito e Estado Democrático de Direito. Entendemos que referidas figuras não devem ser compreendidas como realidades técnicas distintas ou conjuntos compartimentados de hipóteses científicas teóricas e genéricas criados pela teoria do Estado e pelo Direito Constitucional ou modelos categoriais concebidos com finalidade propedêutica.[115]

Próximo ao que ora sustentamos, situa-se o pensamento científico de Marcelo Campos Galuppo, ao observar que, apesar de o emprego do termo paradigma ter-se tornado comum na área do direito, seu uso não lhe parece adequado no campo da teoria da justiça, pelos extensos fundamentos que enumera, propondo sua substituição pelo termo *matriz disciplinar*, com os significados de lugar onde algo é gerado, fonte ou origem de algo, que está na base, que tem grande relevância, que é primordial.[116] Contrapondo-se a tal entendimento, Álvaro Ricardo de Souza Cruz, em extensa obra dedicada ao assunto, desenvolve exaustiva argumentação em prol da tese de que o conceito de paradigma é aplicável de modo geral às ciências sociais e em particular ao Direito.[117]

Contudo, pela quantidade de vezes em que o termo paradigma ultimamente aparece empregado nos textos jurídicos, forçoso admitirmos a utilização das locuções paradigma do Estado de Direito e paradigma do Estado Democrático de Direito entendidas com o sentido de sistemas, louvando-nos, assim, na observação pertinente de Arthur José Almeida-Diniz dantes colacionada, ao apreender que Kuhn *"rebatizou o conceito de sistema para paradigma"*.

---

115 Nessa perspectiva, parece-nos correto o pensamento de Gilmar Ferreira Mendes, Inocêncio Mártires Coelho e Paulo Gustavo Gonet Branco, com remissão às doutrinas de Elías Díaz e Pablo Lucas Verdú, quando sustentam que *"o Estado Democrático de Direito é aquele que se pretende aprimorado, na exata medida em que não renega, antes incorpora e supera, dialeticamente, os modelos liberal e social que o antecederam e que propiciaram o seu aparecimento no curso da História" (Curso de Direito Constitucional*, p. 149).

116 *O Brasil que queremos: reflexões sobre o Estado Democrático de Direito*, p. 515-516.

117 *O discurso científico na modernidade: o conceito de paradigma é aplicável ao Direito?*, p. 153-162.

Postas essas questões, acreditamos que paradigmas do Estado de Direito e do Estado Democrático de Direito devem ser compreendidos como sistemas jurídico-normativos consistentes, concebidos e estudados pela teoria do Estado e pela teoria constitucional, no sentido técnico de verdadeiros complexos de ideias, princípios e regras juridicamente coordenados, relacionados entre si por conexão lógico-formal, informadores da moderna concepção de Estado e reveladores das atuais tendências científicas observadas na sua caracterização e estruturação jurídico-constitucional.[118]

De qualquer forma, não conseguimos esconder nossa preferência pela posição doutrinária que enxerga o Estado de Direito e o Estado Democrático como verdadeiros princípios conexos e normas jurídicas constitucionalmente positivadas, de sorte que, como preconiza Canotilho, *"tal como a vertente do Estado de direito não pode ser vista senão à luz do princípio democrático, também a vertente do Estado democrático não pode ser entendida senão na perspectiva do Estado de direito"*, ou seja, *"tal como só existe um Estado de direito democrático, também só existe um Estado democrático de direito, isto é, sujeito a regras jurídicas"*,[119] dentre as quais, enfatizamos, pela sua importância, avultam as regras constitucionais.

Daí afirmarem Gilmar Ferreira Mendes, Inocêncio Mártires Coelho e Paulo Gustavo Gonet Branco que, tido como um dos fundamentos da República, o princípio do Estado Democrático de Direito, estruturante do Estado brasileiro, *"figura no primeiro artigo da Constituição de 1988, assim como nos dispositivos de abertura que inauguram outras Leis Fundamentais – v.g, Espanha, França, Índia, Itália e Portugal – inclusive na recente e polêmica Constituição da União Européia, cujo art. I-2º é transcrito a seguir porque exalta e sintetiza os valores fundamentais do Estado Constitucional contemporâneo: 'A União funda-se nos valores do respeito pela dignidade humana, da liberdade, da democracia, da igualdade, do Estado de Direito e do respeito dos direitos, incluindo os direitos das pessoas pertencentes a minorias. Estes valores são comuns aos Estados-Membros,*

118 Fazendo referência ao nosso pensamento, André Del Negri assim se posiciona sobre o tema: *"sustenta-se que a palavra paradigma, rediscutida por Ronaldo Brêtas de Carvalho Dias, foi ressemantizada como 'sistemas jurídico-normativos consistentes'(...) por direcionar os estudos jurídicos de Teoria do Estado e da Constituição, e não apenas de Filosofia da Ciência como demonstrou Thomas Kuhn"* (*Controle de constitucionalidade no processo legislativo*, p. 27).

119 *Direito Constitucional e Teoria da Constituição*, p. 227.

numa sociedade caracterizada pelo pluralismo, a não discriminação, a tolerância, a justiça, a solidariedade e a igualdade entre mulheres e homens".[120]

Consideramos que a dimensão atual e marcante do Estado Constitucional Democrático de Direito resulta da articulação dos princípios do Estado Democrático e do Estado de Direito, cujo entrelaçamento técnico e harmonioso se dá pelas normas constitucionais. Para se chegar a essa conclusão, impõe-se perceber que a democracia, atualmente, mais do que forma de Estado e de governo,[121] é um princípio consagrado nos modernos ordenamentos constitucionais como fonte de legitimação do exercício do poder, que tem origem no povo, daí o protótipo constitucional dos Estados Democráticos, ao se declarar que todo o poder emana do povo (por exemplo, parágrafo único, do artigo 1º, da Constituição brasileira; artigos 3º e 10º da Constituição portuguesa; e artigo 20 da Lei Fundamental de Bonn, a Constituição da Alemanha).

Como povo, há de se entender a comunidade política do Estado, composta de pessoas livres, dotadas de direitos subjetivos umas em face de outras e perante o próprio Estado, fazendo parte do povo tanto os governados como os governantes, pois estes são provenientes do povo, sejam quais forem suas

120 *Curso de Direito Constitucional*, p. 148-149.

121 Nesse ponto, para melhor compreensão do assunto, merecem ser transcritas por inteiro as lições doutrinárias de André Del Negri, focalizando o que o autor qualifica de breves anotações sobre a teoria da democracia: *"Há ainda quem sustente que 'democracia é o governo do povo, pelo povo e para o povo'. É uma retórica que nem chega perto da tensão que esta palavra carrega. Discursos como este, disfarçados de democracia, logo se transformaram na tragédia do Holocausto, o Tema é muito mais tenso. A Constituição Brasileira de 1988 trouxe a democracia de volta, se é que o Brasil um dia teve democracia estável e segura. Há alguns anos, entretanto, estamos sofrendo a falta de implementação das regras do Estado de Direito Democrático, porque a imensa maioria ainda não trabalha indexada a este marco teórico. Muitos entendem que o eixo da democracia está no voto e faz ramificações do problema pela conexão democracia-voto-cidadania. A partir dessa conclusão, dizem que a aquisição da cidadania, na democracia, se dá mediante a retirada do título de eleitor. Não podemos pensar assim. Essas explicações foram malogradas, pois, ainda, se emboscam por trás da complexidade da Teoria da Democracia, que se exerce pelo cumprimento da Constituição, a qual é um projeto assegurado por lei para ser operacionalizado por todos (maiorias e minorias), pois, nas democracias, a maioria tem que se preocupar com as minorias, uma vez que a maioria não pode ser compreendida tão-somente pelo índice numérico"*(*Controle de Constitucionalidade no Processo Legislativo: teoria da legitimidade democrática*, p. 76-77).

condições sociais, todos obedientes às mesmas normas jurídicas, sobretudo à Constituição, que é o estatuto maior do poder político.[122]

Portanto, ao princípio democrático se agrega o princípio do Estado de Direito, este informado por gama variada de ideias-mestras que lhe dão contextura, verdadeiros subprincípios, na lição dantes transcrita de Larenz, albergados em normas expressas nas modernas Constituições, que determinam, direcionam e conformam as atividades do Estado, limitando-lhe o poder.

Essas considerações ficam justificadas pela doutrina de Canotilho, para quem a teorização do Estado Democrático de Direito centra-se em dois pontos fundamentais, *"o Estado limitado pelo direito e o poder político legitimado pelo povo"*, permitindo as conclusões de que *"o direito é o direito interno do Estado; o poder democrático é o poder do povo que reside no território do Estado ou pertence ao Estado"*.[123]

122 Cf. MIRANDA, Jorge. *Manual de Direito Constitucional*, t. III, p. 47, 49 e 57. Como já considerado anteriormente, voltamos a lembrar que, nas lições de Jorge Miranda, povo, na dinâmica estatal, deve ser qualificado como o substrato humano do Estado, isto significando que: 1º)- povo é a razão de ser do Estado, que o modela em concreto; 2º)- o Estado é resultante da obra de uma coletividade, que há de se tornar o povo; 3º)- o poder político se define primordialmente como poder em relação a um povo; 4º)- historicamente, o poder emerge sempre do povo; 5º)- o poder político, nos sistemas democráticos, é sempre exercido, direta ou indiretamente, em nome do povo, por isto mesmo conformado pelo modo de ser, de agir e de obedecer do povo e das pessoas que o compõem; 6º)- o território do Estado corresponde à área de fixação do povo (ob. cit., p. 50-51). Na visão de Carl Schimitt, o povo é visto em duas perspectivas: 1ª)- *antes* e *sobre* a Constituição, como sujeito do Poder constituinte, apontando, como exemplo, a Constituição francesa de 24 de junho de 1793, cujo artigo 28 acolheu o princípio democrático do poder constituinte do povo, ao enunciar que *"um povo tem sempre o direito de revisar, de reformar e de mudar sua Constituição"* (no original: *"un peuple a toujours le droit de révoir, de réformer et de changer sa Constitutión"*); 2ª)- *dentro* da Constituição, no exercício de direitos estabelecidos em seu texto. Nesta última perspectiva, o povo exerce, dentro dos marcos estabelecidos e sobre as bases da Constituição, direitos que lhe são assegurados, como corpo político e de cidadãos com direito a voto. Ainda segundo as considerações de Carl Schimitt, são elementos configuradores do Estado de Direito (*Teoría de la Constitución*, p. 105-106 e 276).

123 *Direito Constitucional e Teoria da Constituição*, p. 227.

Alguns autores italianos vêm chamando esse sistema constitucional marcado pela articulação do poder político legitimado do povo (democracia) com a limitação do poder estatal (Estado de Direito) de *democracia constitucional*.[124]

Exame da literatura jurídica alemã, em escólio aos conteúdos dos princípios da democracia e do Estado de Direito, fortalece a conclusão de que ambos atuam simultaneamente na moderna estruturação jurídico-constitucional do Estado. Nesta direção, ditos princípios mantêm relação ora marcada por traços que se distinguem, ora caracterizada por vetores que lhes são comuns. A ideia fundamental de democracia, como dito, está relacionada à fonte de legitimação do poder, que é o povo, dele emanando o exercício do poder pelo Estado, motivo pelo qual, somente assim, pode ser considerado poder de direito. Em razão disso, o povo elege seus representantes, cujos trabalhos legislativos devem refletir o pensamento popular na construção dos conteúdos normativos das normas de direito que prevalecem nas relações sociais e no exercício das funções e das diferentes atividades desenvolvidas pelos órgãos do Estado. Também ocorre que, a partir daí, os destinatários e atingidos pelos atos estatais são potencialmente todos aqueles que residem no território do Estado, ou seja, o povo, a comunidade política, integrada pelos governantes e governados. Para a doutrina alemã, é esse ciclo de atos de legitimação que aponta o lado democrático do Estado de Direito. Em face dessas considerações, o princípio democrático é considerado um princípio configurador de caráter formal e orgânico. Por outro lado, a mesma doutrina tem o Estado de Direito como princípio de natureza material e procedimental, porque, em termos gerais: 1º)- incide no modo de proceder da atividade estatal, limitando e vinculando o exercício do poder pelo Estado ao direito, a fim de garantir as liberdades individuais; 2º)- reconhece os direitos fundamentais das pessoas;

---

124 Cf. BONGIOVANNI, Giorgio. *Teorie "costituzionalistiche" del diritto. Morale, diritto e interpretazione in R. Alexy e R. Dworkin*, p. 13-14. Em face da análise que empreendemos, na tentativa de se compreender a estrutura constitucional do Estado Democrático de Direito, há de se fazer reparos à seguinte afirmação de José Cretella Júnior, *verbis*: *"A frase 'Estado Democrático de Direito' é pleonástica, redundante, porque é da essência da democracia, onde impera soberano o princípio da legalidade, a inviolabilidade do direito, a vigência do denominado Estado de Direito (Rechtstaat), que se contrapõe ao Estado de força, Estado policial ou ditatorial (Polizeistaat). O exercício da democracia é dominado pelo princípio da legalidade ou, como pretende Pontes de Miranda, pelo princípio da legalitariedade (cf. Comentários à Constituição de 1946, v. V, p. 70). Cf. Manoel Gonçalves Ferreira Filho, Democracia possível." (Comentários à Constituição de 1988*, v. I, p. 135).

3º)- institui o controle jurisdicional da legalidade dos atos da administração pública; 4º)- concede proteção jurídica às pessoas por meio dos pronunciamentos jurisdicionais gerados em contraditório nos processos. Embora sejam esses os traços básicos que diferenciam os dois princípios – Estado de Direito e democracia – há um campo em que ambos cobrem o mesmo conteúdo, quando se referem à liberdade dos indivíduos. Assim o é, porque a democracia proclama o respeito aos chamados direitos de liberdade democrática, quais sejam, liberdade de opinião, liberdade de imprensa, liberdade de informação e liberdade de reunião e de associação das pessoas. Esses direitos são também fim e conteúdo do Estado de Direito. Logo, para a doutrina alemã, os intitulados direitos de liberdade democrática seriam um vetor comum entre democracia e Estado de Direito, um nexo determinante de união entre os dois mencionados princípios.[125]

Nessa ordem de ideias, no que tange, em particular, à Constituição brasileira, ao se visualizá-la concretamente, vê-se que seu texto aglutina os princípios do Estado Democrático e do Estado de Direito, sob normas jurídicas constitucionalmente positivadas, a fim de configurar o Estado Democrático de Direito, objetivo que lhe é explícito (artigo 1º). Observa-se, por importante, que o enunciado normativo do artigo 1º da Constituição, que se refere ao Estado Democrático de Direito, está contido no Título I, que trata, exatamente, dos seus princípios fundamentais, mais uma razão de nossa constante referência ao princípio do Estado Democrático de Direito.

Dessa forma, os fundamentos do Estado de Direito têm base jurídico-constitucional em um conjunto de normas jurídicas (princípios e regras) encontradas explicitamente no texto constitucional brasileiro, das quais destacamos, dentre outras, por estarem mais conectadas ao tema central deste trabalho, as seguintes:

a) o princípio da dignidade da pessoa humana (artigo 1º, inciso III)[126] e o vigoroso e exuberante rol de direitos, liberdades e garantias fun-

125 Cf. BÖCKENFÖRDE. *Estudios sobre el Estado de Derecho y la democracia*, p. 118-121. MÜLLER. *Quem é o povo? A questão fundamental da democracia*, p. 60-62.

126 Relata Leonardo Martins que *"a tese (vigente no direito constitucional alemão) que liga o dever estatal de tutela baseado nos direitos fundamentais [...] parte do princípio de que o Estado é obrigado [...] a 'observar' e a 'proteger' a dignidade da pessoa humana"*, que tem caráter geral e absoluto, razões pelas quais alguns juristas alemães enxergam os direitos

damentais declarados nos artigos 5º e 6º,[127] dentre eles o princípio da igualdade, o princípio da reserva legal e o direito à jurisdição pela garantia do devido processo constitucional, estruturado nos princípios do contraditório e da ampla defesa, incluindo-se, nesta garantia, o direito ao recurso, à procedimentalização da prova e à indispensável presença do advogado no ato estatal de julgar (artigo 5º, incisos I, II, XXXV, LIV e LV, e artigo 133);

b) o princípio da separação das funções do Estado, proclamado no artigo 2º, embora ali se faça referência bolorenta às expressões impróprias

---

fundamentais como desdobramento da dignidade da pessoa humana. *(Direito processual constitucional alemão,* p. 62). Bem ressalta Ingo Wolfgang Sarlet, *"a dignidade da pessoa humana foi objeto de expressa previsão no texto constitucional vigente mesmo em outros capítulos",* indicando-os: artigo 170, *caput*; artigo 226, § 7º.; artigo 227, *caput*; e artigo 230. Segundo o mesmo autor, *"o princípio da dignidade da pessoa humana tem sido compreendido também como uma espécie de direito a ter direitos, ou seja, como o direito fundamental de toda e qualquer pessoa hunana ser titular de direitos fundamentais que assegurem e promovam justamente a sua condição de pessoa (com dignidade) no âmbito de uma comunidade" (Dignidade [da Pessoa] Humana e Direitos Fundamentais na Constituição Federal de 1988,* p. 73-74 e 122). Com precisão científica, leciona Jorge Bacelar Gouveia que *"a dignidade humana como critério de fundamentação do Direito em geral, e dos direitos fundamentais em particular, parte das características da (I) liberdade e da (II) racionalidade da pessoa, antropologicamente sustentada numa (III) inserção social, garantindo seu (IV) desenvolvimento pessoal".* (BACELAR GOUVEIA. *Manual de Direito Constitucional,* v. II, p. 800).

127 Observa José Alfredo de Oliveira Baracho Júnior que *"a Constituição de 1988 trouxe o mais amplo elenco de direitos fundamentais de todas as Constituições brasileiras",* chamando a atenção para o fato de que *"um vasto elenco de direitos fundamentais é uma característica comum a quase todas as Constituições promulgadas no mundo após a década de 1970" (Jurisdição Constitucional e Direitos Fundamentais,* p. 338). Em razão disso, ao lado, evidentemente, de outras causas, pode-se verificar que houve um aumento considerável da extensão dos textos das Constituições, como observa também percucientemente Carlos Ayres Britto: *"Esse aumento gradativo no tamanho das Constituições começa, pode-se dizer, com o próprio constitucionalismo social, pois a Constituição mexicana de 1917 já fora elaborada com 136 artigos, só na parte permanente. A Lei Fundamental de Bonn, na Alemanha, datada de 1949, também saltou para 141 artigos. A da Índia, no mesmo ano de 1949, contabilizava nada menos que 372 artigos, superada, porém pela Constituição iuguslava de 1974, que chegava à casa dos 403 artigos. A de Portugal, de 1976, contou com 300 artigos, sendo vencida pela Constituição do Uruguai, de 1996, que foi redigida com 332 artigos. Enfim, a Constituição espanhola de 1978 foi promulgada com 169 artigos permanentes, enquanto a Lei Maior do Brasil, de 1988, tinha 245 artigos em sua parte permanente e 70 em sua porção transitória" (Teoria da Constituição,* p. 180).

"Poderes da União, o Legislativo, o Executivo e o Judiciário", as quais, por se equipararem a osso de megatério, de há muito deveriam ter sido recolhidas ao museu das antiqualhas jurídicas, ponto sobre o qual já nos debruçamos anteriormente[128];

c) os princípios da legalidade, impessoalidade, moralidade, publicidade e eficiência, que regem a *administração pública* (*rectius*, os atos praticados pelos órgãos do Estado, no exercício de quaisquer das suas funções essenciais, a administrativa, a legislativa e a jurisdicional), como estabelece o artigo 37, *caput*;

d) o princípio da responsabilidade do Estado pelos danos causados aos particulares, no exercício de suas funções essenciais, a legislativa, a executiva (governamental) e a jurisdicional, como estabelecem o § 6º, do artigo 37, e o inciso LXXV do artigo 5º;

e) o direito de obter indenização do Estado pelos prejuízos sofridos em razão do erro judiciário[129] ou do tempo que a pessoa ficar presa além daquele determinado na sentença condenatória (artigo 5º, inciso LXXV);

---

128 Voltamos a insistir que as funções legislativa, executiva ou governamental e jurisdicional são exercidas por *órgãos* do Estado e não pelos *poderes* do Estado, em concepção atual, adotada pela doutrina publicística dos últimos cem anos. Por isto, entendemos que a expressão Poderes do Estado se equipara a osso de megatério, embora largamente empregada nos textos jurídicos e legislativos produzidos entre nós. Pela sua pertinência, repetimos crítica de Rosemiro Pereira Leal: *"com o advento do Estado moderno, torna-se arcaica a divisão da atividade estatal pela afirmação de Poderes, porque, em face do discurso jurídico-democrático avançado das sociedades modernas, a única fonte de poder é o povo" (Teoria geral do processo: primeiros estudos*, p. 187).

129 Sobre o que seja *erro judiciário*, tomando por base lições de Jorge Bustamante Alsina, tivemos a oportunidade de escrever que *"erro judiciário deve ser entendido como todo ato praticado pelo órgão jurisdicional em qualquer processo, que se mostra objetivamente contrário aos fatos da causa ou ao direito aplicável à espécie em julgamento, desviando-se o pronunciamento jurisdicional do resultado normal a que deveria chegar, segundo as normas do ordenamento jurídico vigente. Completa Bustamante Alsina seu pensamento, esclarecendo que, na maioria das vezes, o erro judiciário é um verdadeiro ato ilícito cometido pelo Estado, decorrente da ação ou da omissão do agente público julgador, que atua dolosa ou culposamente no curso do processo no qual a jurisdição está sendo exercida"*. (BRÊTAS. *Responsabilidade do Estado pela função jurisdicional*, p. 187).

f) o princípio da independência dos juízes, viabilizada pelas garantias da vitaliciedade, da inamovibilidade e da irredutibilidade de subsídio (artigo 95);

g) o princípio da fundamentação das decisões proferidas pelos órgãos jurisdicionais, firmemente consagrado nos incisos IX e X, do artigo 93;

h) o princípio da prestação de serviços públicos pelo Estado de forma adequada, albergado no artigo 175, parágrafo único, inciso IV;

i) o princípio da prevalência dos direitos humanos nas relações internacionais mantidas pelo Estado brasileiro (artigo 4º, inciso II);

j) o princípio da incorporação no direito interno das normas internacionais de proteção aos direitos humanos contidas nos tratados internacionais dos quais o Estado brasileiro seja parte (artigo 5º, § 2º);

l) o princípio da vinculação dos órgãos legislativos ao Estado de Direito (artigo 60, § 4º, incisos III e IV) e à democracia (artigo 60, § 4º, incisos I e II);

Se bem examinados, torna-se inegável a conclusão de que todos esses princípios e regras extraídos da Constituição (normas constitucionais), como bem salienta Canotilho, *"concretizam a ideia nuclear do Estado de Direito – sujeição do poder a princípios e regras jurídicas – garantindo às pessoas e cidadãos liberdade, igualdade perante a lei e segurança"*.[130]

Por outro lado, o Estado Democrático tem sua dimensão e se estrutura constitucionalmente na legitimidade do domínio político e na legitimação do exercício do poder pelo Estado assentadas unicamente na soberania e na vontade do povo (Constituição Federal, artigo 1º, incisos I, II, parágrafo único; artigo 14 e artigo 60, § 4º, inciso II).

A tanto, a legitimidade do domínio político e a legitimação do exercício do poder são instrumentalizadas, sem dúvida, por primeiro, via do sufrágio

130 *Direito Constitucional e Teoria da Constituição*, p. 227. No mesmo sentido do texto, a doutrina professada por Jorge Miranda (*Manual de Direito Constitucional*, t. IV, p. 177-186).

universal,[131] por meio do voto direto, secreto e igual para todos, ao prever o texto constitucional brasileiro que o povo, substrato humano componente da comunidade política do Estado, escolhe livremente seus representantes.

Além disso, porque a democracia não se exercita apenas e simplesmente nas urnas, pelo voto, ao ensejo dos pleitos eleitorais, ao contrário do que muitos políticos apregoam e legiões de brasileiros desavisados e de ignorantes políticos pensam ou imaginam,[132] no Estado Democrático, com maior amplitude, o povo pode e deve exercer participação ostensiva e preponderante na discussão e resolução dos problemas e questões de interesse nacional, por intermédio do plebiscito, do referendo, da iniciativa popular, das audiências públicas, e, principalmente, como sustentamos e tentamos demonstrar, por meio do processo constitucional.

Assim o é, porque o texto da Constituição Federal de 1988, ao condensar metodológica e sistematicamente as normas constitucionais que regem e orientam o processo (devido processo constitucional), além de nele incluir, com destaque, a garantia matriz e fundamental do devido processo legal (artigo 5º., inciso LIV), também estatui e cataloga, no mesmo plano sistemático, em favor do povo, proporcionando-lhe defesa contra os atos arbitrários do Estado, um vasto e poderoso arsenal de garantias procedimentais constitucionais, assim enumeradas: (1) o mandado de segurança individual e coletivo; (2) o *habeas corpus*; (3) o mandado de injunção; (4) o *habeas data*; (5) a ação direta de inconstitucionalidade; (6) a ação declaratória de constitucionalidade;

---

131 Pertinente ao tema exposto, lição de Jorge Miranda: *"o sentido de sufrágio universal não é que todos, incluindo as crianças e os dementes, tenham direito de voto; é que haja correspondência entre capacidade civil e capacidade eleitoral, que tenham direito de voto e, assim, interfiram na regência da comunidade todos aqueles que podem reger as suas próprias pessoas"* (*Manual de Direito Constitucional*, t. III, p. 59).

132 Nesse ponto, fazemos coro com o justificado desabafo de Rosemiro Pereira Leal, rendendo-lhe aplausos, por empreender análise perfeita dos tempos atuais que vivemos e presenciamos, época em que predominam *"a estratégica preservação da pobreza, do obscurantismo, do aprofundamento continuado e midiático da imbecilização coletiva, do incentivo [...] ao crescimento das populações condenadas ao holocauso, da ignorância, dos regimes totalitaristas ou disfarçadamente democráticos, da apologia das musculaturas olímpicas, da plasticidade corporal, da magia do imaginário desportivo e musical, do culto aos líderes carismáticos, da multiplicação das seitas, das guerras corretivas e de toda a sorte de perversidades sociais que já se celebrizam com o nome emblemático de 'sociedade complexa' [...]."* (*A teoria neoinstitucionalista do processo: uma trajetória conjectural*, p. 1-2).

(7) a arguição de descumprimento de preceito fundamental; (8) a ação constitucional de revisão da súmula vinculante; (9) a reclamação; (10) a ação civil pública; (11) o direito constitucional de ajuizar ação popular, concedido a qualquer cidadão, sem ônus, para anular atos estatais lesivos ao patrimônio público e à moralidade administrativa (artigo 1º, parágrafo único; artigo 14, incisos I, II e III; e artigo 5º, inciso LXXIII).[133]

Entendemos que toda essa descrita estrutura constitucional normativa orientadora da atual configuração democrática do Estado de Direito, transformando-o jurídica e politicamente em Estado Democrático de Direito, pode ser resumida, segundo as palavras de André Del Negri, forte nas lições de Rosemiro Pereira Leal, *"pela ótica de que a cidadania, além de ser o fundamento da Democracia, é o comprometimento com os fundamentos de auto-existência e esta inclusão deve ser solicitada pelo processo (direito garantia de reivindicar e fiscalizar os direitos assegurados na Constituição")*.[134]

Essas reflexões feitas em torno da importância do processo constitucional na construção ou concretização do Estado Democrático, como metodologia normativa de garantia dos direitos fundamentais do povo, podem ser confirmadas ao se examinar caso concreto levado à apreciação do judiciário mineiro, depois revisado pelo Supremo Tribunal Federal, em sede de reclamação constitucional, por ocasião das manifestações populares de protesto que eclodiram em várias cidades brasileiras, durante o mês de junho de 2013, a seguir colacionado e analisado, a fim de comprovar nossas afirmações

Pois bem, principiamos em recordar que ditas manifestações populares tinham por objetivo protestar contra os gastos expressivos feitos pelo Estado brasileiro nos preparativos do certame esportivo chamado Copa do Mundo, notadamente despesas elevadíssimas efetuadas nas construções e reformas de mais de uma dezena de estádios de futebol, ao invés de o Estado empregá-los prioritária, racional e convenientemente na melhoria dos serviços públicos em

---

133 Sobre referidos *procedimentos constitucionais*, que a doutrina majoritária, segundo pensamos, de forma inadequada, chama *ações constitucionais*, confundindo as noções de *ação* e *procedimento*, ver ABBOUD, Georges. *Processo constitucional brasileiro*, p. 465-514. Também, FACCHIN, Zulmar. *Curso de Direito Constitucional*, p. 315-344. Discorremos sobre *ação* e *procedimento* no Capítulo II, n. 2.

134 DEL NEGRI, André. *Controle de Constitucionalidade no Processo Legislativo: teoria da legitimidade democrática*, p. 78.

geral, principalmente nos fragilizados setores da educação, da saúde, da mobilidade urbana e da segurança pública.[135]

Nessas questões temáticas, é público e notório, a carência no Brasil é sempre brutal, aviltante à dignidade da pessoa humana, escandalosa e manifestamente ofensiva à Constituição que configurou o Estado Democrático de Direito

135 Eis as considerações feitas por Marcelo Weishaupt Proni, diretor associado do Instituto de Economia da Universidade Estadual de Campinas, São Paulo, que reproduzimos, para melhor equacionamento do assunto e para sua perpétua memória histórica: *"O custo total estimado dos investimentos em infraestrutura para a Copa do Mundo de futebol no Brasil ultrapassa R$ 25 bilhões. Desse total, apenas 15% são financiados pela iniciativa privada. Daí as perguntas: é certo colocar tanto dinheiro público nesse megaevento? Qual o legado econômico para o país? Os benefícios prometidos compensam os esforços e sacrifícios requeridos? Quem se beneficia e quem perde? Os impactos projetados pelos estudos oficiais são bastante otimistas. Crescimento do PIB (e da arrecadação fiscal), impulso ao turismo internacional, forte geração de empregos e melhoria do transporte urbano são as principais promessas. Embora a maior parte dos benefícios se concentre nas capitais que vão sediar os jogos, muitos ganhos poderiam se difundir para outras regiões. Porém, há evidências de que a Copa não vai deixar o legado inicialmente esperado. [...] Não há dúvida de que a Copa é muito lucrativa para a FIFA e um ótimo negócio para grandes construtoras. [...]. Por outro lado, a Copa também pode causar prejuízos. [...]. Como acontece sempre que se trata de alocar dinheiro público, alguns segmentos econômicos e sociais serão favorecidos em detrimento de outros. Se a seleção brasileira vencer o torneio pela sexta vez, todo o esforço terá sido válido?".* (A Copa é um bom negócio para o Brasil? Bom para quem? *Jornal Folha de São Paulo*, 7/12/2013, p. A-5). Sucede que, após a Copa, realizada no primeiro semestre de 2014, nada ocorreu que pudesse ser celebrado em terras brasileiras. O Brasil decepcionou no campo esportivo (a Alemanha ganhou o certame) e alguns dos estádios construídos, quiçá em maioria, ficaram entregues às moscas. No segundo semestre de 2014, no campo econômico, o legado também não se revelou positivo, já que o país adentrou em cenário adverso de recessão econômica, com elevação dos índices inflacionários e contas públicas deficitárias, assolado ainda por grave crise político-institucional, motivada por inúmeros inquéritos policiais e processos penais instaurados contra diversos políticos ocupantes de cargos eletivos, acusados de integrarem rede de corrupção implantada em empresas estatais, a qual alimentava a tesouraria de diversos partidos, durante as campanhas eleitorais. Nesse quadro nada risonho, o mercado de trabalho se viu atingido por acentuados níveis de desemprego, com milhões de trabalhadores sem trabalho. Tal situação caótica repercutiu em cheio no campo político, culminando com o impeachment da Presidente da República, Sra. Dilma Rousseff, em 2016, acusada da prática de crimes de responsabilidade, a partir daí afastada de suas funções pelo Senado Federal, substituída pelo Vice-Presidente, Professor Michel Temer, que também se viu envolvido em denúncias formalizadas em processos criminais instaurados pelo Ministério Público Federal, acusado de corrupção.

brasileiro, já que seu texto obriga o Estado a prestar ao povo tais serviços públicos de forma adequada e eficiente, o que não vem ocorrendo há muito tempo.[136]

E não olvidemos, também, por importante, que, segundo a Constituição do Estado Democrático de Direito brasileiro, as pessoas do povo têm o direito fundamental de livremente manifestar seu pensamento,[137] podendo, a tanto, reunir-se pacificamente, sem armas, em locais abertos ao público, mediante prévio e simples aviso aos órgãos estatais (Constituição Federal, art. 5º, incisos IV e XVI). Com base na literatura jurídica especializada alemã, já referida neste capítulo, tivemos a oportunidade de qualificar tais direitos fundamentais como *direitos de liberdade democrática*.

Pois bem, dentro desse quadro histórico de procedente insatisfação popular, fio condutor das manifestações públicas de protesto então organizadas no Brasil em junho de 2013, o Estado de Minas Gerais ajuizou medida cautelar inominada perante o Tribunal de Justiça do mesmo Estado, em face do Sindicato dos Servidores da Polícia Civil do Estado de Minas Gerais (SINDPOL) e do Sindicato Único dos Trabalhadores em Educação de Minas Gerais (SIND-UTE/MG), formando um litisconsórcio passivo e requerendo na respectiva petição inicial fosse proferida decisão liminar que proibisse as entidades litisconsortes requeridas de praticar atos pelos quais seus dirigentes e associados, na organização e realização de manifestações públicas de protesto, acompanhados e apoiados pelo povo, de modo geral, embargassem as vias de acesso ao Estádio Mineirão, em Belo Horizonte, e de todo seu entorno, bem assim às demais regiões e logradouros públicos situados no território mineiro, fixando-lhes multa diária não inferior a R$ 500.000,00, em caso de descumprimento da ordem judicial.

---

136 Ver Capítulo III, nº 11.

137 No assunto, pertinentes as seguintes considerações de Newton de Oliveira Lima: *"Diz Kant que a liberdade de pensamento e sua função de expressão são inalienáveis por qualquer soberano, por mais poderoso que ele pretenda ser. É o núcleo último de presença da liberdade, que resguarda a autonomia porque capacita o sujeito à formação de suas próprias opiniões; fortalece a comunicação pública, incitando o cidadão à projeção de valores comuns, e assegura também o pluralismo como 'fato da liberdade' em uma República constitucional, sem submeter a razão a uma lei que ela não aceite, daí a função crítica da razão exercida pelo cidadão, como explica Kant, 'a liberdade de pensar contrapõe-se, em primeiro lugar, à coação civil"*. (LIMA, Newton de Oliveira. *O estado de direito em Kant e Kelsen*, p. 96).

Na sequência processual, o Tribunal de Justiça de Minas Gerais lavrou decisão no referido processo cautelar, pela qual deferiu liminarmente esses requerimentos, ordenando que as entidades litisconsortes passivas se abstivessem de organizar as manifestações populares e de praticar os atos verberados na petição inicial da medida cautelar, em todas as regiões e logradouros públicos do Estado, fixando a multa diária de R$ 500.000,00 para cada entidade e a todas e quaisquer outras que aderissem às manifestações de protesto, em caso de seu descumprimento.[138]

Essa decisão do Tribunal de Justiça de Minas Gerais, manifestamente contrária aos postulados do Estado Democrático de Direito, que é o Estado Constiutucional de respeito aos Direitos Fundamentais, despontou apoiada na seguinte motivação: "*Como é cediço, o direito de manifestação previsto no inciso XVI do art. 5º da Constituição da República não é absoluto, eis que autolimitado pelo próprio legislador constituinte, além de ser sopesado com outros princípios constitucionais, dentre eles o direito de locomoção (art. 5º, inciso XV, da CRFB), garantindo-se com primazia a ordem e a segurança públicas, interesse público primário que, em casos que tais, deve sobressair sobre os interesses de uma categoria profissional. Some-se que a limitação ao direito de manifestação encontra supedâneo também no art. 144 do texto constitucional, ao prever que 'a segurança pública, dever do Estado, direito e responsabilidade de todos, é exercida para a preservação da ordem pública e da incolumidade das pessoas e patrimônio'. Referida limitação, ademais, é também veiculada em legislação infraconstitucional esparsa, como se verá diante. [...]. A Lei nº 10.257/2001 (Estatuto das Cidades), a seu turno, em seu art. 2º, prevê que a política urbana tem por objetivo ordenar o pleno desenvolvimento das funções sociais da cidade e da propriedade urbana, mediante, dentre outras diretrizes gerais, a garantia do direito a cidades sustentáveis, entendido como o direito à terra urbana, à moradia, ao saneamento ambiental, à infra-estrutura urbana, ao transporte e aos serviços públicos, ao trabalho e ao lazer, para as presentes e futuras legislações. Nesse contexto, a interdição de vias urbanas ou frustração de eventos já programados viola direitos individuais, difusos e coletivos da população da capital mineira, a exemplo de outros movimentos grevistas que adotam estratagemas desarrazoados e desproporcionais, sob pretexto de atrair atenção midiática que, em resumo, deveria acontecer pela*

138 Processo nº 1.0000.13.041148-1/000, cautelar inominada, Turma Especializada da Primeira Câmara Cível, decisão liminar proferida pelo Relator, Desembargador Barros Levenhagen, em 13/6/2013.

própria natureza e importância do serviço público afetado, e não pela frustração do direito de locomoção de toda a coletividade".

Diante dessa decisão que lhe foi adversa, uma das entidades litisconsortes passivas - o Sindicato Único dos Trabalhadores em Educação de Minas Gerais (SIND-UTE/MG) - ajuizou reclamação junto ao Supremo Tribunal Federal, procedimento previsto na Constituição Federal, artigo 102, inciso I, alínea *l*, ali inserido em decorrência do complexo normativo metodológico de garantia dos direitos fundamentais, que é o processo constitucional, visando a preservar a autoridade do Supremo Tribunal Federal, elevado ao status de *guarda da Constituição*, no enunciado de seu art. 102, *caput*, nas situações em que o Supremo Tribunal tenha proferido acórdão apreciando questão constitucional, apontado como paradigma, cujo conteúdo desponte contrariado na decisão de qualquer outro Tribunal, impugnada pela reclamação.

No caso concreto em análise, o acórdão paradigma do Supremo Tribunal Federal, como tal indicado no procedimento da reclamação, foi o lavrado no julgamento da Ação Direta de Inconstitucionalidade (ADI) nº 1.969/DF, que pronunciou a inconstitucionalidade do Decreto nº 20.098/99, editado pelo Governador do Distrito Federal, proibindo a realização de manifestações públicas com a utilização de carros, aparelhos e objetos sonoros na Praça dos Três Poderes, Esplanada dos Ministérios, Praça do Buriti e vias adjacentes, em Brasília.[139]

Julgando referida reclamação constitucional, ajuizada pelo Sindicato Único dos Trabalhadores em Educação de Minas Gerais (SIND-UTE/MG), o Supremo Tribunal Federal a acolheu, reformando a decisão do Tribunal de Justiça de Minas Gerais impugnada, entendendo legítimas e democráticas as manifestações populares realizadas sem vandalismo, preservado o poder de polícia estatal na repressão de eventuais abusos.

Colhe-se da respectiva decisão do Supremo Tribunal Federal os seguintes e principais fundamentos, plenamente harmonizados com a principiologia constitucional do Estado Democrático de Direito brasileiro, ao julgar procedente a reclamação: *"In casu, articula o Reclamante que o decisum reclamado, ao interditar liminarmente manifestações em vias e logradouros públicos dentro*

---

139 Ver importante análise e comentários de Virgílio Afonso da Silva ao apontado acórdão paradigma, inclusive com alusão ao direito comparado (*Direitos fundamentais: conteúdo essencial, restrições e eficácia*, p. 100-108).

do Estado de Minas Gerais, desafiou a autoridade do acórdão proferido pelo Supremo Tribunal Federal, nos autos da ADI nº 1.969/DF, relator Ministro Ricardo Lewandowski. [...]. No caso sub examine, a controvérsia travada nestes autos versa suposta ofensa ao conteúdo essencial do direito de reunião e de livre manifestação do pensamento (CRFB/88, art. 5º, XVI e IV, respectivamente), na medida em que o decisum reclamado teria interditado, em sede liminar, manifestações em vias e logradouros públicos dentro do Estado de Minas Gerais pelo ora Reclamante. [...]. No acórdão paradigma da ADI nº 1.969/DF, a Corte foi instada a se pronunciar acerca da constitucionalidade de norma distrital (Decreto nº 20.098/99), que proscrevia a realização de manifestações públicas [...]. Naquela assentada, o Tribunal julgou procedente o pedido formulado para declarar a inconstitucionalidade de norma, asseverando que a restrição estabelecida ao direito de reunião não se compatibilizava com o postulado da proporcionalidade e seus subprincípios (adequação, necessidade e proporcionalidade em sentido estrito). Imperioso, neste ponto, trazer à colação excerto do voto do eminente relator Ministro Ricardo Lewandowsky, acolhido à uanimidade, que categoricamente afirmou 'o Decreto distrital 20.089/99 simplesmente inviabiliza a liberdade de reunião e de manifestação, logo na Capital Federal, em especial na emblemática Praça dos Três Poderes, local aberto ao público, que, na concepção do genial arquiteto que a esboçou, constitui verdadeiro símbolo de liberdade e cidadania do povo brasileiro. [...]. A restrição ao direito de reunião estabelecida pelo Decreto distrital 20.098/99, a toda a evidência, mostra-se inadequada, desnecessária e desproporcional quando confrontada com a vontade da Constituição (Wille zur Verfassung), que é, no presente caso, a (de) permitir que todos cidadãos possam reunir-se pacificamente para fins lícitos, expressando as suas opiniões livremente'. [...]. O direito de reunião consubstancia um componente indispensável à vida das pessoas e a própria existência de um substancial Estado Democrático de Direito. [...]. É inegável [...] a virtude cívica de movimentos sociais espontâneos que conclamem a participação ativa dos cidadãos na vida pública, de sorte a estimular a reflexão acerca de temas caros à ordem jurídica, política e econômica nacional. A democracia, longe de exercitar-se apenas e tão somente nas urnas, durante os pleitos eleitorais, pode e deve ser vivida contínua e ativamente pelo povo, por meio do debate, da crítica e da manifestação em torno de objetivos comuns. [...]. No caso sub examine, a insatisfação popular com as questões centrais da vida pública, inicialmente veiculada apenas em redes sociais na internet – e que, por isso, já permeava o debate público em um espaço no qual não podia ser notada fisicamente

-, tomou corpo e se transmudou em passeatas propositalmente realizadas em locais de grande significação e especial simbolismo, onde essas vozes, antes ocultas, podem ser percebidas com clareza pelos seus alvos, mercê de contribuírem para a edificação de um ambiente patriótico de reflexão sobre os rumos da nação. Além disso, é fato público e notório a anuência dos poderes constituídos ao movimento popular observado nas ruas, de manifestações em prol da democracia, da probidade e do bom emprego dos recursos públicos".[140]

Parece-nos que, nesse caso analisado como exemplo concreto, o Supremo Tribnal Federal, acertadamente, considerou as prescrições do direito processual constitucional nos julgamentos que realizou, reconhecendo nas manifestações populares o exercício pelo povo dos direitos de liberdade democrática, ao empreender, em seu pronunciamento decisório, no julgamento do procedimento constitucional da reclamação, de forma sincronizada, *uma interpretação conforme a Constituição e uma interpretação conforme os Direitos Fundamentais*,[141] na consolidação do Estado Democrático de Direito, dentro da configuração principiológica feita na Constituição Federal de 1988.

Outro caso concreto muito expressivo, a evidenciar a importância, o alcance e a dimensão do processo constitucional no Estado Democrático de Direito, é mencionado e analisado pelo Ministro do Supremo Tribunal Federal Gilmar Ferreira Mendes, em primoroso texto no qual considera o *habeas corpus "pedra fundamental do Processo Constitucional brasileiro"*. Trata-se de julgamento do *habeas corpus* coletivo nº 143.641, realizado pelo Supremo Tribunal Federal, Segunda Turma, em 20/2/2018, relatado pelo Ministro Ricardo Levandowsky. Referido *habeas corpus* coletivo, admitido e conhecido pelo Supremo Tribunal Federal, foi impetrado em favor das muitas mães de crianças e das mulheres grávidas presas preventivamente em todo o Brasil. A ordem lhes foi concedida para determinar a substituição da prisão preventiva pela prisão domiciliar. Segundo o Ministro Gilmar Ferreira Mendes, o procedimento constitucional de *habeas corpus*, no caso em foco, constituiu importante marco jurisprudencial, em razão da divergência então existente sobre a possibilidade da adoção do procedimento constitucional de *habeas corpus coletivo*. No julgamento, levou-se em conta a importância do bem jurídico tutelado, a liberdade do ser humano,

140 Reclamação nº 15.887 – Minas Gerais, decisão liminar do Relator, Ministro Luiz Fux, proferida em 19/6/2013.

141 A respeito, ver MARTINS, Leonardo. *Direito processual constitucional alemão*, p. 60-61.

direito fundamental das pessoas do povo no Estado Constitucional de Direito Democrático (Constituição Federal, art. 5º, *caput*), e o cabimento de procedimentos constitucionais coletivos em casos análogos de proteção dos direitos fundamentais, tais como mandado de segurança (Constituição Federal, art. 5º, inciso LXX) e mandado de injunção. Quanto ao mérito, esclareceu o Ministro Gilmar Ferreira Mendes que *"a ordem foi concedida para determinar a substituição da prisão preventiva pela domiciliar, com a possibilidade de imposição de outras medidas cautelares, para todas as mulheres presas, gestantes, puérperas, ou mães de crianças e deficientes sob sua guarda, nos termos do art. 2º do ECA e da Convenção sobre Direitos das Pessoas com Deficiências (Decreto Legislativo 186/2008 e Lei 13.146/2015), enquanto perdurar tal condição, excetuados os casos de crimes praticados mediante violência ou grave ameaça contra seus descendentes ou, ainda, em situações excepcionalíssimas, as quais deverão ser devidamente fundamentadas pelos juízes que denegarem o benefício."* Não há notícias de pesquisas ou informações oficiais que proporcionassem dados sobre o número de beneficiárias do referido julgamento, mas é inegável seus impactos benéficos nas questões atinentes à superpolução carcerária e à violação dos direitos das mulheres gestantes, mães puérperas ou mães de crianças e deficientes encareradas.[142]

À derradeira, pondo-se termo neste capítulo, por pertinente à exposição feita e aos casos que analisamos a título de exemplo, colacionamos lições expendidas por Gilmar Ferreira Mendes, Inocêncio Mártires Coelho e Paulo Gustavo Gonet Branco, quando focalizam o princípio do Estado Democrático de Direito, bem alcançando: *"Em que pesem pequenas variações semânticas em torno desse núcleo essencial, entende-se como Estado Democrático de Direito a organização política em que o poder emana do povo, que o exerce diretamente ou por meio de representantes, escolhidos em eleições livres e periódicas, mediante sufrágio universal e voto direto e secreto, para o exercício de mandatos periódicos, como proclama, entre outras, a Constituição brasileira. Mais ainda, já agora no plano das relações concretas entre o Poder e o indivíduo, considera-se democrático aquele Estado de Direito que se empenha em assegurar aos seus cidadãos o exercício efetivo não somente dos direitos civis e políticos, mas também e sobretudo dos direitos econômicos, sociais e culturais, sem os quais de nada valeria a solene proclamação daqueles direitos"*.[143]

---

142 MENDES, Gilmar Ferreira. *Processo constitucional*, p. 1.028-1.031.

143 *Curso de Direito Constitucional*, p. 149.

2

CAPÍTULO

ELEMENTOS DE TEORIA DO PROCESSO CONSTITUCIONAL

1. JURISDIÇÃO COMO DIREITO FUNDAMENTAL

Há consenso doutrinário no sentido de que os direitos essenciais do ser humano inerentes à vida, à liberdade, à dignidade, à igualdade, à segurança, ao valor e à natureza da própria condição humana, encarados na perspectiva espiritual, corpórea e social, os chamados direitos humanos ou direitos do homem, expressão secular, pois despontou na França, com a Declaração dos Direitos do Homem e do Cidadão, em 1789, referidos em textos da literatura jurídica por direitos fundamentais, devem ser reconhecidos pelo Estado Democrático de Direito ao povo, de sorte a limitar o poder estatal.

Pesquisa no assunto indica que a expressão direitos fundamentais despontou na França (*droits fondamentaux)*, por volta de 1770, em contexto cultural, social e político que gerou a Declaração dos Direitos do Homem e do Cidadão, em 1789. Posteriormente, o termo direitos fundamentais recebeu consagração normativa expressa na Alemanha (*Grundrechte*), quando elaborados os textos da Constituição de Weimar (1919) e da Lei Fundamental de Bonn (1949), como era chamada a atual Constituição da República Federal da Alemanha. A literatura jurídica francesa também tem adotado a terminologia liberdades públicas (*libertés publiques)*, como forma vocabular de consagração jurídica dos direitos humanos, por influência de textos constitucionais franceses (artigo 25, da Constituição de 1852; artigo 34, alínea 2, da Constituição de 1958). Contudo, exame da doutrina constitucional contemporânea - à unanimidade - revela propensão em se chamar de direitos fundamentais os direitos humanos que tenham adquirido positivação no ordenamento jurídico-constitucional do Estado, atingindo, por conseguinte, grau maior de certeza e efetiva possibilidade de serem garantidos. Assim, direitos fundamentais do ser humano são direitos constitucionalizados sob técnica especial de reconhecimento e definição assentados nas Constituições dos Estados contemporâneos, não raro, sob influência dos pactos internacionais, formando uma categoria dogmática do moderno Direito Constitucional. Como a fundamentalidade dos referidos direitos tem espeque na sua constitucionalização, possuem sentido técnico-jurídico mais preciso e vigoroso, porque são direitos fundamentados em enunciados expressos direta e claramente nas normas constitucionais ou por inferência hermenêutica extraída do texto constitucional (as chamadas *normas adstritas*). Portanto, em razão disso, a doutrina alemã divide as qualificadas normas em dois grupos: 1º)- normas de direito fundamental direta e expressamente estatuídas na Constituição; 2º)- normas de direito fundamental a elas adstritas. De outro lado, também há tendência em se reservar as expressões direitos do homem e direitos humanos para aqueles direitos inerentes à natureza do ser humano reconhecidos e declarados nas normas das convenções, pactos e tratados internacionais, criando um sistema de proteção internacional a tais direitos, cujos enunciados, muitas vezes, são repetidos nas normas constitucionais dos Estados ou incorporados nos seus direitos internos, por força de preceito constitucional expresso, tendência jurídica contemporânea denominada *constitucionalização do Direito Internacional*. Como exemplos, podem ser lembrados os casos das Constituições portuguesa, argentina e brasileira. A Constituição portuguesa de 1976 recomenda, no seu artigo 16, nº 2, que *"os preceitos constitucionais e legais relativos a direitos fundamentais devem ser interpretados e integrados de harmonia com a Declaração Universal dos Direitos do Homem"*. A Constituição argentina, reformada em agosto de 1994, em seu artigo 75, nº 22, determina que as normas dos tratados e instrumentos de direitos humanos enumerados no seu texto têm hierarquia constitucional. Por sua vez, a Constituição brasileira prevê, a partir de alteração que lhe foi introduzida pela Emenda Constitucional nº 45, de 8/12/2004, em seu artigo 5º, § 3º, que *"os tratados e convenções internacionais sobre direitos humanos que forem aprovados, em cada Casa do Congresso Nacional, em dois turnos, por três quintos dos votos dos respectivos membros, serão equivalentes às emendas constitucionais"*. [1]

1 Cf. PÉREZ LUÑO, Antonio Enrique. *Los derechos fundamentales*, p. 44-51. TOBEÑAS, Jose Castan. *Los Derechos del Hombre*, p. 7-11. ALEXY, Robert. *Teo-*

Os juristas franceses, quanto às referências constitucionais aos direitos fundamentais, ainda assinalam que, na França, a terminologia é bem heterogênea, fazendo a seguinte comparação, em relação a outros Estados europeus: *"Na República Federal da Alemanha, os DF [Direitos Fundamentais] se chamam 'direitos fundamentais' (Grundrechte), na Espanha 'direitos fundamentais e liberdades públicas', na Itália 'direitos e deveres dos cidadãos', em Portugal 'direitos, liberdades e garantias pessoais', na Áustria 'direitos constitucionalmente garantidos'.* No original: *"Les noms des droits fondamentaux. Em République fédérale d'Allemagne, les DF s'appellent 'droits fondamentaux' (Grundrechte), en Espagne 'droits fondamentaux et libertés publiques', en Italie 'droits et devoirs des citoyens', au Portugal 'droits, libertés et garanties personnelles', en Autriche 'droits constitutionnellement garantis."* [2]

Sem dúvida, embora a noção de direitos do ser humano seja tão antiga como o é a própria civilização, a doutrina dos direitos humanos é marca indelével do século XX, particularmente após o final da segunda grande guerra, no ano de 1945, em razão das atrocidades e das barbaridades cometidas pelos regimes nazi-fascistas desmantelados à época, sob assombroso derramamento de sangue.[3]

---

ria de los Derechos Fundamentales, p. 62-73. MIRANDA, Jorge. *Manual de Direito Constitucional*, t. IV, p. 7, 49-52. CHINCHILLA HERRERA, Tulio Elí. *Qué son y cuales son los derechos fundamentales*, p. 58-61. FAVOREU, Louis *et alii. Droit des libertés fondamentales*, p. 36, 75-76 e 92. PEÑA FREIRE, Antonio Manuel. *La garantía en el Estado constitucional de derecho*, p. 111-114. CANOTILHO. *Direito Constitucional e Teoria da Constituição*, p. 369-374 e 1.175. BARACHO, José Alfredo de Oliveira. *Revista da Faculdade de Direito da Universidade de Lisboa*, p. 68-72. CANÇADO TRINDADE, Antônio Augusto. *Tratado de Direito Internacional dos Direitos Humanos*, p. 19 e 403-410. QUINTÃO SOARES, Mário Lúcio. *Direitos Fundamentais e Direito Comunitário: por uma metódica de direitos fundamentais aplicada às normas comunitárias*, p. 24-29. BOSON, Gerson de Britto Mello. *Constitucionalização do direito internacional: internacionalização do direito constitucional – direito constitucional internacional brasileiro*, p. 189 e 201. GALUPPO, Marcelo Campos. *Jurisdição Constitucional e Direitos Fundamentais*, p. 233.

2 Cf. FAVOREU, Louis *et alii. Droits de libertés fondamentales*, p. 102.

3 Sobre o assunto, eis o relato de Eduardo Cambi, baseado em texto de Gustavo Zagrebelsk: *"os campos de concentração de Auschwitz-Birkenau, no sul da Polônia, construídos pelo governo alemão, comandado por Adolf Hitler, representam o símbolo do Holocausto, onde foram exterminados mais de seis milhões de judeus. Auschwitz-Birkenau não é apenas um simples fato histórico, mas um acontecimento que impõe reflexões sobre a auto-consciência da condição humana. Mostra que*

Perplexa, a partir daí, a humanidade foi impelida para o reconhecimento e a reivindicação dos mencionados direitos, criando-se um movimento universal em sua defesa, como verdadeiro fenômeno cultural de nosso tempo. Isto motivou a preocupação de se incluir um catálogo de proteção dos direitos humanos nos textos dos tratados internacionais e das Constituições surgidos após aquele sombrio período histórico, que não pode jamais ser esquecido, sob pena de fatídica repetição.

Observa Eduardo Cambi que a derrota dos regimes totalitários sempre provocou a afirmação vigorosa dos direitos e garantias fundamentais nos planos internacional e constitucional, bem lembrando, a título de ilustração: *"a Constituição Italiana (que nasceu da resistência e da guerra de libertação contra o regime fascista); a Lei Fundamental alemã (fruto do repúdio ao nazismo); as Constituições espanhola e portuguesa (ao romperem com os regimes de Franco e Salazar); a Declaração Universal dos Diretos Humanos da Organização das Nações Unidas (ONU), de 1948, ao colocar fim à anarquia das relações entre Estados, no plano internacional, antes baseada na guerra e na sua soberania selvagem; e, ainda, a Constituição Brasileira de 1988, como resposta democrática à ditadura militar"*.[4]

Em análise do sentido jurídico das expressões direitos humanos e direitos fundamentais, às vezes empregadas com sentidos múltiplos e tecnicamente equivocados, principalmente pela imprensa e pelos cientistas políticos, são oportunos os esclarecimentos de Gilmar Ferreira Mendes, Inocêncio Mártires Coelho e Paulo Gustavo Gonet Branco, apontando-lhes os principais traços de distinção: *"característica associada aos direitos fundamentais diz com o fato de estarem consagrados em preceitos da ordem jurídica. Essa característica serve de divisor entre as expressões direitos fundamentais e direitos humanos. (...). A expressão direitos humanos, ainda, e até por conta da sua vocação universalista,*

---

tais fatos jamais poderiam acontecer, de acordo com a consciência de que temos de nós mesmos, mas também revela que isto ocorreu devido à vontade dos próprios homens. Se na natureza humana está o horror por Auschwitz-Birkenau, ali também estão as causas que o produziram. Negar o Holocausto é não somente ignorar as evidências históricas, mas cometer 'crime' contra a humanidade, porque retira dela a possibilidade de extrair lições humanistas do genocídio, evitando que os erros do passado sejam repetidos no presente e no futuro." (Neconstitucionalismo e neoprocessualismo: direitos fundamentais, políticas públicas e protagonismo judiciário, p. 36).

4 *Neconstitucionalismo e neoprocessualismo: direitos fundamentais, políticas públicas e protagonismo judiciário*, p. 30.

supranacional, é empregada para designar pretensões de respeito à pessoa humana, inseridas em documentos de direito internacional. Já a locução direitos fundamentais é reservada aos direitos relacionados com posições básicas das pessoas, inscritos em diplomas normativos de cada Estado. São direitos que vigem numa ordem jurídica concreta, sendo, por isso, garantidos e limitados no espaço e no tempo, pois são assegurados na medida em que cada Estado os consagra. Essa distinção conceitual não significa que os direitos humanos e os direitos fundamentais estejam em esferas estanques, incomunicáveis entre si. Há uma interação recíproca entre eles".[5]

Certo é que o reconhecimento expresso dos direitos fundamentais nos textos constitucionais e ordenamentos jurídicos infraconstitucionais contemporâneos permitiu a criação de um bloco compacto de salvaguarda das pessoas e de suas liberdades contra quaisquer atos de abuso do poder ou de arbítrio provenientes do Estado, no exercício das suas funções, incompatíveis com o princípio maior da vinculação de qualquer ato estatal ao princípio do Estado Democrático de Direito, qualificado como o Estado de Direitos Fundamentais,[6] sobretudo o ato jurisdicional, que somente pode ser praticado em processo devidamente constitucionalizado, ponto sobre o qual já dissertamos no capítulo anterior.

Esse apontado bloco compacto de salvaguarda das pessoas e de suas liberdades deve ser considerado apanágio do Estado Democrático de Direito, e é por isto que nos afinamos com a ideia-matriz do pensamento de Gilmar

---

5 *Curso de Direito Constitucional*, p. 244.

6 A ideia de *vínculo* das *funções* (impropriamente designadas *"poderes"*) do Estado aos Direitos Fundamentais é defendida com ênfase no direito constitucional alemão, como disserta Leonardo Martins: *"No que tange ao vínculo aos direitos fundamentais, dois dispositivos da Grundgesetz [GG-Constituição da República Federal da Alemanha] não deixam nenhuma margem a dúvidas quanto ao vínculo de todos os órgãos dos três poderes estatais aos direitos fundamentais. O Art. 1 III GG dispõe, de forma lapidar, que 'os direitos fundamentais vinculam Legislativo, Executivo e Judiciário como direito imediatamente vigente'. O art. 20 III, 1º. Subperíodo GG, ao definir implicitamente o princípio do Estado de Direito como um dos princípios constituintes da República Federal da Alemanha, define taxativamente que 'o Legislativo é vinculado à ordem constitucional.' No 2º. Subperíodo do mesmo dispositivo, lê-se então: ' O Executivo e o Judiciário são vinculados à lei e ao direito'."* (MARTINS, Leonardo. *Direito processual constitucional alemão*, p. 67).

Mendes, quando afirma: "*Não há Estado de Direito, nem Democracia, em que não haja proteção efetiva de direitos e garantias fundamentais*".[7]

Oportuna, nesse sentido, doutrina de Eduardo Cambi, lastreada em obra de Perez Luño: "*No atual estágio de desenvolvimento jurídico, os direitos fundamentais representam os elementos definidores e legitimadores de todo o ordenamento jurídico positivo, proclamando um concreto e objetivo sistema de valores de aplicação imediata e de vinculação do poder público. Definem uma cultura jurídica e política, limitando o poder do Estado. Por isto, o moderno Estado de Direito democrático e constitucional deve ser denominado de Estado de Direitos Fundamentais. O Estado de Direito é uma categoria interdependente dos direitos fundamentais, porque somente são soberanas as leis que constituam manifestação externa das exigências de racionalidade e de liberdade, não da vontade arbitrária daqueles que detêm o poder.*"[8]

Por essas importantes razões, os textos constitucionais da atualidade incluem no rol dos direitos fundamentais do ser humano o direito à jurisdição ou, melhor dizendo, o direito de se postular do Estado a tutela jurisdicional, visando à preservação de seus direitos, como o faz a Constituição brasileira de 1988, no seu artigo 5º, ao tratar de forma exuberante dos direitos e garantias fundamentais: "*a lei não excluirá da apreciação do Poder Judiciário lesão ou ameaça a direito*" (inciso XXXV). Em primeira análise, observamos que a expressão *lei*, empregada no texto, guarda pertinência com a garantia fundamental da reserva legal, delineada no inciso II, do mesmo art. 5º., mediante a seguinte fórmula normativa: "*ninguém será obrigado a fazer ou deixar de fazer alguma coisa senão em virtude de lei*". Em segunda análise, deve-se ter em mente que a expressão *lei*, mencionada em ambas as normas transcritas, tem o sentido técnico-jurídico de *ordenamento jurídico*, na sua total extensão, ou seja, conjunto de normas jurídicas constitucionais e infraconstitucionais vigentes no sistema jurídico brasileiro, integrado por normas-disposições ou normas-preceitos (regras jurídicas) e normas-princípios (princípios de direito), ambas com igual força vinculativa.[9]

---

7 *Estado de Direito e jurisdição constitucional*, p. 463.

8 *Neoconstitucionalismo e neoprocessualismo: direitos fundamentais, políticas públicas e protagonismo judiciário*, p. 24.

9 Sobre regras e princípios, como normas jurídicas, ver Capítulo 3, nº 1.

Acentue-se que a Constituição Federal de 1988, de forma tecnicamente correta, no seu Título II, faz referência aos direitos fundamentais e às garantias fundamentais, expressões que menciona em separado. A distinção não é difícil, malgrado alguns doutrinadores se revelem despreocupados em fazê-lo em suas publicações, ao contrário do texto constitucional, que o faz de forma digna de encômios. A tanto, devemos considerar que jurisdição e devido processo legal são figuras de direito manifestamente constitucionalizadas, permitindo-lhes sentido técnico-jurídico mais preciso e vigoroso, daí se falar em processo constitucional e jurisdição constitucional, que se interligam, visando à realização concreta dos direitos fundamentais, tarefa que o Estado deve empenhar-se em cumprir de forma esmerada, ao exercer suas funções jurídicas fundamentais, embora, lamentavelmente, muitas vezes não o faça, sobretudo o Estado brasileiro.

À evidência, de nada adiantaria um extenso rol de direitos fundamentais, se mecanismos que assegurassem sua concretização também não fossem selecionados e incluídos no texto constitucional, nas situações – e não são raras – em que o Estado e os particulares os desconsiderassem.

Assim, enquanto os direitos fundamentais são os direitos humanos expressamente enumerados e declarados no ordenamento jurídico-constitucional, as garantias constitucionais, por isto, garantias fundamentais, diversamente, compreendem as garantias processuais estabelecidas na própria Constituição (devido processo constitucional ou modelo constitucional do processo[10]) e

10 Sobre a origem e sentido técnico da expressão *modelo constitucional do processo*, cunhada por Andolina e Vignera, ver Capítulo 1, n. 4. Verifica-se tendência dos processualistas em adotá-la na atualidade, como se colhe, por exemplo, do seguinte texto, extraído de obra escrita por Cássio Scarpinella Bueno, ao tratar dos princípios constitucionais do processo civil: *"Os princípios constitucionais ocupam-se especificamente com a conformação do próprio processo, assim entendido o método de atuação do Estado-juiz e, portanto, método de exercício da função jurisdicional. São eles que fornecem as diretrizes mínimas, mas fundamentais, do próprio comportamento do Estado-juiz. É esta a razão pela qual, no desenvolvimento deste trabalho, a menção à expressão 'modelo constitucional do processo civil', sem qualquer ressalva, quer se referir mais especificamente a este primeiro grupo de normas, o relativo aos 'princípios constitucionais do direito processual civil', a uma das partes, pois, que integram o modelo constitucional do direito processual civil"* (*Curso sistematizado de direito processual civil*, v. 1, p. 92). Ainda sobre o que seja *modelo constitucional do processo*, asseveram Flaviane de Magalhães Barros e Felipe Daniel Amorim Machado: *"Uma interpretação constitucionalmente adequada passa pela noção de que o modelo constitucional do processo é uma base principiológica uníssona, na qual os princípios que o integram são vistos de maneira co-dependente. Ou seja, ao desrespeitar um dos princípios afeta-se, também, de forma reflexa, os outros*

formadoras de um essencial sistema de proteção aos direitos fundamentais, tecnicamente apto a lhes assegurar plena efetividade. Não fosse assim, os enumerados direitos fundamentais somente serviriam para aformosear o texto da Constituição ou para revesti-lo de inócuo ornamento retórico.

Costuma-se encontrar em textos doutrinários referência à jurisdição como *direito-garantia fundamental*, expressão que, a nosso ver, pelas considerações até aqui expendidas, com todo o respeito, merece corrigenda.

Efetivamente, jurisdição é direito fundamental de qualquer pessoa, por força de declaração normativa expressa no texto da Constituição, anteriormente apontada. Mas a fruição deste direito se dá pela garantia fundamental do processo constitucional. Logo, considerar que jurisdição, a um só tempo, seja direito fundamental e garantia fundamental, com o máximo de respeito aos que pensam de forma contrária, significa misturar conceitos e olvidar o processo constitucional como garantia fundamental das pessoas do povo.

No assunto, nosso pensamento encontra respaldo no magistério de Jorge Miranda, a nosso ver acertado, quando distingue: *"Clássica e bem actual é a contraposição dos direitos fundamentais, pela sua estrutura, pela sua natureza e pela sua função, em direitos propriamente ditos ou direitos e liberdades, por um lado, e garantias, por outro".*[11]

Nessa linha de pensamento, considera Baracho que as garantias constitucionais (garantias fundamentais) são meios desenvolvidos pela técnica jurídica moderna, de sorte a controlar a regularidade constitucional dos atos estatais em geral (gênero) e do ato jurisdicional (espécie) em particular. A mais importante das garantias processuais constitucionais é o devido processo legal, que, sob interpretação lógico-sistemática das normas do artigo 5º, incisos II, XXXV, XXXVII, LII, LIV, LV e LXXVIII, do artigo 93, incisos IX e X, e dos artigos 133 e 134, todos da Constituição Federal, deve ser compreendido como um bloco aglutinante e compacto de vários direitos e garantias fundamentais e inafastáveis ostentados pelas pessoas nas suas relações com o Estado, quais sejam: *a)*- direito de amplo acesso à jurisdição, prestada pelo Estado dentro de um tempo útil ou lapso temporal razoável; *b)*- garantia do juízo natural;

---

princípios fundantes. Contudo, todos os princípios têm o seu conteúdo específico e diferenciado. Em outras palavras, tais princípios são vistos como co-dependentes no sentido de que, apesar de cada um possuir seu espectro de atuação próprio, eles formam uma base uníssona indissociável, na qual a observância a um princípio é condição para o respeito aos demais" (*Prisão e medidas cautelares*, p. 20-21).

11 *Manual de Direito Constitucional*, t. IV, p. 88.

c)- garantia do contraditório; *d)*- garantia de plenitude da defesa, com todos os meios e recursos a ela (defesa) inerentes, aí incluído, também, o direito da parte à produção da prova e à presença do advogado ou do defensor público; *e)*- garantia da fundamentação racional das decisões jurisdicionais, com base no ordenamento jurídico vigente (reserva legal); *f)*- garantia de um processo sem dilações indevidas. Logo, mediante a garantia fundamental do devido processo legal, que se integra na principiologia normativa maior do devido processo constitucional, qualquer um do povo faz atuar a jurisdição, viabilizando a efetiva tutela de seus direitos. Como sempre gostamos de lembrar, a fórmula lapidar elaborada por Baracho, "*o processo constitucional é metodologia de garantia dos direitos fundamentais*", bem resume o assunto ora examinado e se converte em indelével matriz doutrinária do nosso pensamento.[12]

Portanto, na concretização da função jurisdicional pelo Estado, os pronunciamentos decisórios, quaisquer que sejam, pouco importando suas qualificações doutrinárias ou legislativas como provimentos, acórdãos, provimentos mandamentais, provimentos judiciais, sentenças, pronunciamentos do juiz ou decisões interlocutórias, emanados dos órgãos prestadores da jurisdição, são atos estatais imperativos, que refletem manifestação do poder político do Estado, sempre exercido em nome do povo.[13]

Daí por que esse poder jamais poderá ser arbitrário ou exercido sob a referência hermenêutica inconstitucional do prudente critério ou do prudente arbítrio do órgão estatal julgador, ou fundado em considerações subjetivas dos agentes públicos decisores, mas poder constitucionalmente organizado, delimitado e controlado conforme as diretrizes preponderantes do Estado Democrático de Direito, que visualizamos como princípio constitucional (Constituição Federal, Preâmbulo, e artigo 1º), ao qual a jurisdição estará sempre vinculada.[14]

---

12 BARACHO. *Direito processual constitucional: aspectos contemporâneos*, p. 23 e 47.

13 Ver Capítulo 1, nº 3.

14 Ver Capítulo 1, nº 7. De forma aberrante à garantia fundamental da reserva legal, o Código de Processo Civil vigente, no enunciado de seu artigo 404, inciso V, prescreve julgamento "segundo o prudente arbítrio do juiz". A respeito, ler BRÊTAS. *Fundamentos e inovações do Código de Processo Civil*, p. 58-61. Também, BRÊTAS. *O caráter mítico e estratégico do novo CPC*, p. 123-126. Nos referidos textos, está sustentada a inconstitucionalidade das normas do artigo 404, inciso V, do Código de Processo Civil, as quais autorizam decisão judicial segundo o prudente arbítrio do juiz, em afronta grosseira ao devido processo constitucional.

Como já acentuamos no capítulo anterior, a manifestação do poder do Estado, exercido em nome do povo (Constituição Federal, artigo 1º, parágrafo único), que se projeta nos pronunciamentos jurisdicionais decisórios, é realizada sob rigorosa e moderna disciplina constitucional principiológica (devido processo constitucional).

O Estado só pode exercer a jurisdição, se e quando chamado a fazê-lo pelas pessoas naturais ou jurídicas (de direito público ou de direito privado), ao exercerem seu direito de ação, dentro de uma inafastável estrutura metodológica normativa (devido processo legal), de modo a garantir adequada e democrática participação e influência dos destinatários (partes) na formação das decisões jurisdicionais proferidas nos processos.

Naturalmente, como ainda explanaremos mais adiante, essa participação democrática das partes, a lhes permitir influência no resultado decisório do processo, é proporcionada pelo princípio do contraditório, razão pela qual guindado ao patamar de garantia fundamental (Constituição Federal, artigo 5º, LV), conforme bem assinala José Carlos Barbosa Moreira: *"Por esta expressão costuma-se designar uma fundamental garantia das partes, consistente, de um lado, na igual abertura a ambas da possibilidade efetiva de influir no resultado do processo, apresentando razões, discutindo as do adversário, participando da atividade probatória e reagindo contra os atos do juiz que lhe contrariam os interesses; de outro lado, na proibição, para o órgão judicial, de determinar providências sem delas dar ciência às partes e de fundar a decisão em fatos e provas a cujo respeito aquelas não hajam tido a oportunidade de manifestar-se"*.[15]

Em resumo, no Estado Democrático de Direito, a jurisdição é direito fundamental das pessoas naturais e jurídicas, sejam estas de direito público ou de direito privado, porque positivado ou expresso no texto da Constituição Federal de 1988 (artigo 5º, inciso XXXV). Exatamente por isto, se é direito fundamental do povo, em contrapartida, é atividade-dever do Estado, prestada pelos seus órgãos competentes, indicados no texto da própria Constituição, somente possível de ser exercida sob petição daquele que a invoca (direito de ação) e mediante a indispensável garantia fundamental do devido processo constitucional (artigo 5º, incisos LIII, LIV e LV).

---

15 *Temas de direito processual: quinta série*, p. 5.

2 PRETENSÃO DE DIREITO MATERIAL E AÇÃO COMO DIREITO CONSTITUCIONAL

De início, cabe o registro de que as noções de pretensão e de ação, na prática do foro, surgem embaralhadas, envoltas por muita confusão. Aliás, na atualidade, o praxismo forense, de caráter infeccioso, golpeando de morte a técnica e a ciência do direito processual,[16] em parte, é o responsável pela morosidade da atividade jurisdicional do Estado, retardando sobremaneira as soluções decisórias postuladas nos processos. Há um hiato, um colossal abismo, um enorme fosso, entre os conteúdos científicos, técnicos e metodológicos do direito processual, expostos em milhares e notáveis livros de doutrina, há um século e meio, e o que se passa na conturbada prática do foro, a gerar tumulto, balbúrdia, atecnias e deturpações nos processos, em nível cada vez maior e preocupante, o que vai desaguar na interposição de recursos, de modo a se restabelecer a ordem procedimental, visando à realização do direito material ou direito substancial postulado pelas partes.

Exame desse quadro sombrio, nada risonho para a ciência do direito processual e para a construção do Estado Democrático de Direito, leva à conclusão de que urge mudança radical de formação e de mentalidade dos operadores, técnicos ou práticos do direito – juízes, advogados públicos e privados, defensores públicos, membros do Ministério Público – que precisam enxergar o processo de forma constitucionalizada, ou seja, metodologia normativa de garantia dos direitos fundamentais. Infelizmente, na conturbada e infecciosa prática do foro, o processo é encarado sob a ótica ultrapassada de simples instrumento técnico da jurisdição ou mero calhamaço de papéis no qual o juiz profere sentença após a prática desordenada de atos pelos sujeitos processuais, como vem ocorrendo, de forma lamentável, não poucas vezes.[17]

---

16 Sobre técnica e ciência processual, ver texto esclarecedor de Rosemiro Pereira Leal. *Técnica processual* , p. 1-22. Interessante observar que o Código de Processo Civil de 2015, no enunciado normativo do § 2º, do seu artigo 327, menciona a expressão *"técnicas processuais"*, parecendo-nos ser a primeira vez que tal acontece em um texto da codificação processual, no Brasil.

17 A nosso ver, com carradas de razão, Dierle José Coelho Nunes, quando bem descreve o seguinte quadro babilônico existente no Brasil: *"A análise do perfil atual dos juízes em exercício no nosso País e dos mecanismos de avaliação dos candidatos ao ingresso na magistratura pelos concursos públicos revela que não se busca um magistrado com uma formação humanística adequada, mas, sim, um especialista na dogmática. Juízes com adequada formação humanística representam*

Em face de experiência profissional adquirida em quarenta e dois anos de intenso, ininterrupto e sofrido - mas profícuo - exercício da advocacia neste cambaleante Estado de Direito brasileiro, percebemos que os erros judiciários não decorrem somente da má formação técnica, desatenção ou obtusidade dos juízes, mas também da inépcia e dos reiterados erros profissionais cometidos pelos demais operadores ou práticos do direito, advogados, defensores públicos e membros do Ministério Público, com deficiente formação técnica, cada vez em escala maior. Tais senões em muito contribuem para que surjam os erros judiciários, em virtude da desordem e da confusão despejadas nos processos, induzindo os juízes aos erros de fato e de direito. Como bem apreendeu Teresa Arruda Alvim, no momento atual da realidade forense brasileira, é certo que *"ocorre visível deterioração do sistema de prestação jurisdicional (significando esta expressão o serviço público prestado à sociedade, por todos os operadores de direito), como fruto de uma série de fatores"*.[18]

---

uma pequena parcela, e mesmo esses são consumidos pela lógica neoliberal da produtividade, uma vez que, caso desejem fazer uma análise adequada de todos os casos, certamente não cumprirão o requisito objetivo de promoção por merecimento (produtividade) (art. 93, inciso II, alínea 'c', CRFB/88). O problema começa desde o início da formação dos profissionais do direito. Os cidadãos que se propõem a fazer um curso de direito, em sua grande maioria, não apresentam a menor vocação para a área jurídica. Eles a escolhem tão-somente com o objetivo de ampliar suas possibilidades individuais e profissionais no mercado de trabalho. E, pelo menos após a assunção de suas funções jurídicas, estes deveriam, profissionalmente, assumir a total responsabilidade de seu múnus. Tal fato conduz a um perfil de candidatos aos concursos de magistrados que buscam tão somente um bom emprego público, e não uma melhoria do bem-estar da sociedade, como alguns defendem no plano teórico. Verifica-se, desse modo, que, infelizmente, o exercício do direito, na média dos profissionais, 'não passa de um ofício burocrático, ou requisito para o exercício de determinadas funções públicas ou de acesso em carreiras dentro do próprio funcionalismo público' (Ferraz de Arruda). Essa constatação, aliada a uma profusão de cursos jurídicos (cerca de 1.046 em junho de 2007) com nível discutível, a uma indústria de cursos preparatórios para concursos, 'formatadores de cérebros, cujo único objetivo é a aprovação do aluno-candidato' (Ferraz de Arruda) e a um recrutamento mediante concursos públicos de agentes estatais (juízes, promotores, procuradores e advogados públicos) dogmatas e burocratas, que não se preocupam, em boa parte, com a reflexão, com um pensar crítico-reflexivo, vai criando um quadro em que a lógica econômica e quantitativa da produtividade e do julgamento em massa (escala industrial) vai provocando o desmantelamento da aplicação dos direitos fundamentais e dificultando sua obtenção pelos cidadãos" (*Processo jurisdicional democrático*, p. 167-169).

18 ALVIM WAMBIER, Teresa Arruda. *Processo e constituição: estudos em homenagem ao Professor José Carlos Barbosa Moreira*, p. 1.078.

Nesse ponto, merece lembrança Hélio Tornaghi, há muito tempo verberando as deturpações do processo detectadas na prática do foro, em lição válida para os dias atuais: *"O processo é um caminhar para a frente (pro cedere; é uma sequência ordenada de atos que se encadeiam numa sucessão lógica e com um fim, que é o de possibilitar ao juiz o julgamento. Deturpações do processo. Qualquer ato que signifique um retardamento é um noncesso, uma paralisia; tudo quanto obrigue a voltar atrás acarreta um retrocesso (exemplo, os vícios que forçam à repetição de atos já praticados); a balbúrdia, o movimento desordenado (moto multo) é o tumulto"*.[19]

Em razão dessas circunstâncias, é válida a tentativa de se fixar as noções de pretensão e de ação, buscando-lhes reviver as principais diferenças, até porque, como sustenta Gilmar Ferreira Mendes, escorado na doutrina alemã, os direitos fundamentais, vistos sob o prisma de direitos de defesa, preservam as pessoas das interferências ilegítimas ou arbitrárias do Estado, no exercício de quaisquer de suas funções, executiva, legislativa ou jurisdicional, o que lhes possibilita exercitar várias pretensões constitucionais. Assim, para Gilmar Mendes, nos casos de violação do princípio da vinculação estatal aos direitos fundamentais, as pessoas dispõem *"da correspondente pretensão, que pode consistir, fundamentalmente, em uma: 1) pretensão de abstenção (Unterlassunganspruch); 2) pretensão de revogação (Aufhebungsanspruch), ou, ainda, em uma 3) pretensão de anulação (Beseitigungswanspruch). Os direitos de defesa ou de liberdade legitimam ainda duas outras pretensões adicionais: 4) pretensão de consideração (Berücksitigungsanspruch), que impõe ao Estado o dever de levar em conta a situação do eventual afetado, fazendo as devidas ponderações; e 5)- pretensão de defesa ou de proteção (Schutzanspruch), que impõe ao Estado, nos casos extremos, o dever de agir contra terceiros"*.[20]

Portanto, sobre pretensão e ação, começamos por lembrar que, desde 1856, na Alemanha, quando iniciada a fase do chamado processualismo científico, discute-se a respeito, ou seja, há 159 anos, inicialmente, com Bernard Windscheid e a célebre polêmica, histórica e acirrada, que travou com Muther, discussão retomada, depois, por Adolf Wach, em 1885, adotando como ponto de partida as afirmações de Muther. Sustentou Windscheid que seria equívoco

19 *Instituições de processo penal*, 1º v., p. 313.

20 *Direitos fundamentais e controle de constitucionalidade: estudos de Direito Constitucional*, p. 3.

esquecer o lado processualístico da *ação* (*actio*) e não se ter em consideração que esta, antes de tudo, é o ato de impor a *pretensão (anspruch)* em juízo. Basicamente, em torno destas questões, foi travada a renhida discussão entre os referidos professores germânicos, sempre mencionada pela doutrina, ao tratar do tema. O pensamento de Windscheid, em síntese, era o de que a expressão vocabular *pretensão (anspruch)*, ao que parece, primeiro doutrinador a falar sobre ela, corresponderia à necessidade de se exprimir a tendência do direito de sujeitar a si a vontade alheia, enquanto a *ação* seria o ato de agir em juízo. No estudo que empreendeu da *ação (actio*, do direito romano), em confronto com o *direito de ação (klagerecht*, do direito alemão), concluiu Windscheid, o que nasce da lesão de um direito, por exemplo, do direito de propriedade, não é um direito de acionar (*ação)*, senão um direito do proprietário à restituição da coisa, dirigido contra o violador de seu direito, ou seja, em face da violação do direito de propriedade, surge um direito do proprietário contra o violador, que ainda não é o direito de ação, mas a *pretensão (anspruch)*.[21]

A partir daí, há um século e meio, essas questões provocaram intensas reflexões, principalmente na Itália,[22] país que sucedeu a Alemanha no estudo do chamado processualismo científico que ali se iniciou, fazendo com que um de seus expoentes, Francesco Carnelutti, desenvolvesse doutrina acompanhada até os dias atuais pela grande maioria dos estudiosos do direito processual.

---

21 Cf. TORNAGHI. *Instituições de direito penal,* 1º v., p. 245- 272. *Comentários ao Código de Processo Civil,* v. I, p. 79-90. FREIRE, Homero. *Pretensão*, p. 177-185. LIEBMAN. *Manual de direito processual civil,* v. I, p. 148-150. PRATA, Edson. *Processo de conhecimento,* v. I, p. 45-46. GONÇALVES, Aroldo Plínio. *Técnica processual e teoria do processo,* p. 76-78.

22 Na Itália, elogiando a tese de Windscheid, doutrina prestigiada de Giovanni Pugliese: *No campo do direito civil e processual a mais afortunada, senão a mais feliz, doutrina de Windscheid foi a da 'pretensão' (Anspruch). A densa manifestação de elucubrações germânicas e depois também italianas sobre este ambíguo conceito encontra seu ponto de partida nas poucas frases que lhe dedicou Windscheid ao contemplar na pretensão o equivalente moderno da 'actio' e pela primeira vez a delineou como situação jurídica substancial, nitidamente distinta da ação em sentido processual e não identificável, por outra parte, com o direito subjetivo, do qual teria representado melhor uma emanação. Doutrina que o próprio Windscheid reelaborou, modificando-a, nas 'Pandectas', e que alcançou seu apogeu com a explícita formulação legislativa (§ 194 do Código Civil Alemão). Apud* VIEIRA, José Marcos Rodrigues. *Processo civil reformado,* p. 222.

Com efeito, Carnelutti considerou que *"pretensão é exigência de subordinação de um interesse alheio ao interesse próprio"*. Havendo conflito de interesses, configurada estaria a *lide*, entendida esta, pois, *"como um conflito de interesses qualificado por uma pretensão resistida (discutida)"*. Neste quadro, o conflito de interesses seria o elemento material da lide, enquanto a pretensão e a resistência seus elementos formais. Ainda segundo Carnelutti, objeto do interesse é um bem, um bem da vida (exemplificamos, um imóvel, um móvel, um semovente, uma importância em dinheiro, um valor indenizatório, um comportamento omissivo ou comissivo de uma pessoa, uma declaração de nulidade do ato estatal, por inconstitucionalidade). Para Carnelutti, a pretensão opera pela razão, em outras palavras, razão da pretensão é seu fundamento, segundo o direito material. A pretensão é um ato, portanto, manifestação de vontade, não um poder. Se a pretensão é afirmada por quem não possui o direito, tem-se a *"pretensão infundada."* Quem afirma ter ou sustenta uma pretensão, apregoando sua razão, *"faz valer um direito"*. Logo, as pretensões podem ser classificadas em conformidade com os direitos, motivo pelo qual as pretensões – e não as ações – se distinguiriam em reais, pessoais, mobiliárias ou imobiliárias e, acrescentamos, constitucionais.[23]

Partindo das considerações até aqui expostas, podemos perceber que a pretensão exsurge no campo do direito material, antes do início ou surgimento do processo, vale dizer, a pretensão, que surge da lesão ou ameaça a direito, é anterior ao ajuizamento ou à propositura da ação. Como o exercício do direito de ação, por aquele que sustenta ou alega ter uma pretensão fundada no direito material (ou direito substancial ou direito de fundo) e resistida por outrem, enseja o início do processo, a pretensão deve ser entendida, a partir daí, como diz expressivamente Pontes de Miranda, *"por pré-processual, do lado de fora das relações jurídicas processuais, como a abrir às partes as portas para essas"*. Nitidamente influenciado pela doutrina de Carnelutti, José Frederico Marques disserta sobre a pretensão e seus fundamentos, afirmando: *"A lide resulta de uma pretensão insatisfeita. Pretensão é o ato jurídico, isto é, declaração de vontade em que se formula, contra outro sujeito, determinada exigência. E a pretensão se torna insatisfeita, quando, por qualquer motivo, a exigência fica sem atendimento. Razão da exigência ou da pretensão é o conjunto de motivos em que esta se funda, denominando-se questão ou motivo controvertido. Questão,*

23 *Instituciones del proceso civil*, v. I, p. 27-34.

portanto, é razão controvertida". Após tecer tais considerações sobre a pretensão, José Frederico Marques considera que a ação *"consiste no direito de pedir a tutela jurisdicional do Estado, para ser atendida uma pretensão insatisfeita ".* Para Couture, a ação *é "o poder jurídico, que tem todo sujeito de direito, de acudir aos órgãos jurisdicionais, para reclamar-lhes a satisfação de uma pretensão".* Considera Couture que a pretensão é a afirmação de um sujeito de direito de merecer a tutela jurídica do Estado, ao ajuizar a ação, promovendo e levando adiante o processo, em últimos termos, *"a ação é o poder jurídico do autor de fazer valer a pretensão".* Explica Couture *"que todo sujeito de direito tem, como tal, junto com seus direitos, que chamamos, por comodidade de expressão, materiais ou substanciais (exemplo, a propriedade), seu poder jurídico de acudir à jurisdição"*, poder, este, que chama de *ação.* No mesmo diapasão, Humberto Theodoro Júnior leciona que, *"além da invocação da tutela jurisdicional [...], o exercício do direito de ação revela a pretensão do autor, por meio da qual este quer subjugar um interesse antagônico do réu. [...]. A ação – direito subjetivo público exercitado pelo autor contra o Estado-juiz – revela, pois, a par do pedido de tutela jurídica estatal, uma pretensão de direito material contra o réu. Na realidade, o que quer o autor, nem sempre o consiga, é que a tutela jurisdicional redunde na proteção de seu interesse e na subjugação do interesse do réu. A solução da ação, afinal, será a solução da pretensão. [...]. A ação sem a pretensão é, como se vê, ideia vazia e sem maior significado, donde se deduz que esta é, na realidade, pressuposto daquela".*[24]

Em face dessas considerações doutrinárias, queremos crer que a ação é proposta de forma conectada ou coligada a uma pretensão, colocada à apreciação do Estado pelo autor, por meio de processo constitucionalmente instaurado e desenvolvido, mediante pedido formulado na petição inicial, cuja entrega ao Estado inicia o processo, quase sempre contestada a pretensão pelo réu, daí possível afirmar-se que contestação, tecnicamente, em síntese, significa pretensão resistida, devendo o órgão jurisdicional lhe dar uma resposta decisória na forma da sentença de mérito.

---

24 Cf. PONTES DE MIRANDA. *Comentários ao Código de Processo Civil*, t. I, p. 57-58. FREDERICO MARQUES, José. *Manual de Direito Processual Civil*, 1º v., p. 144-145. COUTURE. *Fundamentos del derecho procesal civil*, p. 57, 59, 61, 67, 72 e 73. THEODORO JÚNIOR, Humberto. *Curso de direito processual civil*, v. I, p. 71. BRÊTAS. *Novo CPC aplicado visto por processualistas*, p. 266-269.

Sobre pretensão, ação e pedido, José Marcos Rodrigues Vieira assim leciona, em lição que confirma as considerações expostas acima: "*O art. 189, do Código Civil de 2002, ao referir-se à situação que nasce da violação do direito, alude à pretensão.(...). Com a precisão que lhe é própria e o profundo conhecimento das fontes alemãs, onde vai buscar o Anspruch, Pontes de Miranda diz que a dicção 'prescrição do direito' é elípse reprovável, porque o que pode prescrever é a pretensão (ou a ação) que dele se irradia.(...). O novo Código Civil tomou partido na polêmica doutrinária. Pôs a pretensão como posterius em relação ao direito subjetivo material. (...). Pôs a pretensão como prius em relação à ação, que é o que nos interessa. (...)*. Mais adiante, acrescenta o mesmo e atento processualista: "*ação é, para nós, direito ao julgamento do pedido conforme o estado do processo. Concedemos que o pedido (a ação proposta) possa não ter traduzido (por equívoco de escolha) a pretensão nascida da violação do direito, como possa ter traduzido uma dentre as pretensões nascidas. Restará aberta a possibilidade de ajuizamento, se, apesar de rejeitada a pretensão traduzida no pedido deduzido, estiver imprejudicada a que seria cabível*".[25]

Ainda a respeito da ação, vale lembrar Celso Agrícola Barbi, para quem "*o conceito de ação talvez seja o mais polêmico entre todos os do direito processual*", porque, "*iniciada a divergência há um século, até hoje não se harmonizaram os doutrinadores sobre o que seja ação*". No mesmo sentido, Alexandre Freitas Câmara, ao dissertar: "*tema dos mais polêmicos, senão o mais polêmico de toda a ciência processual, não há (nem se vislumbra possibilidade de que haja) consenso doutrinário acerca do conceito de ação. Há tantas teorias sobre o tema que já se chegou a dizer que cada processualista tinha a sua própria*". Em abono de tais assertivas, louvando-se em estudo de Pekelis, revela Couture já terem sido detectadas cerca de quinze acepções distintas sobre o que seja *ação*, no direito contemporâneo.[26]

Por isso, ao tratar da natureza jurídica da ação, Edson Prata faz o seguinte relato comparativo de algumas das doutrinas concebidas ao longo de mais de um século e de seus idealizadores ou seguidores: "*Reafirmamos que várias doutrinas explicam a natureza jurídica da ação, contando com maior número de*

25 *Processo civil reformado*, p. 219-221 e p. 228-229.

26 BARBI, Celso Agricola. *Comentários ao Código de Processo Civil*, v. I, p. 16. CÂMARA, Alexandre Freitas. *Lições de Direito Processual Civil*, v. I, p. 115. COUTURE. *Fundamentos del derecho procesal civil*, p. 59. *Introdução ao estudo do processo civil*, p. 15.

adeptos as seguintes: a) civilista, com Savigny, Vinnius, Unger, Guelfi, Mattirolo, Paula Batista, João Mendes Júnior, João Monteiro; b)- a ação como direito público e concreto, ou como direito concreto de agir, de Adolf Wach, Helwig, Stein, Holder, Simoncelli, Gierke; c)- ação como direito potestativo, de Chiovenda, cujo grande adepto brasileiro é o Prof. Celso Agrícola Barbi; d)- ação como direito abstrato de agir, criação alemã de Degenkolb, e húngara de Plasz, tendo como seguidores a maior parte dos juristas deste século, como Afredo Rocco, Ugo Rocco, Alfredo Buzaid, Amaral Santos, Lopes da Costa, Eduardo Couture, Zanzucchi, Carnelutti, Emílio Betti, Enrico Tullio Liebman, Calmon de Passos, Arruda Alvim, Alberto dos Reis, Humberto Theodoro Júnior, Ronaldo Cunha Campos, dentre outros".[27]

Essa profusão de teorias e de doutrinas a respeito da ação faz com que seus conceitos, definições ou acepções não sejam unívocos, variando no curso do tempo, muito embora Couture, a nosso ver com razão, diga que, em seu sentido estrito e decantado, ação é só isto: *"um direito à jurisdição"*. Esta afirmação de Couture desponta confirmada por pesquisa na doutrina, conferindo-se, por exemplo, Hélio Tornaghi, ao afirmar que *"ação é o direito subjetivo público que tem qualquer pessoa de exigir do Estado a prestação jurisdicional"*. Da mesma forma, Ernane Fidélis dos Santos, ao conceituá-la ainda mais objetivamente: *"o direito do particular de solicitar prestação jurisdicional é o que se chama ação"*. Em sentido jurídico amplo, porém, como se colhe de suas obras lançadas na primeira metade do século passado, entre os anos de 1942 e 1947, Couture desenvolve a ideia de ação como *"fórmula típica do direito constitucional de petição. Este é o gênero; a ação é a espécie"*, concebendo-a, a partir desta base constitucional, como *"o poder jurídico, que tem todo sujeito de direito, de acudir aos órgãos jurisdicionais, para reclamar-lhes a satisfação de uma pretensão"*. Aliás, por isto, bem observou Humberto Theodoro Júnior que, *"muito antes que as garantias do processo ganhassem presença explícita e declarada entre os direitos fundamentais consagrados pelo atual Estado Democrático de Direito, vozes abalizadas, como a de Eduardo Couture, já se erguiam para proclamar o caráter cívico do direito de ação, reconhecendo-lhe natureza constitucional"*. [28]

---

27 *Processo de conhecimento,* v. I, p. 44.

28 COUTURE. *Estudios de derecho procesal civil,* t. I, p. 34 e 39. *Fundamentos del derecho procesal civil,* p. 58. *Introdução ao estudo do processo civil,* p. 15. TORNAGHI. *Instituições de processo penal,* 1º v., p. 301. SANTOS, Ernane Fidélis. *Manual de direito processual civil,* v.

Parece-nos que, se bem examinado o texto da atual Constituição Federal, talvez possamos considerar que as ideias de Couture, de certa forma, ali foram acolhidas.[29] Efetivamente, o *direito de petição* (gênero) vem assegurado a qualquer pessoa no enunciado normativo do seu art. 5º, inciso XXXIV, alínea *a*: *"são a todos assegurados, independentemente do pagamento de taxas, o direito de petição aos Poderes Públicos em defesa de direitos ou contra ilegalidade ou abuso de poder"*. Já o *direito de ação* (espécie) está concedido a todos, no seguinte preceito normativo do seu art. 5º, inciso XXXV: *"a lei não excluirá da apreciação do Poder Judiciário lesão ou ameaça a direito"*.

Inspirando-nos nas doutrinas até aqui colacionadas, sobretudo nas concepções pioneiras de Couture, que acompanhamos de perto, e levando em conta o princípio da supremacia da Constituição, do qual emerge a garantia fundamental do devido processo constitucional, entendemos que, em sentido jurídico amplo, ação, espécie do gênero direito constitucional de petição, é direito assegurado a qualquer pessoa (natural ou jurídica, de direito público ou de direito privado), exercido contra o Estado, consistindo em lhe exigir seja prestada a jurisdição, tendo por base a instauração de um processo legal e previamente organizado segundo o devido processo constitucional, no qual postulará decisão sobre uma pretensão de direito material (Constituição Federal, art. 5º, inciso XXXIV, alínea *a*, e incisos XXXV, LIV e LV).

Não se deve pensar, porém, como fazem alguns doutrinadores, que o direito de ação se exaure no ato do seu ajuizamento ou propositura, isto é, quando o autor faz a entrega da sua petição inicial ao Estado-Judiciário. Muito pelo contrário, como bem enfatiza José Marcos Rodrigues Vieira, *"seu exercício, sim, é concomitante ao processo, que dela surge"*, mas *"o drama da ação – que exauriu os teóricos – está em que a ação se produz ao longo de todo o processo,*

1, p. 45. THEODORO JÚNIOR, Humberto. *Revista do Instituto dos Advogados de Minas Gerais*, v. 15, p. 341.

29 Assinala Flávia Ávila Penido *"que a acepção do direito de ação [...] foi reformulada por Couture, que chegou a afirmar que a polêmica sobre a ação chegou ao fim de sua jornada com a tese de que a ação é espécie do direito de petição e, portanto, decorrente de uma garantia constitucionalmente assegurada. Couture reconhece que o desenvolvimento do seu conceito de ação no âmbito processual só foi possível a partir dos estudos pretéritos no campo do direito constitucional, que concluíram que a lei processual constitui a norma regulamentadora do direito constitucional de petição"* (PENIDO, Flávia Ávila. *Processo e interpretação em Eduardo J. Couture*, p. 53)

constrói-se extensamente, não em único momento". No mesmo sentido, concedendo atenção ao devido processo constitucional, corretíssimas se revelam as considerações de Misael Montenegro Filho, para quem *"o direito de ação, depois de exercitado, desencadeia uma série de garantias constitucionais voltadas ao processo, de sorte que apenas o exercício de todas elas, na sua plenitude, é que nos faz concluir ter sido assegurado o direito de ação"*.[30]

Ainda sobre o tema, bem pondera Luiz Guilherme Marinoni, ao tratar da ação no Estado constitucional, trazendo-lhe importantes acréscimos: *"Porém, o direito de ação, diante do Estado constitucional, está muito longe de ter o significado de uma garantia contra o Estado. Quando se toma em consideração a proibição de o Estado vedar o acesso à jurisdição diante de determinada situação ou de excluir do Poder Judiciário uma afirmação de lesão ou de ameaça a direito, o direito fundamental de ação se porta como uma garantia contra o Estado, ou ainda como uma garantia de que o Estado não faça algo para impedir o exercício do direito de ação [...]. Acontece que o direito fundamental de ação, assim como acontece com os direitos fundamentais no Estado constitucional, exige prestações estatais positivas voltadas à sua plena realização concreta. [...]. Na perspectiva da necessidade de técnicas processuais, o direito fundamental de ação pode ser concebido como um direito à fixação das técnicas processuais idôneas à efetiva tutela do direito material. Trata-se de um direito que vincula o legislador, obrigando-o a traçar técnicas processuais capazes de permitir a proteção das diversas situações conflitivas. Por técnicas processuais cabe entender procedimentos, sentenças e meios executivos, assim como as técnicas de antecipação da tutela e de seu acautelamento"*.[31].

Postas essas ideias, apresentamos um exemplo de sua adequação técnica à situação concreta, extraído da prática forense. Suponha-se que Asdrúbal seja proprietário de um terreno urbano, no qual edificou um prédio rústico, nele permanecendo aos finais de semana, almejando lazer. A Constituição Federal lhe reconhece tal direito fundamental, o direito de propriedade (art. 5º, inciso XXII). Recepcionando a norma constitucional, o Código Civil de 2002 prescreve que o proprietário tem a faculdade de usar, gozar e dispor da coisa, e, por consequência, o direito de reavê-la do poder de quem quer que injustamente a possua ou detenha (art. 1.228). Referidas normas pertencem ao direito material ou direito substancial, algumas vezes chamado de direito

30 VIEIRA, José Marcos Rodrigues. *Da ação cível*, p. 54. MONTENEGRO FILHO, Misael. *Curso de direito processual civil*, v. 1, p. 138.

31 *Teoria geral do processo*, p. 210-211.

de fundo. Entretanto, Rolando, de mal com a humanidade, rebelde e desobediente ao ordenamento jurídico, derruba o muro que circunda a propriedade de Asdrúbal, invadindo-a e ali fincando uma bandeira vermelha, como símbolo da sua rebeldia, destruindo piscina existente no imóvel invadido, no seu lugar montando barraca e passando a morar. Ora, em face do comportamento e dos atos de Rolando, Asdrúbal terá a pretensão, fundada no direito de propriedade, direito fundamental, porque lhe é assegurado pelas normas da Constituição, recepcionadas no Código Civil (repositório de normas infraconstitucionais), de reaver o imóvel do qual é proprietário, dirigida contra Rolando, violador do considerado direito fundamental. Vê-se, pois, que a pretensão de Asdrúbal está situada no plano do direito material e se dirige contra Rolando. Não podendo Asdrúbal exercer seu direito fundamental de propriedade por conta própria, restará a este proprietário o direito de ajuizar ação (plano do direito processual), provocando o início e o prosseguimento de um processo, no qual exigirá do Estado lhe seja prestada a jurisdição, de sorte a ser acolhida sua pretensão, formalizada e delineada na petição inicial pelo pedido, qual seja, a pretensão de reaver o imóvel (bem da vida) invadido por Rolando. Vê-se que a ação será proposta por Asdrúbal (autor) contra o Estado-Judiciário (órgão jurisdicional), exigindo-lhe resposta decisória (sentença de mérito), enquanto sua pretensão será deduzida no processo contra Rolando (réu). Se este apresentar contestação (à pretensão e não à ação), ter-se-á configurada a pretensão resistida.

3. TEORIAS PROCESSUAIS E PROCESSO CONSTITUCIONAL

Em relação ao processo, de forma semelhante ao que sucede com a ação, também são catalogadas inúmeras teorias e doutrinas em um século e meio de história do direito processual, que discorrem sobre ele, dentre as quais, conforme menciona Rosemiro Pereira Leal, podem ser lembradas as seguintes: *1ª.)-* teoria do processo como contrato (Pothier); *2ª.)-* teoria do processo como quase-contrato (Savigny e Guényvau); *3ª.)-* teoria do processo como relação jurídica (criada por Bülow, na Alemanha, em 1868, e aprimorada, depois, pelos italianos Chiovenda, Calamandrei, Carnelutti e Liebman); *4ª.)-* teoria do processo como situação jurídica (Goldschmidt); *5ª.)-* teoria do processo como instituição (Guasp); *6ª.)-* teoria do processo como procedimento em contraditório (concebida por Fazzalari e divulgada, no Brasil, por Aroldo

Plínio Gonçalves); *7ª.)*- teoria constitucionalista do processo (sistematizada, inicialmente, por Hector Fix-Zamudio, no México, divulgada por Baracho, no Brasil, em obra pioneira, e retomada por Andolina e Vignera, na Itália); *8ª.)*- teoria neoinstitucionalista do processo (de concepção mais recente, proposta pelo próprio autor colacionado, Rosemiro Pereira Leal).[32]

Não é objeto deste livro o estudo minucioso de todas as teorias anteriormente enumeradas, razão pela qual remetemos o leitor à segura fonte doutrinária acima apontada, que já discorreu *ex professo* sobre elas.

No entanto, focalizaremos apenas quatro das mencionadas teorias, (1ª) a teoria do processo como relação jurídica (Bülow), porque orientou a elaboração do revogado Código de Processo Civil brasileiro de 1973, que vigorou por 43 anos, provocando sua quase total aceitação pela doutrina brasileira atual, (2ª) a teoria do processo como procedimento em contraditório, que denominamos teoria estruturalista do processo, elaborada por Fazzalari, em refutação à primeira, (3ª) a teoria constitucionalista do processo (sistematizada por Fix-Zamudio), a qual, de certa forma, influenciou a elaboração do vigente Código de Processo Civil de 2015[33]; e, finalmente, (4ª) a teoria neoinstitucionalista do processo (concebida por Rosemiro Pereira Leal), em tempos mais recentes, porque são aquelas que, na atualidade, vêm despertando maior atenção dos pesquisadores, entre os quais nos incluímos, motivos pelos quais as quatro teorias selecionadas são as bases da referência técnica e científica de nossas exposições neste segmento do livro.

A concepção do processo como relação jurídica, já na primeira edição de sua principal obra, em 1906, mereceu especial referência de Chiovenda, tido como o sistematizador da ciência do direito processual, texto sempre repetido pela doutrina alienígena e brasileira. Para referido doutrinador, antes de se poder julgar o pedido de atuação da lei formulado no processo, é preciso examiná-lo, daí resultando uma situação de pendência, no decurso da qual não se sabe se aquele pedido é fundado ou não. Porém, como é preciso sabê-lo, as partes devem apresentar as razões que porventura tenham, e isto haverá de ser feito enquanto perdurar o aludido estado de pendência, disto resultando deveres e direitos para todos os envolvidos no processo, seus sujeitos (juiz e partes). Daí decorre a ideia, para Chiovenda, nas suas próprias palavras, *muito*

32 *Teoria geral do processo*, p. 77-92.

33 Ver BRÊTAS *et alii*. *Estudo sistemático do NCPC*, p. 42-61.

singela, porém fundamental, entrevista por Hegel, afirmada por Bethmann Hollweg, desenvolvida especialmente por Oskar Bülow e Kohler (este depois daquele) e por muitos outros, inclusive na Itália: *"o processo civil contém uma relação jurídica" (il processo civile contiene un rapporto giuridico)*. Algo desta definição – enfatiza Chiovenda – foi transmitido pelos processualistas medievais: *judicium est actus trium personarum, iudicis, actoris et rei* [34] (a expressão é atribuída a Búlgaro; em vernáculo, *o processo é atividade de três pessoas: o juiz, o autor e o réu*).

O revogado Código de Processo Civil brasileiro de 1973, elaborado por Alfredo Buzaid, sob grande influência da doutrina de Liebman, este, por sua vez, aluno de Chiovenda, acolheu a teoria do processo como relação jurídica, pelos motivos que Alexandre Freitas Câmara resume: *"A influência de Liebman sobre o desenvolvimento do Direito Processual brasileiro é notável. Discípulo de Chiovenda (considerado o maior processualista de todos os tempos), Liebman morou no Brasil na época da Segunda Guerra Mundial. Através de sua atuação como professor na Faculdade de Direito do Largo São Francisco, Liebman foi o responsável por uma escola de pensamento, a qual ficaria conhecida como 'Escola Processual de São Paulo' e que hoje constitui-se numa verdadeira escola brasileira de processo. As principais teorias defendidas por Liebman foram consagradas em nosso Código de Processo Civil, o qual resultou de um anteprojeto elaborado pelo mais notável de seus discípulos, o saudoso Professor Alfredo Buzaid"*.[35]

Em resumo, essa teoria vislumbra no processo uma relação jurídica autônoma, singular e unitária, embora complexa, que vincula juiz e partes, os sujeitos do processo, definindo-lhes sujeição, poderes, direitos e obrigações. As ideias do vínculo pessoal coercitivo e da sujeição ou subordinação derivam dos traços marcantes de qualquer relação jurídica, segundo tradicional doutrina civilista, desde o Direito Romano. Com efeito, assinala Buzaid que a concepção da teoria do processo como relação jurídica *"traduzia ainda a influência civilística, que concebia o processo como organismo geral de atuação das obrigações"*. Dita teoria considera o processo uma relação dinâmica, em movimento, ou seja, uma relação *"cinemática"* (Tornaghi). Segundo sua formulação, o

---

34 *Principii di diritto processuale civile*, p. 89-90. Estamos citando a edição de 1980. Porém, assinala Tornaghi, em nota de pé de página, que a 1ª. edição da mencionada obra, de 1906, e a 4ª. edição, de 1928 (por ele colacionada), já continham o pensamento descrito no texto (*Instituições de processo penal*, 1º v., p. 339).

35 *Lições de direito processual civil*, v. I, p. 4.

processo é encarado sob duas óticas, como procedimento, quanto ao aspecto exterior, e como relação jurídica, quanto à essência. É a soma resultante de todas as relações existentes no processo, entre cada uma das partes (autor, réu, terceiro interveniente) e entre estas e o juiz e vice-versa. Sem dúvida, a teoria teve gigantesca receptividade na doutrina brasileira, levando Cintra, Grinover e Dinamarco a afirmarem que, no Brasil, *"acatam-na todos os processualistas de renome"*.[36]

Como dito, acolheu-a o Código de Processo Civil brasileiro de 1973, segundo demonstram Wambier, Correia de Almeida e Talamini, com a seguinte explicação: *"Hoje se entende que a relação jurídica processual é aquela que se estabelece entre autor, juiz e réu. Costuma-se concebê-la sob forma triangular, e o juiz ocupa o vértice de cima, localizando-se eqüidistantemente de ambas as partes [...]. A formação da relação processual se dá em duas etapas: primeiro, com a propositura da ação, em que se tem como iniciada a formação da relação, momento em que ela é ainda linear (art. 263); em segundo lugar, completa-se esta relação com a citação do réu (art. 219). Antes deste segundo momento, a relação processual não está formada, não está triangularizada, não está, portanto, completa. [...]. Em síntese, a relação jurídica processual reveste-se das seguintes características: é autônoma (não se confunde com a relação jurídica que se discute no processo, trilateral (dela participam autor, réu e juiz), pública (o juiz nela figura como órgão do poder estatal), complexa (há recíprocos direitos, deveres e ônus) e dinâmica (desenvolve-se progressivamente até um ato final)"*.[37]

Com a devida vênia, algumas objeções podemos alinhar em relação à teoria do processo como relação jurídica, e o fazemos com espeque em obra notável de Aroldo Plínio Gonçalves, a qual, tudo indica, infelizmente, não foi bem lida e consultada pelos processualistas brasileiros considerados de renome,

---

36 Cf. CUNHA CAMPOS, Ronaldo. *Comentários ao Código de Processo Civil*, v. I, t. I, p. 289-290. SANTOS, Ernane Fidélis. *Manual de direito processual civil*, v. 1, p. 29. FIUZA, César. *Direito civil: curso completo*, p. 287-288. BUZAID, Alfredo. *Estudos e pareceres de direito processual civil*, p. 88. TORNAGHI. *Instituições de processo penal*, 1º v., p. 341. CINTRA, Antônio Carlos de Araújo; GRINOVER, Ada Pellegrini; DINAMARCO, Cândido R. *Teoria geral do processo*, p. 283.

37 WAMBIER, Luiz Rodrigues; CORREIA DE ALMEIDA, Flávio Renato; TALAMINI, Eduardo. *Curso Avançado de Processo Civil*, v. 1, p. 172-173.

porque, se o tivesse sido, por certo a teoria da relação jurídica teria despencado do pedestal onde até hoje se encontra.[38]

Em primeiro lugar, a nominada teoria do processo como relação jurídica, objeto de nossas refutações críticas,[39] remonta a Bülow, na segunda metade do século XIX, que, apesar de ter vislumbrado a existência de dois planos de relações, a relação de direito material discutida no processo e a relação autônoma de direito processual, dissociando-as (este é seu grande mérito), concebeu a última, porém, tendo como ponto de partida o modelo clássico de relação jurídica, alçado à dogma na clássica doutrina civilista fruto do Direito Romano, consistente em vínculo normativo que liga dois sujeitos, em duas *posições* (que a doutrina, comumente, de forma desajeitada, pouco técnica, chama de *pólos*), o sujeito ativo e o sujeito passivo, atribuindo-se àquele o poder de exigir deste uma conduta, o qual, assim, passa a ter o dever jurídico de prestá-la. A partir daí, tornou-se espécie de *clichê* no direito processual, como a qualificou Fazzalari, que perdura intacto há cerca de um século e meio, sendo prova disto a afirmação de Chiovenda, em obra cuja primeira edição foi

38 Essa nossa afirmação mereceu gratificante acolhimento na mais recente obra de André Del Negri: *"Sabemos que as teorias são abandonadas ou radicalmente transformadas após refutações, dando origem a outras teorias menos equivocadas, que continuarão sendo submetidas a novas avaliações críticas (Karl Popper). Assim, a teoria da relação jurídica hoje teria pouca importância, se não tivesse alguns empedernidos admiradores, inclusive no Brasil. Seria pertinente reproduzir, a respeito dessa questão, a sempre precisa opinião de Ronaldo Brêtas, quando diz que a excelente obra de Aroldo Plínio Gonçalves (Técnica processual e teoria do processo) não foi bem difundida como deveria pelos processualistas brasileiros considerados de renome, porque, se o tivesse sido, por certo a teoria da relação jurídica teria despencado do pedestal onde até hoje se encontra" (Processo constitucional e decisão interna corporis*, p. 39).

39 No ponto, inspiramo-nos nas sempre preciosas e eruditas lições de Rosemiro Pereira Leal, que, ao discorrer sobre *teoria metodológica e refutação crítica*, esclarece: *"A teoria em Popper é metodológica no sentido de que consiste em enunciado(s) que forma(m) o seu respectivo conteúdo informativo. Este, a seu turno, por disjunção, exibe possibilidades refutativas em sua própria posição teórica. Assim, é do conteúdo informativo da teoria que decorre a possibilidade lógica de sua própria refutação ou sucesso em face de outras teorias. A teoria que não ofereça essa possibilidade (implicação) é insuscetível à crítica. A crítica, por sua vez, não é censura ou negação imediata (intuitivo-racionalista) da teoria: exclusão ou proibição (destruição) arbitrária da existência da teoria. A hipótese de refutação crítica quer dizer tudo aquilo que é passível de mal-entendidos e de confronto (rivalização) com outras teorias existentes ou confrontos a partir de seus conteúdos informativos (variáveis implícitas). Essa oferta à testabilidade é que vai corroborar o grau de auto-resistência de uma teoria em face de outra(s)" (LEAL. Rosemiro Pereira. Processo como teoria da lei democrática*, p. 170-171).

publicada em 1906, dantes transcrita, *"o processo civil contém uma relação jurídica"*. Esta ideia impregnou toda a doutrina italiana e, por meio de Liebman e de seu principal discípulo no Brasil, Alfredo Buzaid, autor de anteprojeto do Código de Processo Civil de 1973, também restou absorvida pela quase unanimidade da doutrina nacional. Na realidade, a ideia civilista tradicional de relação jurídica, como vínculo de exigibilidade de conduta entre sujeitos, acarretando a sujeição de um deles ao outro, contaminou cegamente a ciência do direito processual no Brasil, mas, ao que pensamos, mostra-se inadequada para explicar, satisfatoriamente, sob os cânones da própria ciência processual contemporânea, as posições que assumem os sujeitos envolvidos no processo. Como obtempera Aroldo Plínio Gonçalves, *"a se admitir o processo como relação jurídica, [...], ter-se-ia que admitir, consequentemente, que ele é um vínculo constituído entre sujeitos em que um pode exigir do outro uma determinada prestação, ou seja, uma conduta determinada. Seria o mesmo que se conceber que há direito de um dos sujeitos processuais sobre a conduta do outro, que perante o primeiro é obrigado, na condição de sujeito passivo, a uma determinada prestação"*. É bem verdade que, pondera Aroldo Plínio, *"a doutrina processual, utilizando a figura da relação jurídica 'trilateral', inovou a velha polaridade do vínculo normativo, existente na relação jurídica, mas mesmo a inovação não poderia dispensar, na relação 'angular' ou 'trilateral', o vínculo jurídico de exigibilidade entre os sujeitos do processo, vínculo que constitui a marca de qualquer 'relação jurídica"*. A partir dessas premissas, apresenta a seguinte conclusão: *"Em consequência, não há como se admitir que, no processo, uma das partes possa exigir da outra o cumprimento de qualquer conduta, por um vínculo entre sujeito ativo e sujeito passivo. [...]. No processo, não poderia haver tal vínculo entre as partes, porque nenhuma delas pode, juridicamente, impor à outra a prática de qualquer ato processual"*.[40]

Por outro lado, em segunda e veemente objeção, ignora a referida teoria do processo como relação jurídica, por completo, na sua provecta e misoneísta elaboração estrutural de fundo romanista, a marcante, crescente e irreversível tendência da constitucionalização do processo,[41] a partir do momento

40 GONÇALVES, Aroldo Plínio. *Técnica processual e teoria do processo*, p. 71, 75, 77 e 97-98.

41 Na verdade, o neoconstitucionalismo que surgiu pós-segunda guerra, a partir de 1945, desencadeou benéfica constitucionalização de todos os ramos do Direito, dir-se-ia melhor, parece-nos, *constitucionalização de todo o ordenamento jurídico* (a respeito, ver MARTINS, Leonardo. *Direito processual constitucional alemão*, p. 77). Com base em obra

histórico em que o moderno Estado Democrático de Direito estabeleceu, expressamente, no texto da sua Constituição, múltiplas garantias de caráter processual, dentre elas, o contraditório, viga-mestra da garantia constitucional, por isto, fundamental, mais extensa, do devido processo legal, destarte, formatando o devido processo constitucional ou, como preferem alguns, o modelo constitucional do processo.

Por isso, alguns processualistas de renome, embora continuem, de forma obstinada, ferrenhos defensores da teoria do processo como relação jurídica, mas de forma hábil e inteligente, tentam emendá-la, corrigi-la ou retocá-la, de sorte a ficar afeiçoada ao processo constitucional do século XXI. Assim o fazem, em razão da teoria mais recente de Fazzalari, processualista italiano, que, abandonando a ideia secular de relação jurídica contida no processo, a substitui pela teoria do processo como procedimento que se desenvolve dentro da *estrutura* dialética do contraditório, motivo pelo qual a denominamos *teoria estruturalista do processo*, ver-se-á em seguida. É o caso visível, por exemplo, dos renomados processualistas Cintra, Grinover e Dinamarco, quando escrevem: *"Em tempos mais recentes, na Itália surgiu o novo pensamento de Elio Fazzalari, repudiando a inserção da relação jurídica processual no conceito de processo. Fala*

especialmente dedicada ao tema, escrita por Virgílio Afonso da Silva, podemos considerar que três são os atores principais que dão impulso ao fenômeno contemporâneo da constitucionalização do ordenamento jurídico: o legislador, os órgãos jurisdicionais e a doutrina jurídica. O papel do legislador, com tal objetivo, é editar normas de modo a adaptar a legislação ordinária às prescrições constitucionais (processo constitucional legislativo). O papel do Estado-jurisdição também é fundamental, pois são as decisões jurisdicionais, somente obtidas pela metodologia normativa do processo constitucional, após intensa dialeticidade estabelecida entre as partes (contraditório), gerando uma decisão participada com o juiz (sujeito dialogador do processo), decisões tais que culminam em aplicar, interpretar e controlar as relações jurídicas entre as pessoas e entre elas e o Estado, a envolverem a interpretação, reconhecimento e aplicação dos direitos e garantias constitucionais. A doutrina, por sua vez, ainda com esteio nas seguras lições de Virgílio Afonso da Silva, é o imprescindível alicerce teórico para se alcançar a constitucionalização de todo o ordenamento jurídico (*A constitucionalização do Direito*, p. 43-45). É importante ressaltar, conforme disserta Eduardo Cambi, que a referida constitucionalização do ordenamento jurídico *"ampliou a extensão e a intensidade da vinculação constitucional do legislador ordinário"*, concluindo que *"a progressiva constitucionalização dos direitos infraconstitucionais é responsável pelo alargamento do espaço constitucional e restrição do âmbito de liberdade do legislador"*. (*Neconstitucionalismo e neoprocessualismo: direitos fundamentais, políticas públicas e protagonismo judiciário*, p. 58).

do 'módulo processual' representado pelo procedimento realizado em contraditório e propõe que, no lugar daquela, se passe a observar como elemento do processo essa abertura à participação, que é constitucionalmente garantida. Na realidade, a presença da relação jurídico-processual no processo é a projeção jurídica e instrumentação técnica da exigência político-constitucional do contraditório. [...]. É lícito dizer, pois, que o processo é o procedimento realizado mediante o desenvolvimento da relação entre seus sujeitos, presente o contraditório". Cremos que o fato de processualistas de renome, como é o caso unanimemente reconhecido de Cintra, Grinover e Dinamarco, agora, estarem admitindo que *processo é procedimento realizado presente o contraditório*, embora não se desliguem da ideia do processo como relação jurídica, por si só, bem demonstra o acerto técnico de Elio Fazzalari, ao elaborar a teoria do processo como procedimento em contraditório, em substituição à mumificada teoria do processo como relação jurídica.[42]

A teoria de Fazzalari (processo como procedimento em contraditório), já se acentuou, foi divulgada no Brasil por obra notável de Aroldo Plinio Gonçalves *(Técnica processual e teoria do processo, 1992)*, jurista mineiro de grande fôlego intelectual, na qual explicou que sua origem partiu da reelaboração da ideia de procedimento, entendido este como atividade preparatória de uma decisão do Estado, *"regulada por uma estrutura normativa, composta de uma sequência de normas, de atos e de posições subjetivas, que se desenvolvem em uma dinâmica bastante específica, na preparação de um provimento"* (ato ou pronunciamento decisório). Esta ideia de *estrutura normativa*, expressão utilizada oito vezes por Aroldo Plinio, no texto em que explana referida teoria, também adotada pelo próprio Fazzalari, como realçado, é que nos leva a chamá-la de *teoria estruturalista do processo.* O procedimento exige uma série de atos e uma série de normas, que os disciplinam, em conexão entre eles, regendo-lhes a sequência de seu desenvolvimento. Por posições subjetivas, deve-se entender aquelas que dizem respeito aos sujeitos do processo (juiz e partes) perante as normas do direito processual, as quais valoram suas condutas como lícitas, facultadas ou devidas. No procedimento, os atos e posições subjetivos estão normativamente previstos (*estrutura normativa*) e se interligam em forma especial, visando a tornar possível o ato final por ele preparado (sentença, provimento). Os destinatários do pronunciamento jurisdicional decisório, assim, passam a ter

---

42 *Teoria geral do processo,* p. 287-288.

a oportunidade de influir em que tal pronunciamento (ato final do procedimento) seja favorável aos seus interesses. À luz dessas resumidas considerações, eis a proposta de Fazzalari, base da sua teoria, em suas próprias palavras: *"Se, pois, o procedimento é regulado de modo que participem também aqueles em cuja esfera jurídica o ato final é destinado a desenvolver efeitos – de modo que o autor dele (do ato final, ou seja, o juiz) deve dar a tais destinatários o conhecimento da sua atividade, e se tal participação é armada de modo que os contrapostos 'interessados' (aqueles que aspiram a emanação do ato final – 'interessados' em sentido estrito – e aqueles que queiram evitá-lo, ou seja, os 'contra-interessados') estejam sob plano de simétrica paridade, então o procedimento compreende o 'contraditório', faz-se mais articulado e complexo, e do genus 'procedimento' é possível extrair a species 'processo"*. Ao considerar o processo como procedimento em contraditório, Fazzalari abandona a concepção da teoria do processo como relação jurídica, que tem o procedimento como aspecto exterior do processo. Nota-se que, para Fazzalari, a característica própria do processo é o *contraditório paritário*, que se estabelece entre as partes *(contraditores)*, destinatários dos efeitos da sentença (ato final). Por estes motivos, *"o processo é um procedimento do qual participam (são habilitados a participar) aqueles em cuja esfera jurídica o ato final é destinado a desenvolver efeitos: em contraditório, e de modo que o autor do ato não possa obliterar as suas atividades"*, o que permite visualizar *"a estrutura dialética do procedimento, isto é, justamente, o contraditório"*. Ainda explica Fazzalari: *"tal estrutura consiste na participação dos destinatários dos efeitos do ato final em sua fase preparatória; na simétrica paridade das suas posições; na mútua implicação das suas atividades (destinadas, respectivamente, a promover e impedir a emanação do provimento); na relevância das mesmas para o autor do provimento, de modo que cada contraditor possa exercitar um conjunto – conspícuo ou modesto, não importa – de escolhas, de reações, de controles, e deva sofrer os controles e reações dos outros, e que o autor do ato deva prestar contas dos resultados. Veja-se, por exemplo, a fase que precede uma sentença civil de condenação e na qual se recolhem os elementos com base nos quais o juiz deverá emanar tal sentença ou não: dela participam os destinados a serem beneficiários da condenação e os que são destinados a submeter-se a ela, em contraditório entre eles, destinadas a fornecer ao juiz – que não poderá abster-se – elementos a favor e contrários àquela emanação"*. Apressa-se em esclarecer Fazzalari que *"o autor do ato final"* (sentença, provimento), o juiz, não é um *"contraditor"*, porque estranho aos interesses debatidos ou discutidos na estrutura normativa dialética do procedimento (em contraditório).[43]

No assunto em comentário, com todo o respeito, divergimos da posição adotada por Hermes Zaneti Júnior, ao criticar a teoria de Fazzalari, acoimando-a *"reduzida e inviabilizada no direito brasileiro"*. Assim sustenta Zaneti Júnior, porque, na sua ótica, *"ao cerrar as portas para o discurso judicial e para a criação do direito pelo juiz, Fazzalari adota uma barreira intransponível para a consecução da finalidade de abertura democrática do processo"*.[44]

Ora, abrimos-lhe franca divergência, sob justificada refutação, com a devida vênia, porque o juiz não *cria* (ou *inventa*) direito algum no processo que possa ser considerado democrático, visto não ser seu protagonista, transformando as partes em mero receptáculo da sua vontade pessoal, à margem da inarredável garantia constitucional da reserva legal, eliminando, reduzindo ou menosprezando a participação dos interessados na formação do ato decisório final, cujos efeitos suportarão. Urge compreender que o contraditório é o elemento normativo-constitucional que estrutura tal comparticipação democrática, daí o acerto da teoria de Fazzalari, concebendo o processo como espécie de procedimento em contraditório, perfeitamente viabilizada com a ampla e concatenada principiologia processual encampada no texto da Constituição brasileira.

Em reforço de argumentação, valemo-nos das considerações de Lúcio Delfino, em excerto de grande conteúdo científico: *"É o processo ambiente democrático porque os resultados dele oriundos não decorrem do labor solitário da autoridade jurisdicional (solipsismo judicial), mas, bem diferentemente, também são frutos do empenho dos demais envolvidos (partes), que participam e influenciam na construção do provimento jurisdicional do qual são destinatários. Vale dizer, na seara processual dever do juiz – dever de consulta proveniente do princípio da colaboração – assegurar às partes a participação delas (=contraditório), de maneira ativa e direta, na criação da norma jurídica pacificadora – expressão do poder estatal –, circunstância a qual instala a jurisdição, com suficiente perfeição, no coração do parágrafo único do art. 1º. (segunda parte), que igualmente prevê a democracia participativa como meio de legitimidade democrática do poder estatal*

43 GONÇALVES, Aroldo Plinio. *Técnica processual e teoria do processo*, p. 102-103, 105-115. FAZZALARI, Elio. *Instituições de direito processual*, p. 94, 112 e 118-124.

44 *Processo constitucional: o modelo constitucional do processo civil brasileiro*, p. 200.

– *'Todo poder emana do povo, que o exerce por meio de representantes eleitos, ou diretamente, nos termos desta Constituição'. E, conforme restará claro, a seguir, no Estado Democrático de Direito o contraditório é a ponte de ouro entre jurisdição e democracia"*.[45]

Porém, com acerto, anota Rosemiro Pereira Leal que, na *teoria fazzalariana do processo*, embora o atributo do contraditório seja a base de distinção entre processo e procedimento, ali não aparece cogitado pela reflexão constitucional maior de garantia fundamental das partes. Da mesma forma, observa Dierle José Coelho Nunes que, *"quando da estruturação de sua teoria, Fazzalari não demonstrou maior preocupação com uma aplicação dinâmica dos princípios constitucionais"*, porquanto *"sua teoria trabalha exclusivamente no campo da técnica processual"*. Aliás, enfatiza Rosemiro Pereira Leal que, *"até Fazzalari, não se poderia falar numa técnica procedimental"*. Por essas razões, a teoria estruturalista do processo elaborada por Fazzalari carece de alguma complementação pelos elementos que compõem a teoria constitucionalista, porque a inserção do princípio do contraditório no rol das garantias constitucionais decorre da exigência lógica e democrática da comparticipação das partes, no procedimento formativo da decisão jurisdicional que postulam no processo, razão pela qual correlacionada está à garantia também constitucional da fundamentação das decisões jurisdicionais centrada na reserva legal, condição de efetividade e de legitimidade democrática da atividade jurisdicional constitucionalizada. Ainda na lição de Rosemiro Pereira Leal, o estudo pioneiro do tema constituição e processo foi feito, no México, por Héctor Fix-Zamudio, que escreveu vários livros e artigos versando o tema. Mas, ressalva Rosemiro Pereira Leal, coube ao constitucionalista mineiro José Alfredo de Oliveira Baracho, no Brasil, a apresentação da referida teoria, visivelmente influenciado por Fix-Zamudio. De fato, em obra que escreveu no ano de 1984, na qual trouxe extensa bibliografia, podemos observar que Baracho ali incluiu e colacionou cerca de vinte e quatro textos doutrinários produzidos por Fix-Zamudio, entre livros, artigos e ensaios. O estudo da teoria constitucionalista do processo, anos mais tarde, foi retomado, na Itália, pela obra de Italo Andolina e Giuseppe Vignera, sob a denominação de *modelo constitucional do processo,* expressão que, a partir de então, como

45 *O futuro do processo civil no Brasil: uma análise crítica ao projeto do novo CPC*, p. 374-375. A respeito, refutando a crítica de Hermes Zaneti Júnior à teoria de Fazzalari, ver RESENDE, Marcos. *Revista Brasileira de Direito Processual*, v. 87, p. 51-55.

registramos anteriormente, passou a ser empregada com muita frequência pelos estudiosos do processo constitucional. Daí as considerações feitas a respeito por Dierle José Coelho Nunes, em obra estruturada na sua tese de doutorado: *"O processo lastreado em um modelo constitucional (Andolina, Vignera) constitui a base e o mecanismo de aplicação e controle de um direito democrático. Processo democrático não é aquele instrumento formal que aplica o direito com rapidez máxima, mas, sim, aquela estrutura normativa constitucionalizada que é dimensionada por todos os princípios constitucionais dinâmicos, como o contraditório, a ampla defesa, o devido processo constitucional, a celeridade, o direito ao recurso, a fundamentação racional das decisões, o juízo natural e a inafastabilidade do controle jurisdicional. Todos esses princípios serão aplicados em perspectiva democrática se garantirem uma adequada fruição de direitos fundamentais em visão normativa, além de uma ampla comparticipação e problematização, na ótica policêntrica do sistema, de todos os argumentos relevantes para os interessados"*.[46]

Em síntese, mais uma vez escudados na doutrina de Baracho, podemos dizer que a teoria constitucionalista do processo toma por base a ideia

46 LEAL, Rosemiro Pereira. *Teoria geral do processo: primeiros estudos*, p. 83-85. *A teoria neoinstitucionalista do processo: uma trajetória conjectural*, p. 4. NUNES, Dierle José Coelho, *Processo jurisdicional democrático*, p. 247 e 250. BARACHO. *Processo constitucional*, p. 380-381. Em texto escrito para homenagear Héctor Fix-Zamudio, informam Eduardo Ferrer Mac-Gregor (um de seus principais discípulos) e Arturo Zaldívar Lelo de Larrea: *"No ano de 1956 surgem os primeiros trabalhos de Héctor Fix-Zamúdio, Derecho procesal constitucional, La garantía jurisdicional de la Constitución mexicana, El proceso constitucional, Estructura procesal del amparo e La aportación de Piero Calamandrei al derecho procesal constitucional" (Estudos de direito processual constitucional*, p. 33). Novamente, voltamos a divergir de Dhenis Cruz Madeira, agora em face da sua afirmação de que os juristas que tratam do tema processo constitucional nem mesmo sabem quais os autores construíram seus alicerces teóricos (*(Direito processual civil latino-americano*, p. 16), o que, parece-nos, está apontado acima, complementado por esta nota. No texto que produziu, estribado em Adolfo Gelsi Bidart, Dhenis Cruz Madeira considera que Eduardo Couture foi um dos primeiros propulsores dos estudos do processo constitucional (loc. cit., p. 21). Porém, ressalta Dhenis Cruz Madeira, em tal ponto com nossa irrestrita concordância, a morte prematura de Eduardo Couture, no ano de 1956, com 52 anos de idade, *"e sua adesão à teoria do processo como relação jurídica talvez tenham impedido um aprofundamento maior"* no estudo do processo constitucional, pois dita teoria (Bülow) não é de todo compatível com o Estado Democrático de Direito (loc. cit., p. 23). Por isto, e como procuramos demonstrar neste livro, desde a 1ª. edição (2010), o considerado *"aprofundamento maior"* dos estudos sobre o processo constitucional, sem dúvida, foi feito por Héctor Fix-Zamudio, no México, que inspirou Baracho a fazer o mesmo, no Brasil, seguindo-lhe os passos.

primeira da supremacia das normas da Constituição sobre as normas processuais. Considera o processo importante garantia constitucional, daí a razão pela qual surge consolidada nos textos das Constituições do moderno Estado Democrático de Direito, sufragando o direito de as pessoas obterem a função jurisdicional do Estado, segundo a metodologia normativa do processo constitucional. A viga-mestra do processo constitucional é o devido processo legal, cuja concepção é desenvolvida tomando-se por base os pontos estruturais adiante enumerados, que formatam o devido processo constitucional ou modelo constitucional do processo: *a)*- o direito de ação (direito de postular a jurisdição); *b)*- o direito de ampla defesa; *c)*- o direito ao advogado ou ao defensor público; *d)*- o direito ao procedimento desenvolvido em contraditório paritário; *d)*- o direito à produção da prova; *e)*- o direito ao processo sem dilações indevidas, de sorte a ser obtida uma decisão jurisdicional em prazo razoável; *f)*- o direito a uma decisão proferida por órgão jurisdicional previamente definido no texto constitucional (juízo natural ou juízo constitucional) e fundamentada no ordenamento jurídico vigente (reserva legal); *g)*- o direito ao recurso, na perspectiva de coextensão do direito de ampla defesa. [47]

Para finalizar o presente segmento, cumpre-nos abordar alguns aspectos da original teoria neoinstitucionalista do processo, concebida por Rosemiro Pereira Leal, que, ao apresentá-la e explicá-la, em obra que escreveu especialmente dedicada ao tema, principia por esclarecer: *"A minha teoria neoinstitucionalista do processo dá seguimento às conjecturas de Popper, migradas, à minha instância, para a área jurídica, sobre a sociedade aberta, a miséria do historicismo e principalmente sobre o seu método de encaminhar o conhecimento científico (falseabilidade).*[48]

Adverte Rosemiro Pereira Leal que, nessa teoria por ele elaborada, a palavra *instituição* não tem o significado que lhe atribuíram Hauriou, Guasp e quaisquer outros cientistas sociais, pois não a emprega com o sentido *"de bloco de condutas aleatoriamente construído pelas supostas leis naturais da sociologia ou da economia"*. Assim, na teoria neoinstitucionalista do processo – apressa-se em esclarecer Rosemiro Pereira Leal - *instituição* desponta com o sentido de *"conjunto de princípios (e institutos) jurídicos reunidos ou aproximados pelo texto*

47 BARACHO. *Direito processual constitucional: aspectos contemporâneos*, p. 11-22 e 45-52.

48 LEAL, Rosemiro Pereira. *A teoria neoinstitucionalista do processo: uma trajetória conjectural*, p. 1.

constitucional com a denominação jurídica de devido processo, cuja característica é assegurar, pelos institutos do contraditório, ampla defesa, isonomia, direito ao advogado e livre acesso à jurisdicionalidade, o exercício dos direitos criados e expressos no ordenamento constitucional e infraconstitucional por via de procedimentos estabelecidos em modelos legais (devido processo legal) como instrumentalidade manejável pelos juridicamente legitimados".[49]

Assim sendo, depreende-se que a teoria neoinstitucionalista revela conteúdos e elementos técnica e cientificamente densos e complexos, assentados em matrizes filosóficas.[50] Por isto mesmo, a nosso ver, ressalvado melhor juízo, não se direciona tal teoria somente à ciência do direito processual (de forma exclusiva ou compartimentada), mas, ao contrário, deve ser vista em perspectiva de maior amplitude, pois evidencia concepção estrutural dirigida também - e principalmente - à ciência do Direito, em geral, com forte impacto, ainda, no campo da Teoria do Estado, revisitando suas bases conceituais sedimentadas há séculos. É o que se infere dos importantes e esclarecedores excertos de clarificação que extraímos de uma das muitas e eruditas obras de Rosemiro Pereira Leal, por óbvio, o mais credenciado a explicá-la, pois concebeu sua teoria neoinstitucionalista em anos de dedicados estudos e pesquisas,[51] razões pelas quais os transcrevemos, na íntegra, até mesmo pela nossa

49 LEAL, Rosemiro Pereira. *Teoria geral do processo: primeiros estudos*. 12ª ed.., p. 89.

50 Em abono de nossa afirmativa, destacamos a seguinte passagem da obra de Rosemiro Pereira Leal, pela qual apresenta sua teoria: *"Claro que, nessa prospecção jurídica, visitei obras de Protágoras, Montaigne, Spinoza, Schopenhauer, Marx, Freud, Heidegger, Nietzsche, Popper, Hans Albert, Lacan e muitos outros autores que, em vários aspectos, se opuseram à herança paideica que se alastrou pela escolástica e ensinos de Kant e Hegel, e de toda a Escola Iluminista e do Idealismo Alemão, do Fatalismo Histórico, da Filosofia Analítica, do Empirismo Inglês, e, já no século XX, pelo positivismo lógico do Círculo de Viena e do realismo sociológico da Escola de Frankfurt que se estende às lições de Niklas Luhmann." (A teoria neoinstitucionalista do processo: uma trajetória conjectural*, p. 6).

51 Relata Rosemiro Pereira Leal: *"Quero [...] frisar que foi para mim demasiado encorajador o entusiasmo público do professor David Miller manifestado no campus da Universidade Federal de Minas Gerais (UFMG) quando lhe anunciei a existência de pesquisas jurídicas que estava desenvolvendo, ao longo de vários anos, com meus alunos, na perspectiva de minha teoria neoinstitucionalista a partir das teses de Karl Popper (ele que foi assistente de Popper na London School of Economics e atualmente considerado o maior expoente do estudo das obras de Popper no mundo). Posteriormente, mandei-lhe relatórios sobre minha produção acadêmica, [...], e dele recebi palavras de estímulo, [...], sobre a singularidade e pioneirismo de minhas reflexões, (em oposição ao dogmatismo jurídico), com balizamentos na Lógica e Método po-*

confessada dificuldade intelectual em parafraseá-los: 1º)- *"A teoria neoinstitucionalista do processo é uma proposição epistemológico-linguístico-autocrítica que se candidata à enucleação de uma coinstitucionalidade em cujo bojo sistêmico o Estado é construído como uma instituição acessória e protossignificativa a configurar [...] como Estado de Direito Democrático já recepcionado na Constituição Brasileira de 1988 com a designação de Estado Democrático de Direito (art. 1º)".* 2º)- *"A teoria neoinstitucionalista do processo procura afastar a versão hegeliana e habermaseana de que o Estado, em qualquer paradigma, é o manto fetichizado (cinturão protetor) de uma sociedade que lhe seria historicamente preexistente ou coexistente e o direito mero produto normatizante da articulação dessa fantasiosa e eterna sociedade com o mito ético do Estado-Segurança".* 3º)- *"A originalidade da teoria neoinstitucionalista do processo tem lócus no nível instituinte da Lei, porque o direito vem sendo estudado e repetido por milênios com esquecimento [...] dos fundamentos teóricos de sua construção, ao relegarem às ideologias dos legisladores (saber aristotélico-platônico) e ao tempo taumaturgo os anseios dos destinatários normativos, atribuindo a estes uma fantasiosa coautoria dos direitos legislados (Habermas) sem qualquer compreensão da gênese teórica do direito instituído e constituído".* 4º)- Dessarte, a teoria neoinstitucionalista *"inaugura [...] estudos do direito em três níveis: instituinte, constituinte e constituído, bem como desenvolve a construção de um sistema jurídico em proposições processuais não repressivas pela via de uma teoria da linguisticidade jurídico-autocrítica só possível à fala e escrita processuais dentre todas as especialidades do direito conhecidas, desde que trabalhadas em bases epistemológicas a partir das matrizes filosóficas de Karl Popper [...]".* 5º)- Na teoria neoinstitucionalista, *"o processo é uma instituição (linguístico-autocrítico-jurídica) coinstitucionalizante e coinstitucionalizada (constitucional) que se enuncia proposicionalmente pelos institutos (princípios normados) do contraditório-vida, ampla defesa-liberdade, isonomia-dignidade (igualdade). Essa biunivocidade se apresenta como direitos fundamentais fundantes do sistema, líquidos, certos e exigíveis, consoante posto, em caráter pré-cógnito, no bojo do sistema jurídico".* 6º)- *"A teoria neoinstitucionalista do processo conjectura, à sua compreensão, a pré-instalação de um pacto de significância (paradigma discursivo-linguístico) como teoria da constitucionalidade (teoria axial), a regenciar e balizar a construção, aplicação e extinção do direito que reclama,*

---

pperianos numa visão democrática que, como por ele ressaltado, diferia da trivialidade das concepções sociologistas e da ciência política de bases holísticas, positivistas e homeostáticas." (*A teoria neoinstitucionalista do processo, uma trajetória conjectural*, p. 12-13).

por conseguinte, ao seu exercício, falantes dialógicos (legitimados ao processo) que adotem princípios autocríticos: contraditório, ampla defesa e isonomia".[52]

Nesse quadro teórico, pertinentes as considerações desenvolvidas por Fabrício Simão da Cunha Araújo: *"Rosemiro Pereira Leal construiu a teoria neoinstitucionalista do processo para que o direito seja apto a garantir ao povo total de legitimados ao processo, na esteira de construção de uma sociedade democrática, recinto de discussão para decidir os contornos, a liquidez e a certeza de direitos com liberdade irrestrita e de forma emancipada de dogmas, ideologias e verdades inquestionáveis. O processo, portanto, na teoria institucionalista, atua como canal de interrogação linguístico-crítico-jurídica do sistema normativo e de construção participada do direito pela prevalência de teoria que melhor se ajuste à lei democrática. Assim, pelo processo , deve-se franquear ao conjunto de legitimados , debate amplo de teorias, substituindo-as continuamente conforme se apresente nova teoria que expresse de melhor forma a liberdade irrestrita de construção da vida pela via teórico-linguística e a liquidez, certeza e exigibilidade imediata dos direitos fundamentais"*.[53]

A teoria neoinstitucionalista do processo, gerada e estudada pelo talento, inteligência e invulgar conhecimento filosófico e jurídico de Rosemiro Pereira Leal, revisitando afirmativas e conclusões secularmente incrustadas na ciência do Direito - e assim o fazendo de forma rigorosamente inédita - vem exercendo grande influência no pensamento e formação dos juristas da nova geração, notadamente aqueles que receberam sua qualificada orientação acadêmica na elaboração dos trabalhos científicos que produziram e publicaram, atualmente Professores Mestres e Doutores em Direito Processual, dentre os quais podemos apontar Carlos Walter, Vinícius Lott Thibau, Gustavo de Castro Faria, Andréa Alves de Almeida, Carlos Henrique de Morais Bonfim Júnior,

---

52 LEAL, Rosemiro Pereira. *A teoria neoinstitucionalista do processo: uma trajetória conjectural*, p. 3-6, 40 e 44. Sobre as matrizes filosóficas de Popper, disserta George Browne Rego: *"Uma das notas caracterizadoras da concepção filosófica de Karl Popper consiste na sua obstinada defesa de permanentes testes de falseabilidade, com vista à constatação das incontáveis probabilidades de erros e acertos das asserções científicas. A lógica de uma teoria presupõe, no entender de Popper, que cada teoria seja constantemente submetida a testes empíricos que confirmem ou refutem, do ponto de vista experimental, a sua validade. Crítico do indutivismo e do essencialismo e suas pretensões universalizantes, para Popper a falseação das hipóteses constitui, consequentemente, uma ferramenta necessária e estimulante ao progresso do conhecimento científico"* (*História do direito e do pensamento jurídico em perspectiva*, p. 66-67).

53 *A lealdade na processualidade democrática: escopos fundamentais do processo*, p. 1-2.

André Cordeiro Leal, Roberta Maia Gresta, Sílvio de Sá Batista, Luiz Sérgio Arcanjo dos Santos, Fabrício Simão da Cunha Araújo e Flávia Ávila Penido, dentre muitos outros, motivos pelos quais recomendamos a leitura de suas obras, cujos temas foram desenvolvidos a partir das concepções da mencionada teoria.[54]

4. O CONTRADITÓRIO NO PROCESSO CONSTITUCIONALIZADO CONTEMPORÂNEO

Em qualquer processo administrativo ou processo jurisdicional – seja este civil, penal ou trabalhista, de conhecimento, de execução[55] ou cautelar, pouco

---

54 WALTER, Carlos. *Discurso jurídico na democracia*, p. 178-185. THIBAU, Vinícius Lott. *Presunção e prova no direito processual democrático*, p. 2-4 e 93-101. FARIA, Gustavo de Castro. *Jurirprudencialização do direito: reflexões no contexto da processualidade democrática*, p. 11, 14, 29, 46-52, 56-57, 72-77, 79-80 e 109-113. ALMEIDA, Andréa Alves de. *Espaço jurídico processual na discursividade metalinguística*, p. 145-154. BOMFIM JÚNIOR, Carlos Henrique de Morais. *Decisões inconstitucionais no controle de constitucionalidade: os efeitos pro futuro*, p. 114-133. LEAL, André Cordeiro. Apresentação da obra de Rosemiro Pereira Leal, *A teoria neoinstitucionalista do processo: uma trajetória conjectural.* GRESTA, Roberta Maia. *Introdução aos fundamentos da processualidade democrática*, p. 183-197. BATISTA, Silvio de Sá. *Técnica processual* [Capítulo V], p. 114-119. BATISTA, Silvio de Sá. *Má-fé e boa-fé na processualidade democrática*, p. 164-166. ARCANJO DOS SANTOS, Luiz Sérgio. *Poder Constituinte originário: a construção do direito na processualidade democrática*, p. 6-8. ARAÚJO, Fabrício Simão da Cunha. *A lealdade na processualidade democrática: escopos fundamentais do* processo, p. 1-4. PENIDO, Flávia Ávila. *Processo e interpretação em Eduardo J. Couture*, p. 7-8.

55 Parece-nos ainda existir certa resistência à ideia da presença do contraditório também no processo de execução. Todavia, em face das considerações acima expendidas, entendemos indefensável a tese contrária. A respeito, bem esclarecedora é a doutrina de Cândido Rangel Dinamarco, com nossa total adesão, segundo a qual a garantia constitucional do contraditório também *"se faz presente no processo de execução, sem ser limitada ao cognitivo. Sem isso não se poderia estabelecer o indispensável equilíbrio entre a exigência de satisfação do credor e de respeito ao devedor e seu patrimônio"*. Mais adiante, justifica Dinamarco, apoiando-se na doutrina de Martinetto: *"É preciso lembrar também que, embora o mérito não se julgue no processo de execução, deixar absolutamente de julgar o juiz da execução não deixa. Nem só de mérito existem sentenças; nem só sentenças profere o juiz (cfr. CPC, art. 162). Pois seria inconcebível um juiz robot, sem participação inteligente e sem poder decisório algum. O juiz é seguidamente chamado a proferir juízos de valor no processo de execução, seja acerca dos pressupostos processuais, condições da ação ou dos pressupostos específicos dos diversos atos levados ou a levar a efeito" (Execução civil*, p. 165 e 170). Também admitindo

importa – devem ser assegurados às partes o contraditório e a ampla defesa, com os recursos inerentes à esta qualificada defesa, é a recomendação magna do art. 5º, inciso LV, da Constituição Federal de 1988, ao enunciar, em seu texto normativo, "*processo judicial*", sem qualquer ressalva, limitação ou restrição.

No assunto, também não se pode deslembrar que a mesma Constituição ainda proíbe seja alguém privado de seus bens sem o devido processo legal, cujas vigas-mestras, já o dissemos anteriormente, são o contraditório, a ampla defesa e a motivação das decisões jurisdicionais centrada na reserva legal (art. 5º, incisos II e LIV).

Essas disposições normativas, fruto do constitucionalismo contemporâneo surgido após o término da segunda guerra mundial (1945), origem da constitucionalização do ordenamento jurídico e do processo, não despontaram no texto da Constituição por acaso ou de uma hora para outra.

Obviamente, foram antecedidas e sugeridas por notáveis e incessantes pesquisas e estudos iniciados e desenvolvidos em torno do direito processual, que despontaram a partir do final do século XIX. E prosseguiu esse labor técnico-científico desenvolvido e aperfeiçoado intensamente após o surgimento do apontado constitucionalismo, consolidando o direito processual em termos de ciência jurídica e formatando a concepção do processo constitucional.

Com efeito, um dos precursores do chamado processualismo científico, Adolf Wach, cujas ideias doutrinárias despontaram na Alemanha, na segunda metade do século XIX, em obra publicada em Leipzig, no ano de 1865, já realçava a importância do contraditório, ao destacar o caráter dialético do processo, observando que sua finalidade atendia a dois interesses em colisão, o interesse da tutela jurídica afirmada pelo autor e o interesse contraposto sustentado pelo réu. Partindo dessas premissas, considerava que o processo se prestava tanto para o ataque como para a defesa, isto é, para afirmar um direito e para negá-lo. No entendimento de Wach, tudo isto indicava a natureza eminentemente contraditória do processo, centrada na antítese gerada pela petição do autor demandante, que o iniciava, quando confrontada pela

a incidência do contraditório no processo de execução e discorrendo proficientemente a respeito, VIEIRA. Luciano Henrik Silveira. *O processo de execução no Estado Democrático de Direito,* p. 136-142.

petição de resistência do demandado, podendo-se entrever, nas afirmações mencionadas, o germe da ideia de contraditório.[56]

Um século depois, na Itália, precisamente em 1965, Calamandrei também destacava o caráter dialético do processo e a importância do contraditório, ao concebê-lo como diálogo permanente entre os envolvidos. Para referido doutrinador, o processo deixava de ser um monólogo e se convertia em diálogo permanente entre seus partícipes, intercâmbio incessante de ideias, proposições, réplicas e tréplicas. Por tais considerações, Calamandrei chamava o contraditório de "*força motriz do processo, o seu princípio fundamental*".[57]

Essas ideias repercutiram e influenciaram o pensamento dos processualistas brasileiros, dentre eles, selecionado para exemplo, um dos mais talentosos, José Frederico Marques,[58] que, em obra lançada no ano de 1982, desenvolvia as seguintes considerações sobre o contraditório, qualificando-o integrante do conceito de devido processo legal e princípio informativo do direito processual: "*O contraditório, como ciência bilateral dos atos e termos processuais com a possibilidade de contrariá-los, é da essência do devido processo legal. Com o contraditório, torna-se inviolável o direito do litigante de propugnar, durante o processo, com armas legais, a defesa de seus interesses, a fim de convencer o juiz, com provas e alegações, de que a solução da lide lhe deve ser favorável. Para isso,*

56 *Manual de derecho procesal civil* v. I, p. 23.

57 Processo e Democrazia. *Opere Giuridiche*, 1965, *apud* CORRÊA, Cristiane da Rocha. *Revista Brasileira de Ciências Criminais*, p. 226 e 229.

58 Como os brasileiros padecem de profunda aversão aos estudos da história e sofrem de crônica amnésia, o que, sem dúvida, prejudica sobremaneira a pesquisa científica e seus resultados, principalmente aquela realizada no campo das ciências sociais (o direito é considerado ciência social aplicada), torna-se importante rememorar que José Frederico Marques foi um conceituado estudioso da ciência do direito processual, com vários livros publicados sobre Direito Processual Civil e Direito Processual Penal. Exerceu os cargos de Desembargador no Tribunal de Justiça de São Paulo e de Professor na Faculdade Paulista de Direito da PUC São Paulo. Em razão da sua excelente formação técnico-científica, integrou a Comissão Revisora criada pelo Ministério da Justiça para rever o texto do anteprojeto do Código de Processo Civil de 1973, elaborado por Alfredo Buzaid, indicado a tanto por determinação do então Presidente da República Jânio Quadros, em 1961. Dito anteprojeto foi concluído por Buzaid e entregue ao Ministério da Justiça no governo do Presidente João Goulart, em 8/1/1964 (cf. BARBI. Celso Agricola. *Comentários ao Código de Processo Civil, v. I*, p. 2. PRATA, Edson. *Processo de conhecimento, v. I*, p. 5).

cumpre que lhe seja permitido fazer provas, tomar ciência das alegações de seu adversário e das provas que também este produzir, ou pretenda produzir. O juiz não pode decidir, e tampouco impor restrições a qualquer das partes, sem ouvi-las devidamente, cumprindo-lhe, por outro lado, mantê-las, no curso do procedimento, em situação de igualdade".[59]

De propósito, fizemos as indicações cronológicas dessas três manifestações doutrinárias desenvolvidas em torno do contraditório em um século e meio de consolidação da ciência do direito processual – Wach (Alemanha, 1865), Calamandrei (Itália, 1965) e Frederico Marques (Brasil, 1982) – e poderíamos ainda invocar várias outras de igual teor e quilate e no mesmo período.

Assim o fizemos, com o intuito deliberado de afastar concepções e afirmativas distorcidas, laboradas em equívoco, as quais, algumas vezes, parecem ficar sugeridas em textos da doutrina brasileira, em dissertações de mestrado e teses de doutorado, no sentido de considerarem que temas relacionados à estrutura dialética do procedimento, ao contraditório e ao devido processo legal somente entraram nas cogitações da ciência do processo e de seus pesquisadores depois da Constituição de 1988 ou após a divulgação da teoria de Fazzalari, ao conceber o processo como procedimento em contraditório.[60]

Ocorre que, segundo pensamos, a partir da vigência do revogado Código de Processo Civil de 1973, o Brasil foi acometido por espécie de *processomania,* mal degenerativo da ciência do direito processual, que se tornou o gerador da produção de textos doutrinários depauperados ou anêmicos de conteúdo científico, negligenciando a concepção do processo como garantia das pessoas, pois voltados unicamente para a malsinada e infecciosa prática forense

---

59 *Manual de Direito Processual Civil,* p. 381-382.

60 Mais uma vez, a fim de comprovar o que estamos afirmando, consideremos a seguinte lição de Ronaldo Cunha Campos, um dos maiores processualistas mineiros, de saudosa memória, escrita em texto doutrinário que publicou no ano de 1985, anteriormente à vigente Constituição Federal e ao vigente Código de Processo Civil de 2015: *"quanto ao processo, entendemos que o conjunto de regras destinado à sua disciplina assenta-se em uma norma jurídica, à qual denominamos norma processual fundamental"*, na qual repousa o direito processual. Esclarece o texto que essa *"norma processual fundamental"* se expressa no *"instituto do devido processo legal que a explicita"*. Com suporte na doutrina de Vigoriti, ainda observava Ronaldo Cunha Campos que as dimensões da garantia do devido processo legal devem manifestar-se em todos os níveis *(fases)* do procedimento (*Revista da AMAGIS*, v. V, p. 74-77).

ou para concursos públicos destinados ao preenchimento de cargos ligados à carreira jurídica.

Referidos textos culminaram em reduzir o alcance do contraditório, qualificando-o, resumidamente, como ciência bilateral dos atos e termos do processo e possibilidade das partes de os contrariar, vale dizer, um simples dizer pelo autor na petição inicial e um mero contradizer pelo réu na defesa.

Sem dúvida, a partir de então, sedimentou-se nos arrazoados forenses, nas sentenças e nos acórdãos uma ideia raquítica do contraditório, que, na sua atual dimensão técnico-científica, não se esgota nas referidas concepções restritivas.

Porém, hodiernamente, o contraditório não é apenas ciência bilateral e contrariedade dos atos e termos processuais e possibilidade que as partes têm de contrariá-los, em perspectiva técnica e cientificamente tacanha.

Neste início de século XXI, marcado por estudos avançados do processo constitucional e democrático, o contraditório é muito mais. Segundo a doutrina de José Lebre de Freitas, conceituado processualista português, que seguimos de perto, apontada concepção mutilada do contraditório restou substituída por *"noção mais lata de contraditoriedade, com origem na garantia constitucional do rechtlliches Gehör germânico, entendida como garantia da participação efectiva das partes no desenvolvimento de todo o litígio, mediante a possibilidade de, em plena igualdade, influírem em todos os elementos (factos, provas, questões de direito) que se encontrarem em ligação com o objecto da causa e que em qualquer fase do processo apareçam como potencialmente relevantes para a decisão"*. Prossegue o autor ora invocado na sua explanação, com apoio na doutrina de Trocker, *"o escopo principal do princípio do contraditório deixou assim de ser a defesa, no sentido negativo de oposição ou resistência à actuação alheia, para passar a ser a influência, no sentido positivo de direito de incidir activamente no desenvolvimento e no êxito do processo"*. Ainda colacionando Trocker, em nota de pé de página, Lebre de Freitas acrescenta: *"Denominador comum à acção e à defesa, o princípio do contraditório pode ser ainda entendido como uma emanação dos direitos de acção e de defesa, latamente entendidos como algo que, para além do momento inicial da propositura e da contestação, permanece ao longo de todo o processo, e, em última análise, pode ser reconduzido ao direito de acção, do qual o direito de defesa mais não é, afinal, do que um aspecto integrante"*.[61]

---

61 *Introdução ao processo civil*, p. 96-97.

Enfatizando a amplitude do princípio do contraditório na legislação portuguesa, em conferência que proferiu em Brasília, no Superior Tribunal de Justiça, aos 24/10/2010, José Lebre de Freitas fez as seguintes considerações, deveras importantes ao tema analisado, posteriormente lançadas em texto publicado com a ortografia lusitana: *"A lei processual portuguesa deu um passo decisivo quando, em 1995-1996, compreendeu que a contrariedade não consiste só na contraposição de requerimento e resposta, mas, de modo mais geral, na concessão às partes, ao longo de todo o processo, de todos os meios de actuação legítima susceptível de exercer influência na decisão do litígio. Por isso proibiu, designadamente, a chamada decisão surpresa. [...]. No entanto, decorridos mais de treze anos sobre a inequívoca consagração desta derivação do princípio do contraditório, muitos juízes portugueses ainda se mostram reticentes à sua plena actuação – como se fosse desprestigiante para a autoridade judiciária ouvir as partes antes de decidir como se julga ser certo"*.[62]

Essa concepção atualizada do contraditório surge acolhida no artigo 16 do Código de Processo Civil francês de 2001, cujo conteúdo normativo é desenvolvido em três alíneas. Efetivamente, prescrevem as normas ali contidas: *"O juiz deve, em todas as circunstâncias, fazer observar e observar ele próprio o princípio do contraditório. Ele não pode reter* [ou reservar para si], *na sua decisão, os meios, as explicações e os documentos invocados ou produzidos pelas partes, que elas próprias não tenham postos em debate contraditoriamente. Ele não pode fundar sua decisão sobre meios de direito levantados de ofício, sem ter previamente instado as partes a apresentar suas observações"*.[63]

62 *Revista da Faculdade de Direito do Sul de Minas*, p. 186-187. No mesmo texto, o autor narra caso concreto no qual a qualificada decisão-surpresa redundou em manifesto absurdo violentador da ordem e segurança jurídicas com prejuízo à parte: *"Um dia, um advogado entrou-me no escritório perguntando como havia de se defender perante uma decisão por lei irrecorrível, em que o juiz aplicara determinada norma, já revogada por outro diploma. Em face da lei então vigente, nada se podia fazer: a decisão era definitiva, embora o lapso do juiz fosse manifesto e o resultado da distracção tenha sido a perda de avultada quantia em dinheiro"* (ob. cit., p. 186).

63 No original: *"Le juge doit, en toutes circonstances, faire observer et observer lui-même le principe de la contradicition. Il ne peut retenir, dans sa décision, les moyens, les explications et les documents invoqués ou produits par les parties que si celles-ci on été à même d'en debattre contradictoirement. Il ne peut fonder sa décision sur les moyens de droit qu'il a relevés d'office sans avoir au préalable invité les parties à présenter leurs observations"*.

Em comentários a essa norma do código processual francês, bem observa Cândido Rangel Dinamarco: *"A garantia constitucional do contraditório endereça-se também ao juiz, como imperativo de sua função no processo e não mera faculdade. A doutrina moderna reporta-se ao disposto no artigo 16 do nouveau côde de procédure civile francês como a exigência de participar, endereçada ao juiz. A globalização da ciência processual foi o canal de comunicação pelo qual uma regra de direito positivo de um país pôde ser guindada à dignidade de componente desse princípio universal, transpondo fronteiras."*[64]

Acrescente-se que o contraditório definido na codificação processual francesa é o que vem sendo normativamente considerado em atualizadas legislações processuais de Estados europeus, como chama atenção Dierle José Coelho Nunes: *"Na Áustria, um dos pontos da reforma do Processo Civil de 2002 (Zivilverfahrens-Novelle 2002) foi a proibição, no § 182 a, de decisões de surpresa, impondo ao juiz o dever de discutir com as partes alegações de fato e de direito, evitando a obtenção de decisões decorrentes dos próprios convencimentos solitários do magistrado não submetidos à necessária discussão preventiva acerca dos elementos alegados, dos meios probatórios deduzidos e das atividades desenvolvidas pelas partes ou por ele próprio (Henke, 2003, p. 818).*[65]

No Brasil, ao contrário, a apelidada *decisão-surpresa*, fruto do mero convencimento solitário do juiz, sem debate prévio com as partes, é moda forense. Vamos exemplificar com uma situação corriqueira nos pretórios, hauridas das regras de experiência comum, ou seja, fundadas nas nossas observações profissionais sobre o que normalmente acontece na prática do foro, na qual surge em algumas oportunidades grosseira supressão da garantia constitucional do contraditório às partes. Considere-se que o autor ajuíze ação, dando início ao processo, sustentando, na petição inicial, como fundamento jurídico de seu pedido, incidência das normas do Código Civil de 1916. O réu, por sua vez,

64 *Instituições de direito processual civil*, v. I, p. 220.

65 *Processo jurisdicional democrático*, p. 229. Flaviane de Magalhães Barros e Felipe Daniel Amorim Machado, ao demonstrarem que o princípio do contraditório, de forma tecnicamente benéfica, amplia o espaço de interlocução das partes no processo, fazem referência ao artigo 16 do novo Código de Processo Civil francês, ao parágrafo 139 da codificação processual civil alemã (ZPO) e ao artigo 3, n. 3, do Código de Processo Civil português, concluindo: *"Nas três legislações processuais estrangeiras, não se admite a decisão do juiz, mesmo que de ofício, sem prévia possibilidade de participação pelo pronunciamento das partes"* (*Prisão e medidas cautelares*, p. 22).

na contestação, resiste à pretensão e, como fundamento de defesa, embora reconhecendo os fatos narrados pelo autor, a eles oponha outras consequências jurídicas, postulando incidência das regras do Código Civil de 2002. Na fase decisória, conclusos os autos, após as partes apresentarem suas razões finais, entende o juiz do processo que o caso concreto, ao contrário das teses jurídicas alinhadas pelo autor e pelo réu, receberá solução adequada pela aplicação das normas do Código de Defesa e de Proteção ao Consumidor. Pois bem, aqui no Brasil, na prática do foro, é o que observamos em nossa atividade profissional, o juiz lavrará sentença-surpresa, apoiada nas normas do Código de Defesa e de Proteção ao Consumidor, sem permitir às partes possibilidade de prévia manifestação a respeito, é o que acontece muitas vezes.

Evidentemente, na situação dantes narrada, estará sendo violado o contraditório, em concepção científica atualizada, pois as partes destinatárias da sentença, que suportarão seus efeitos, não tiveram a possibilidade de influir no convencimento do juiz, quanto às normas de direito por ele consideradas adequadas à solução decisória do caso reconstruído no processo.[66]

Ao contrário, deveria ter sido observada, nesse caso proposto como exemplo, a recomendação doutrinária de Flaviane de Magalhães Barros: *"Na perspectiva do processo jurisdicional, da ampla argumentação decorre o direito à prova, a assistência de um advogado, à necessidade de se garantir que as partes possam ter o tempo processual para reconstruir o caso concreto, e quais as normas prima facie aplicáveis são mais adequadas ao caso concreto."*[67]

---

66 No assunto, doutrinam acertadamente Luiz Guilherme Marinoni e Daniel Mitidiero, com remissão à jurisprudência do Supremo Tribunal Federal: *"Partindo-se da compreensão do direito fundamental ao contraditório como direito à participação, como direito a convencer o órgão jurisdicional (art. 5º, Constituição da República Federativa do Brasil), a completude da motivação só pode ser aferida em função dos fundamentos arguidos pelas partes, na medida em que o direito fundamental ao contraditório impõe o dever de o órgão jurisdicional considerar seriamente as razões apresentadas pelas partes em seus arrazoados (Supremo Tribunal Federal, Pleno, Mandado de Segurança 25.787/DF, relator Ministro Gilmar Mendes, julgamento em 8/11/2006, Diário de Justiça de 14/9/2007, p. 32). (Código de Processo Civil Comentado artigo por artigo,* p. 554).

67 *Reforma do processo penal: comentários críticos dos arts. modificados pelas Leis n. 11.906/08 e n. 11.719/08*, p. 20. O Código de Processo Civil de 2015 veda a chamada decisão-surpresa, no seguinte enunciado normativo: *"Art. 10. O juiz não pode decidir, em grau algum de jurisdição, com base em fundamento a respeito do qual não se tenha dado às partes oportunidade de se manifestar, ainda que se trate de matéria sobre a qual deva decidir de ofício".*

Outro exemplo de situação em que, algumas vezes, juízes e Tribunais se esquecem da garantia constitucional do contraditório. Doutrina e jurisprudência, em situações excepcionais, admitiam o uso dos embargos de declaração com efeito infringente (modificativo) do julgado objeto dos embargos.[68] Porém, o revogado Código de Processo Civil de 1973, nas normas que regiam seu procedimento, não contemplava o contraditório no mencionado procedimento recursal. Ora, mesmo assim, em face do devido processo constitucional, se interpostos embargos de declaração com tal objetivo, percebendo o órgão jurisdicional julgador que, em tese, haveria possibilidade de os acolher, deveria, antes de julgá-los, permitir ao embargado que se manifestasse a respeito, porque, se assim não o fizesse, estaria aniquilando a garantia fundamental do contraditório, subtraindo da parte embargada a possibilidade de convencer o órgão julgador do desacerto dos argumentos do embargante e, ao contrário e consequentemente, do acerto das suas teses ou das teses acolhidas no pronunciamento decisório embargado.

Corrigindo essa anomalia do Código anterior, o Código de Processo Civil de 2015, prestigiando o contraditório como norma fundamental do processo (artigo 7º.) prevê, no parágrafo 2º., de seu artigo 1.023, na disciplina normativa do recurso de embargos de declaração, que *"o juiz intimará o embargado para, querendo, manifestar-se, no prazo de 5 (cinco) dias, sobre os embargos opostos, caso seu eventual acolhimento implique a modificação da decisão embargada"*.

Observa Dierle José Coelho Nunes que essa descrita visão científica e democraticamente atualizada do contraditório no processo constitucionalizado

---

68 A respeito, dissertam Luiz Guilherme Marinoni e Daniel Mitidiero: *"Nada obstante o recurso de embargos de declaração vise apenas ao aperfeiçoamento da decisão judicial, patrocinando aclaramento de obscuridade, desfazimento de contradição e supressão de omissão, não se prestando, como regra à obtenção de modificação do julgado, pode ocorrer de o acolhimento dos embargos declaratórios provocar uma alteração na substância da decisão embargada. Nesse caso, em que as hipóteses típicas de cabimento dos embargos declaratórios provoca a alteração do julgado, diz-se que os embargos declaratórios apresentam efeitos infringentes – modificativos – da decisão embargada. (...). Admitem-se embargos declaratórios com efeitos infringentes, ainda, contra decisões teratológicas, absurdas, em que é evidente o descompasso da decisão com o contexto fático-jurídico da causa. A jurisprudência admite excepcionalmente embargos declaratórios com efeitos infringentes nessas hipóteses (Superior Tribunal de Justiça, 1ª. Turma, Embargos de Declaração nos Embargos de Declaração no Agravo Regimental no Agravo 314.971/ES, relator Ministro Luiz Fux, julgamento em 24.11.2004, Diário de Justiça de 31.5.2004, p. 219). (Código de Processo Civil Comentado artigo por artigo,* p. 555).

contemporâneo, como garantia de influência das partes nas decisões jurisdicionais e de não-surpresa, recebeu guarida em vários precedentes da Corte de Cassação da Itália e do Supremo Tribunal de Justiça de Portugal, cujos excertos transcreve. Com efeito, verberando a qualificada *decisione della terza via*, decidiu a referida Corte de Cassação (nº 21.108, 2005): *"A Corte, em conhecido contraste com a Cass. n. 15.705, afirma que o juiz que entenda, depois da delimitação do thema decidendum, ocorrida no curso da audiência preliminar, de levantar uma questão conhecível oficiosamente e não considerada anteriormente, deve submetê-la às partes para lhes permitir a intervenção em contraditório. A falta de indicação comporta a violação do dever de colaboração por parte do juiz e determina a nulidade da sentença por violação do direito de defesa das partes. Se ocorrida em primeiro grau e suscitada em apelo, comporta a remessa com prazo para o seu desenvolvimento, no processo de apelação, das atividades cujo exercício não foi possível em primeiro grau. Se verificada em apelo [...], a sua dedução em cassação determina a cassação da sentença com reenvio, com a finalidade de que o juiz do reenvio oferte espaço para as atividades processuais omitidas"*. Na mesma diretriz, ainda segundo informes e transcrição de Dierle José Coelho Nunes, assim decidiu o Supremo Tribunal de Justiça de Portugal, ao julgar o Recurso nº 10.361/01, em 2002: *"O acórdão recorrido não poderia ter decidido a questão da legitimidade com um fundamento frontalmente diverso e não ponderado na sentença [...] sem, antes, ter convidado o recorrente a pronunciar-se e tomar posição sobre essa questão. 1. Tomando como parâmetro a lei fundamental, o Tribunal Constitucional tem vindo a considerar a consagração do princípio do contraditório como algo integrado no direito de acesso aos tribunais, consagrado no art. 20º da CRP. O direito de acesso aos tribunais é, na verdade, dominado por uma ideia de igualdade, uma vez que o princípio da igualdade vincula todas as funções estaduais, jurisdição incluída [...] vinculação que significa igualdade perante os tribunais, donde decorre que 'as partes têm que dispor de idênticos meios processuais para litigar, de idênticos direitos processuais' [...]. O princípio do contraditório [...] enquanto princípio reitor do processo civil, exige que se dê a cada uma das partes a possibilidade de deduzir as suas razões (de facto e de direito), de oferecer as suas provas, de controlar as provas do adversário e de discretear sobre o valor e resultados de umas e outras. [...]. Pondo o enfoque no plano das questões de direito, a norma proíbe [...] as decisões-surpresa, isto é, as decisões baseadas 'em fundamento que não tenha sido previamente considerado pelas partes'. Proibição, pois, das decisões 'surpresa', enquanto violadoras do princípio do contraditório, conforme este Tribunal tem tido oportunidade de decidir."* [69]

Mais ou menos na mesma linha do entendimento adotado pela jurisprudência alienígena dantes apontada, o Supremo Tribunal Federal, no exercício da jurisdição constitucional (artigo 102, *caput*, da Constituição Federal), decidiu que o contraditório assegura às partes: 1º)- o direito à informação, o que obriga o Estado-Judiciário a informar às partes todos os atos praticados no processo, com a indicação de seus elementos; 2º)- o direito de manifestação, que lhes assegura a possibilidade efetiva de se manifestar (ou de *discretear*) sobre as questões fáticas e jurídicas objeto do processo; 3º)- o direito de ver seus argumentos considerados, o que exige do órgão julgador capacidade, apreensão e isenção de ânimo para lhes apreciar as razões apresentadas, de tal sorte que o juízo, além do dever de conhecê-los, deve também, considerá-los séria e detidamente, no ato de julgar. [70]

Na vigência do Código de Processo Civil de 2015, que, em seu artigo 10, inovou ao consagrar a proibição da decisão-surpresa, decidiu o Superior Tribunal de Justiça a respeito do tema, na sua extensa ementa: "5. *O novo sistema processual impôs aos julgadores e partes um procedimento permanentemente interacional, dialético e dialógico, em que a colaboração dos sujeitos processuais na formação da decisão jurisdicional é a pedra de toque do novo CPC. 6. A proibição de decisão surpresa, com obediência ao princípio do contraditório, assegura às partes o direito de serem ouvidas de maneira antecipada sobre todas as questões relevantes do processo, ainda que passíveis de conhecimento pelo magistrado. O contraditório se manifesta pela bilateralidade do binômio ciência/influência. Um sem o outro esvazia o princípio. A inovação do art. 10 do CPC/2015 está em tornar objetivamente obrigatória a intimação das partes para que se manifestem previamente à decisão judicial. E a consequência da inobservância do dispositivo é a nulidade da decisão surpresa, ou decisão de terceira via, na medida em fere a característica fundamental do novo modelo de processualística pautado na colaboração entre as partes e no diálogo com o julgador."* [71]

---

69 *Processo jurisdicional democrático*, p. 233-235.

70 Supremo Tribunal Federal – Pleno. Julgamento do Mandado de Segurança nº 24.268-0 – Minas Gerais, em 5/2/2004. Relator para o acórdão, publicado em 17/9/2004, Ministro Gilmar Mendes. No Capítulo 3, nº 10, fazemos mais referências ao referido acórdão.

71 Recurso Especial nº 1.676.027 – PR (2017/0131484-0). Relator, Ministro Herman Benjamin. Julgamento em 26/9/2017. Contudo, reparos técnicos fazemos ao considerado

Ao discorrer sobre o contraditório, Barbosa Moreira adota interessante posição a respeito, visualizando-o sob dupla significação ou dois planos, ou seja, em relação às partes e em relação ao juiz. Em face desta visualização, considera referido e notável processualista que, para as partes, o contraditório significa *"em substância, que elas devem ter, no processo, as mesmas oportunidades de se pronunciar, a fim de expor as respectivas pretensões e razões, rebater as do adversário, produzir as provas de que disponham e falar sobre as produzidas pelo contendor ou por iniciativa ex officio do juiz"*. Por sua vez, em relação ao juiz, explica Barbosa Moreira que o princípio do contraditório se traduz *"em substância, no dever de proporcionar aos litigantes a oportunidade – em termos equivalentes – de se pronunciarem a respeito da condução do processo.* Logo, arremata: *"nenhum ato do órgão judicial pode permanecer totalmente imune à crítica das partes"*.[72]

Realçando a importância do contraditório, como resultante da constitucionalização do processo, lições de João Batista Lopes: *"em razão da constitucionalização do processo civil, assistimos à revisitação aos institutos e princípios dessa disciplina, notadamente o contraditório e a ampla defesa. Estudado, no passado, como simples princípio processual, o contraditório ganhou maior elastério, deixando de ser apenas o binômio informação-reação, para converter-se no trinômio informação-reação-diálogo. De acordo com essa orientação, não é suficiente garantir a informação regular dos atos processuais e a oportunidade de reação aos atos do adversário, sendo de rigor, também, o diálogo entre as partes e o juiz. O que se pretende com essa nova postura é garantir às partes a possibilidade de participação efetiva no processo, no sentido de que o julgador analise e leve em consideração as alegações e provas por elas produzidas"*.[73]

A nosso ver, contudo, essas noções ainda se revelam incompletas, pois o que deve ser instaurado na dinâmica do procedimento é o *quadrinômio* estrutural do contraditório (e não binômio[74] ou trinômio), ou seja

---

"binômio ciência/influência" no acórdão colacionado. Como explicaremos mais adiante, na dinâmica e estrutura do procedimento em contraditório, instaura-se o *quadrinômio informação-reação-diálogo-influência*.

72 *Estudos de direito processual constitucional*, p. 50-51.

73 *Princípios do contraditório e da ampla defesa na reforma da execução civil*, p. 80.

74 Na segunda metade do século passado, o contraditório era tecnicamente articulado somente em dois tempos essenciais, *informazione* e *reazione* (binômio *informação-reação*), conforme explica Aroldo Plínio Gonçalves, ao comentar lições do processualista italiano

– *informação – reação – diálogo – influência* – como resultado lógico-formal da correlação do princípio do contraditório com o princípio da fundamentação das decisões jurisdicionais.[75]

Essa concepção do contraditório que vislumbramos, na perspectiva de seu quadrinômio estrutural, na dinâmica de qualquer procedimento, impõe nova postura ao agente público julgador, que deve ser um juiz-dialogador do processo. Daí que, de forma acertada, normas do Código de Processo Civil de 2015 prescrevem que o juiz, em decisão de saneamento e de organização do processo, deverá resolver questões processuais pendentes, delimitar questões de fato e de direito (questões de mérito) e definir a distribuição do ônus da prova. Assim deverá fazê-lo sob designação de audiência com tal objetivo, se as questões de mérito discutidas no caso concreto se revelarem complexas (artigo 357).

Porém, diante das considerações até agora expendidas, em conformidade com o devido processo constitucional e em face do considerado quadrinômio estrutural do contraditório, que estrutura a dinâmica do procedimento, o juiz não poderá proferir a decisão de saneamento e de organização do processo de forma solipsista, ou seja, sem a participação das partes, menosprezando o contraditório.

Bem ao contrário, seguindo as prescrições dos artigos 6º e 7º do Código de Processo Civil de 2015, normas ali qualificadas *fundamentais do processo*, para proferir a decisão de saneamento e de organização do processo, deverá o juiz previamente ouvir as partes e com elas dialogar a respeito, concretizando, assim, o *regime de cooperação* (*=comparticipação)* a ser observado entre os sujeitos processuais, no desenvolvimento, na organização e no resultado decisório do processo (artigo 357, § 3º).[76]

Por consequência, no Estado Democrático de Direito, é esta forma de estruturação procedimental que legitima o conteúdo das decisões jurisdicionais proferidas ao seu final, fruto da comparticipação dos sujeitos principais do

---

Sérgio La China sobre o tema (GONÇALVES, Aroldo Plínio. *Técnica processual e teoria do processo*, 2ª. ed., p. 108).

75 Cf. BRÊTAS *et alii*. *Estudo sistemático do* NCPC, p. 50-54. Sobre a apontada correlação ou conexão de princípios, ver Capítulo 3, nº 9.

76 Sobre *cooperação processual*, ver item seguinte, nº 5, deste Capítulo.

processo (juiz dialogador e partes contraditoras), gerando a implementação técnica de direitos e garantias fundamentais ostentados pelas partes.

Em concepção científica atualizada, como discorre Dierle José Coelho Nunes, estribado nas lições de Comoglio e de Trocker, é necessária a *"leitura do contraditório como garantia de influência no desenvolvimento e resultado do processo"*, sendo esta a razão de se elevar o contraditório à destacada condição de *"elemento normativo estruturador da comparticipação"*, assegurando-se o *"policentrismo processual"*, segundo o devido processo constitucional. Tais premissas levam-no a concluir: *"permite-se, assim, a todos os sujeitos potencialmente atingidos pela incidência do julgado (potencialidade ofensiva) a garantia de contribuir de forma crítica e construtiva para sua formação"*.[77]

Pondo fim ao presente segmento, colacionamos texto de Leonardo Greco acerca do contraditório, que respalda nossas reflexões, ao considerar o contraditório elemento concretizador do princípio político da participação democrática do povo no processo: *"O contraditório passou a constar explícita ou implicitamente das Cartas de Direitos Fundamentais, como a da Constituição brasileira de 1988 (art. 5º, inciso LV), agora não mais simplesmente como um princípio, mas como garantia da eficácia concreta dos direitos fundamentais, característica não só do processo judicial, mas também do processo administrativo, conferindo uma dimensão jamais alcançada ao princípio político da participação democrática, já que, sem ele, esses direitos não passam de vazias proclamações e, somente por meio deles, o Estado põe à disposição dos cidadãos todos os meios possíveis para alcançar na prática essa proteção.* [...]. *Para isso, o contraditório não pode mais apenas reger as relações entre as partes e o equilíbrio que a elas deve ser assegurado no processo, mas se transforma numa ponte de comunicação de via dupla entre as partes e o juiz. Isto é, o juiz passa a integrar o contraditório, porque, como meio assecuratório do princípio político da participação democrática, o contraditório deve assegurar às partes todas as possibilidades de influenciar eficazmente as decisões judiciais. Ora, de nenhuma valia para a concretização desse objetivo terá toda a atividade dialética das partes se o juiz não revelar de que modo as alegações e provas que lhe são trazidas pelos litigantes estão sendo avaliadas pelo seu entendimento"*.[78]

---

77 *Processo jurisdicional democrático*, p. 227.

78 *Dicionário de Filosofia do Direito*, p. 155.

5. COOPERAÇÃO PROCESSUAL[79]

5.1 Considerações introdutórias

Como novidade, o Código de Processo Civil de 2015 emprega em seu texto as expressões *cooperar* (artigo 6º) e *cooperação* (artigos 26, 27 e 357, § 3º), as quais não possuem tradição no estudo do direito processual no Brasil, pois nunca foram utilizadas nas disposições normativas dos Códigos de Processo Civil anteriormente vigentes e revogados, os de 1939 e de 1973.

Exame da doutrina brasileira revela que a considerada *cooperação processual* mereceu estudo e menção codificada ou legislativa no direito processual alemão, francês, português e inglês: é ver, na Alemanha, a *ZPO*, § 39 (reforma feita pela Lei de 27/7/2001); na França, o Código de Processo Civil, artigo 16; em Portugal, o novo Código de Processo Civil, artigo 7º. ; e, na Inglaterra, o texto do *Civil Procedure Rules – Part 1* (1998).[80]

Em relação ao tema, consideramos que o texto normativo do vigente Código de Processo Civil de 2015, ao tratar do assunto, deveria ter sido redigido com melhor clareza e precisão, em linguagem que possibilitasse exata compreensão do seu objetivo, ao se referir à *cooperação processual*, preferindo o emprego de nomenclatura jurídica adequada, ao invés da linguagem comum ou ordinária ali utilizada, já que as normas processuais, em grande maioria, versam temas e assuntos técnicos.[81]

---

79 Este tópico sobre *cooperação processual* foi escrito com elementos extraídos de outro texto publicado pelo autor. Ver BRÊTAS. *Democracia, Constituição e Internacionalização: vinte anos do programa de pós-graduação em Direito da PUC Minas – estudos em homenagem ao professor César Fiuza*, p. 193-207.

80 Ver DIDIER JR., Fredie. *Revista de Processo*, v. 127, p. 75-79. *Normas fundamentais*, p. 345-358. *Curso de Direito Processual Civil*, v. 1, p. 126-128. MARINONI, Luiz Guilherme; ARENHART, Sérgio Cruz; MITIDIERO, Daniel. *Novo Curso de processo civil*, v. 1, p. 487. GREGER, Renhard. *Revista de Processo*, v. 206, p. 123-133. *Normas fundamentais*, p. 301-310. CUNHA, Leonardo Carneiro da. *Revista Brasileira de Direito Processual- RBDPro*, v. 79, p. 147-159. *Comentários ao Código de Processo Civil*, p. 41-44. KOCHEN, Ronaldo. *Normas fundamentais*, p. 311-314. ZUFELATO, Camilo. *Novas tendências do processo civil*, p. 101-123. FIGUEIREDO FILHO, Eduardo Augusto Madruga; MOUZALAS, Rinaldo. *Novo CPC doutrina selecionada*, p. 509-510.

81 A respeito, ver Lei Complementar nº 95, de 26/2/1998, artigo 11, inciso I, alínea *a*; e inciso II, alínea *a*, que trata da elaboração, da sistematização, da redação e da consoli-

Assim, tentaremos demonstrar que, no Código de Processo Civil de 2015, o emprego das expressões *cooperar*, no artigo 6º., e *cooperação*, no artigo 357, § 3º., desatendeu a tais ponderações, pois, em seu lugar, melhor andaria o Código se empregasse as palavras *comparticipar* e *comparticipação*, com sentido técnico mais preciso, segundo pensamos, correlacionadas à garantia fundamental do contraditório e adequadas à natureza dialética do processo, que é procedimento em contraditório, na concepção de Fazzalari, quando elaborou a teoria estruturalista do processo.[82]

Por outro lado, consideramos que o termo *cooperação*, empregado nos artigos 26 e 27 do Código de Processo Civil de 2015, diferente e acertadamente, o foi com o sentido da linguagem comum ou ordinária, qual seja, colaboração, auxílio ou ajuda no plano internacional.

5.2 A cooperação processual no direito comparado

Em linhas gerais, pesquisa feita por Fredie Didier Jr. revela que, no direito comparado, ao exame dos textos normativos das codificações processuais da Alemanha, França e Portugal, é preponderante o considerado princípio da cooperação processual, que despontou sob a cogitação de orientar o juiz a assumir posição de agente público-colaborador do processo, a fim de torná-lo participante ativo do contraditório, em substituição à sua tradicional postura de mero fiscal do cumprimento das normas processuais. Assim, a obediência do magistrado ao considerado princípio da cooperação impõe-lhe postura que o impede ou dificulte declarar nulidades processuais e proferir decisões que exteriorizem juízos de inadmissibilidade recursal por meros vícios formais dos recursos. Em tais perspectivas, a cooperação processual gera os seguintes deveres ao juiz: *(a)* dever de esclarecer; *(b)* dever de consultar; *(c)* dever de prevenir. Em síntese, o dever de esclarecer impõe ao juiz a tentativa de sanar eventuais

dação das leis brasileiras, recomendando o emprego de palavras com sentido técnico na elaboração dos textos normativos. Esta Lei Complementar foi editada por recomendação do artigo 59, parágrafo único, da Constituição Federal.

82 A propósito da teoria do processo como procedimento em contraditório, cunhada por Fazzalari, a seguinte e esclarecedora observação de Ulisses Moura Dalle: *"A constante preocupação de Elio Fazzalari com a estrutura normativa do procedimento fez com que Ronaldo Brêtas de Carvalho Dias, perspicazmente, denominasse a teoria do processualista italiano de 'teoria estruturalista do processo'. (BRÊTAS. Processo constitucional e Estado Democrático de Direito, p. 91)".* (DALLE, Ulisses Moura. *Técnica processual*, p. 79, nota nº 29).

dúvidas geradas pelas alegações, requerimentos e pedidos formulados pelas partes no processo, antes de decidi-lo. O dever de consultar gera proibição ao juiz de decidir o processo com base em fundamentos ou questões de fato ou de direito ali não alvitradas ou debatidas pelas partes, ainda que cognoscíveis de ofício, sem que fossem consultadas a respeito, instadas a se manifestar previamente sobre elas, possibilitando-lhes contraditório. Já o dever de prevenir traduz recomendação ao juiz de apontar às partes deficiências ou vícios das suas postulações comprometedoras do julgamento de mérito, permitindo-lhes corrigi-los, antes de decidir o processo.[83] Em relação às partes, a cooperação processual lhes proíbe litigar de má-fé, ou seja, incentiva-lhes a praticar atos processuais obedientes à boa-fé processual e atentos aos deveres da lealdade e da probidade processuais.[84]

A literatura jurídica especializada, segundo relato de Renhard Greger, informa que, na Alemanha, o sentido técnico de cooperação no processo não guarda a mínima relação com a ideia de colaboração harmônica e recíproca das partes na prática dos atos processuais que lhes cabem, vale dizer, não se lhes obriga um *"íntimo companheirismo processual"*. Deve ser compreendida a cooperação como a exigência de as partes adotarem comportamento tecnicamente adequado à discussão da solução das questões suscitadas no processo, em regime de participação, juntamente com o juiz. Portanto, cooperação, no direito processual alemão, não significa esteja uma das partes obrigada a fornecer à parte adversária matéria fática ou jurídica ou a praticar atos processuais que lhe facilitem a vitória no processo. Lado outro, o sentido de cooperação também não se coaduna com a imagem de um juiz *"terapeuta social"*, ou seja, um juiz que, no curso do processo, exerça extremada atividade terapêutica ou medicinal, voltada a curar todos os males ou vicissitudes processuais causados pelas partes, em suas manifestações, as quais dificultem a solução de mérito.[85]

Nesse ponto, são valiosas as lições de Renato Beneduzi, decorrentes de proveitoso trabalho de pesquisa que realizou no direito processual civil alemão, acentuando que, na Alemanha, o dever de cooperar é imposição normativa

---

83 Cf. DIDIER JR., Fredie. *Revista de Processo*, v. 127, p. 76-77.

84 Cf. DIDIER JR., Fredie. *Direito Processual Civil*, v. 1, p. 128. Ver Código de Processo Civil de 2015, artigos 79 e 80.

85 Cf. GREGER, Renhard. *Revista de Processo*, v. 206, p. 125-126 e 132. *Normas fundamentais*, p. 303-304.

dirigida ao juiz, de certa forma decorrente de um princípio processual ali levado a sério, *a pretensão a ser ouvido em juízo (Anspruch auf rechtliches Gehör)*: *"o juízo tem também o dever, e talvez consista o parágrafo 139 ZPO, especialmente na sua redação atual (desde 2002), em fonte de inspiração para o processo brasileiro, de cooperar com as partes. Embora controversos na doutrina o conceito e mesmo a utilidade de uma Kooperationsmaxime, parece inegável que o parágrafo 139 ZPO consagra um verdadeiro dever de cooperar, por exemplo, quando a narrativa dos fatos apresentada por uma das partes for incompleta, contraditória, pouco clara ou equívoca, ou quando forem também equívocos ou confusos os pedidos formulados pelo autor. Deste dever decorre ainda o de evitar surpresa. O parágrafo 139 (3) ZPO exige do tribunal, por exemplo, que alerte as partes sobre pontos cognoscíveis de ofício sobre os quais elas não tenham ainda falado, dando-lhes oportunidade de se manifestarem em tempo. Mas este dever não deve ser confundido com um "dever de conversar" (Pflicht zum Rechtsgesprüch); ao tribunal não se exige, com efeito, que revele às partes antecipadamente suas impressões e convicções sobre a causa, dando-lhe oportunidade de manifestarem-se sobre como ele pretende julgar"*.[86]

Até na Inglaterra, vinculada ao *common law*, sistema jurídico no qual o juiz aparece tradicionalmente *"entronado acima das partes rivais"* - na enfaticamente correta expressão de Renhard Greger - há recomendações normativas explícitas para que o magistrado e as partes colaborem entre si, visando a alcançar o objetivo comum de um processo justo, correto e econômico. A tal desiderato, ainda segundo Greger, é recomendado ao juiz inglês, nos processos considerados mais importantes, a tarefa *"active case management conference"*, pelo que se lhe impõe discutir e acertar com as partes o curso do processo e as questões de fato e de direito que nele serão decididas (*Civil Procedure Rules – Part 1*, de 1998).[87]

5.3 Contraditório entrelaçado com a fundamentação das decisões jurisdicionais

No atual estágio da ciência processual, voltamos a repetir, o contraditório não significa somente ciência bilateral e contrariedade dos atos e termos do processo e simples ou mera possibilidade de as partes contrariá-los, em outras

86 BENEDUZI, Renato. *Introdução ao processo civil alemão*, p. 82-84.

87 *Normas fundamentais*, p. 304.

palavras, um mero *dizer-contradizer* pelas partes. Técnica e cientificamente, em concepção atual, o contraditório deve ser compreendido como garantia constitucional de participação efetiva das partes no desenvolvimento do processo em suas fases lógicas[88] e atos, a fim de que, em igualdade de condições, possam influenciar o juiz no julgamento das questões de fato e de direito que surjam discutidas ao longo de todo o itinerário procedimental, relevantes à solução decisória almejada. Portanto, nessa perspectiva, no Estado Democrático de Direito, o contraditório se mostra de extrema relevância, pois vem a ser, no processo, a concretização do princípio político de participação democrática das partes na solução de quaisquer questões e problemas que lhes afligem e interessam, perante o Estado.[89]

Sem dúvida, no processo, o juiz não é um contraditor, não existindo livro que diga o contrário. Todavia, deve o juiz observar e fazer observar a garantia constitucional (fundamental) do contraditório, pela qual é assegurada a concretização do princípio político da participação das partes no processo, propiciando-lhes todas as possibilidades de eficazmente influenciarem na construção do pronunciamento decisório que ali será proferido.

Em face dessas considerações, como sustentamos anteriormente, instaura-se na dinâmica do procedimento o que qualificamos de *quadrinômio estrutural do contraditório*, qual seja, *informação-reação-diálogo-influência*, como resultado lógico-formal da correlação do princípio do contraditório com o princípio da fundamentação das decisões jurisdicionais, ambos elevados à categoria de garantias constitucionais ou garantias fundamentais do processo (Código de Processo Civil, artigos 7º. e 489). Mencionado *quadrinômio estrutural do procedimento em contraditório* significa que o efetivo contraditório, norma fundamental do processo (Código de Processo Civil, artigo 7º.), garante regular

88 Sobre as fases lógicas do processo, ver BRÊTAS *et alii*. *Estudo sistemático do NCPC*, p. 105-111.

89 Cf. BRÊTAS *et alii*. *Estudo sistemático do NCPC*, p. 51. FREITAS, José Lebre de. *Introdução ao processo civil*, p. 96-97. GRECO, Leonardo. *Dicionário de Filosofia do Direito*, p. 155. Nesse mesmo sentido, considerações de Eduardo Augusto Madruga de Figueiredo Filho e Rinaldo Mouzalas: *"A consolidação de um Estado Democrático de Direito consubstancia [...] terreno ideal para a ampliação da noção de contrariedade e para refutar a ideia de atos repentinos e inesperados por parte de um órgão público que aplica o direito. Nessa conjuntura, surge a cooperação na sua faceta 'dever de diálogo', para atualizar e dinamizar o conceito do contraditório [...], de modo a injetar a previsibilidade, a participação e a influência como elementos essenciais desse novo rosto"* (FIGUEIREDO FILHO; MOUZALAS. *Novo CPC doutrina selecionada*, p. 507-508).

informação às partes de quaisquer atos processuais e a oportunidade a cada uma delas de *reação* aos atos da parte adversa. Para que tal objetivo seja atingido, é necessário permanente *diálogo* do juiz com as partes, a fim de lhes permitir a oportunidade de ampla manifestação sobre o desenvolvimento do processo e assim exercerem *influência* no seu curso e resultado decisório.[90]

É oportuno consignar que desenvolvemos essas ideias sobre o *quadrinômio estrutural do contraditório* no Congresso da Magistratura e do Ministério Público de Minas Gerais sobre o vigente Código de Processo Civil, realizado na histórica cidade de Tiradentes, Minas Gerais, no período de 25 a 27 de novembro de 2015, ao expor o tema *"Normas fundamentais do processo"*.

Como resultado do evento, suas entidades organizadoras, em 10 de março de 2016, elaboraram a *Carta de Tiradentes*, na qual relacionados trinta e um enunciados aprovados, como sínteses conclusivas dos temas ali expostos e debatidos. Dentre eles, para nosso gáudio, o Enunciado n. 7, do seguinte teor: *"A cooperação constante do art. 6º. do Novo CPC deve ser entendida como coparticipação, que se liga ao contraditório, consistente nos princípios informação, reação, diálogo e influência na construção da decisão."*[91]

Nessa linha de pensamento, as considerações de Leonardo Carneiro da Cunha:*"a participação propiciada pelo contraditório serve não apenas para que cada litigante possa influenciar a decisão, mas também para viabilizar a colaboração das partes com o exercício da atividade jurisdicional. Em razão do contraditório, a atividade jurisdicional deve pautar-se num esquema dialógico, de modo que o juiz exerça a jurisdição com o auxílio das partes. A decisão judicial não deve ser fruto de um trabalho exclusivo do juiz, mas resultado de uma atividade conjunta, em que há interações constantes entre diversos sujeitos que atuam no*

---

90 Cf. BRÊTAS *et alii*. *Estudo sistemático do NCPC*, p. 53 e seguintes.

91 Essas diretivas orientaram o Tribunal de Justiça de Minas Gerais, no julgamento da Apelação Cível nº 1.0000.21.045120-9/001, em 19/8/2021, Relator Desembargador José Américo Martins da Costa, súmula do acórdão publicada em 27/8/2021: *"A acepção dinâmica do contraditório supera o entendimento tradicional de que o contraditório garantiria apenas o direito de dizer e contradizer, na medida em que a oitiva prévia das partes visa a concretizar o princípio do contraditório em seu quadrinômio estrutrural: informação-reação-diálogo-influência (BRÊTAS, Ronaldo de Carvalho Dias. Processo constitucional e Estado Democrático de Direito. 3ª. ed. Belo Horizonte: Del Rey, 2015, p. 133)."*

processo. [...]. A sentença e, de resto, as decisões judiciais passam a ser fruto de uma atividade conjunta".[92]

5.4 Cooperação processual e contraditório

O enunciado normativo do artigo 6º. do vigente Código de Processo Civil prescreve o *dever de cooperação* aos sujeitos do processo: *"Todos os sujeitos do processo devem cooperar entre si para que se obtenha, em tempo razoável, decisão de mérito justa e efetiva".*

Essa norma se encontra no Capítulo I, Título Único, Livro I, da Parte Geral do vigente Código de Processo Civil, que trata das normas fundamentais do processo civil, o que sinaliza estar a cooperação processual relacionada ao processo constitucional ou modelo constitucional do processo.

De propósito, utilizamos a expressão *dever de cooperação*, por divergir do entendimento majoritário, quiçá unânime, da doutrina brasileira, no sentido de que cooperação seja princípio. Aliás, no direito alemão, a literatura jurídica especializada assinala que a ideia de cooperação como princípio ali não tem aceitação unânime.[93] Observa-se, ademais, nos textos publicados por eminentes processualistas brasileiros, que *cooperação processual* ora é referida como *princípio*, ora é considerada *dever*, mesmo por aqueles que a consideram *princípio*, sem rigorosa padronização terminológica.[94]

Na linha do raciocínio anteriormente esboçado (ver *Considerações introdutórias*), por primeiro, observamos que semântica é ramo da linguística que estuda o significado das palavras. Assim, o significado ou sentido da palavra pode ser o comum, usualmente empregado na linguagem cotidiana, ordinária ou coloquial. Mas também pode ser o técnico, utilizado restritamente nas chamadas linguagens especiais, próprias do vocabulário de determinado ramo

---

92 *Comentários ao Código de Processo Civil*, p. 42-43.

93 Cf. GREGER, Renhard. *Normas fundamentais*, p. 302. Sustentando que cooperação processual não é princípio, com relevante e ampla fundamentação, a qual aderimos, ver ALVES, Isabella Fonseca. *A cooperação processual no novo Código de Processo Civil*, p. 61 e seguintes. Também, cf. ALVES, Isabella Fonseca. *A cooperação processual no Código de Processo Civil*, p. 47-53.

94 Por todos, ver CUNHA, Leonardo Carneiro. *Comentários ao Código de Processo Civil*, p. 41-43.

da ciência, e que deve ser observado nos textos normativos.[95] Cooperar, em sentido comum, não logra tradição na ciência do direito processual estudada em terras brasileiras, como entendemos, porque não guarda a mínima compatibilidade lógica com a estrutura dialética do processo. Logo, destituída de sentido técnico. Na linguagem comum ou ordinária, segundo apontam os léxicos, o conteúdo semântico da palavra cooperar exprime o sentido de trabalhar em comum, colaborar, auxiliar, ajudar e é com este significado que a expressão desponta nos enunciados normativos dos artigos 26 e 27 do vigente Código de Processo Civil, ao tratarem da cooperação internacional.

Entretanto, cooperação processual não tem o anteriormente apontado sentido da linguagem ordinária (colaboração, auxílio, ajuda), quando o Código de Processo Civil de 2015 emprega a palavra *cooperar* no enunciado normativo do seu artigo 6º. Apressamo-nos em justificar tal afirmativa, que repetimos há muito tempo.[96] A rigor, o trabalho ou a atividade em comum dos sujeitos do processo limita-se tão somente à obtenção de um pronunciamento decisório no processo. Assim o é, porque o autor, sujeito parcial do processo, ao exercer seu direito constitucional de ação, postula solução decisória que acolha sua pretensão (lesão ou ameaça a direito) deduzida em juízo. O réu, outro sujeito parcial, reage e opõe tenaz resistência à pretensão deduzida pelo autor, exercendo em toda sua plenitude a garantia fundamental da ampla defesa, com todos os meios que lhe são possíveis, almejando decisão jurisdicional que a

---

95 Atualmente, o assunto se insere na temática da chamada *comunicação normativa*, que, ao contrário do desejável, não desperta muito a atenção dos estudiosos do direito. A respeito, as lições oportunas de Emerson Garcia: *"A linguagem jurídica, analisada sob a ótica dos signos linguísticos utilizados, costuma ser caracterizada por um arquétipo básico, que se reflete no emprego de (1) termos técnicos, com significados puramente técnicos; (2) termos técnicos com significados comuns; (3) termos ordinários com significados comuns; (4) termos ordinários com significados incomuns ou técnicos; (5) termos de origem estrangeira, especialmente latina; e (6) termos técnicos ou ordinários, vagos ou ambíguos, daí decorrendo uma polissemia interna (significados distintos na própria linguagem jurídica) ou uma polissemia externa (um significado na linguagem ordinária e outro na linguagem jurídica), o que aumenta o risco de interferências no processo de comunicação. Não é por outra razão que, na atualidade, a linguagem estritamente jurídica, pelas barreiras que cria, não tem se mostrado um meio totalmente eficaz à veiculação dos conteúdos jurídicos. Distanciar-se do egocentrismo e aproximar-se do conhecimento mútuo é o grande desafio a ser enfrentado tanto pelas autoridades responsáveis pela elaboração dos textos normativos, como pelo intérprete, aumentando, com isso, as chances de sucesso no processo de comunicação normativa"*. (GARCIA, Emerson. *Improbidade administrativa*, p. 181-182).

96 Ver BRÊTAS. *Revista Brasileira de Direito Processual – RBDPro*, v. 92, p. 233.

rejeite. É por isto que a principal defesa do réu, a contestação, pode ser tecnicamente qualificada de *pretensão resistida*. O juiz, sujeito imparcial do processo, que representa o Estado no exercício da atividade jurisdicional (agente público decisor), equidistante dos interesses das partes, tem como objetivo dar-lhes resposta decisória que concretize ou realize as normas componentes do ordenamento jurídico no caso em julgamento. A partir desse tenso cenário dialético, parece-nos muito difícil existir a possibilidade de que os principais atores e sujeitos do cenário processual – juiz e partes – possam trabalhar em comum, plenamente acordados, acertados, unidos, de mãos dadas, colaborando gentilmente uns com os outros ou se auxiliando fraternal, carinhosa e mutuamente, em todos os atos e fases processuais, rumo à decisão final de mérito. Enfim, como bem adverte Renhard Greger, o dever de cooperação não obriga que os sujeitos processuais *"devam resolver o [...] processo [...] em íntimo companheirismo"*.[97]

No assunto, portanto, precisas são as lições de Leonardo Carneiro da Cunha, em comentários ao enunciado normativo do artigo 6º., do vigente Código de Processo Civil: *"Cooperar entre si não é unir-se à parte contrária, ajudá-la, mostrar-lhe simpatia, contribuir para sua atuação. Não se está diante de um compadrio ou de uma reunião de amigos. O termo cooperar pode causar essa falsa impressão. É por isso que há quem critique a cooperação no processo, afirmando ser uma utopia, um surrealismo ou uma ingenuidade"*, pois não se deve pensar, imaginar ou supor *"que o processo é um alegre passeio de jardim que as partes dão de mãos dadas, na companhia do juiz"*.[98]

A partir dessas ideias que defendemos, o normatizado *dever de cooperação*, como prescreve o enunciado do artigo 6º. do Código de Processo Civil, deve ser tecnicamente entendido e seguido no processo como *comparticipação* dos sujeitos processuais. Em outras palavras, os sujeitos do processo devem praticar os atos processuais que lhes tocam em regime de *comparticipação*, concretizada pelo efetivo contraditório (artigo 7º.), seu elemento normativo estruturador, na medida em que o contraditório se entrelaça com a fundamentação da decisão jurisdicional. É justamente este amálgama técnico-procedimental que permite às partes exercer influência junto ao juiz, em atividade processual

---

97 *Normas fundamentais do processo*, p. 303.

98 *Comentários ao Código de Processo Civil*, p. 42.

compartilhada, a fim de que o pronunciamento decisório final desponte construído em conjunto pelos sujeitos principais do processo.

Por consequência, no Estado Democrático de Direito brasileiro, é essa forma de estruturação procedimental que legitima o conteúdo das decisões jurisdicionais proferidas no processo, como resultado da *comparticipação* (sentido técnico de *cooperação*) dos sujeitos processuais – juiz (agente público julgador que exerce a jurisdição, por delegação do Estado) e partes contraditoras (autor e réu) – cada uma delas buscando subordinar o interesse da parte contrária ao seu próprio e assim fiquem implementados os direitos e garantias fundamentais (constitucionais) assegurados aos destinatários da decisão jurisdicional a ser proferida.

A propósito, em sintonia com essas ideias, bem decidiu o Superior Tribunal de Justiça, em acórdão lavrado já na vigência do Código de Processo Civil de 2015, em extensa ementa, dividida em dezoito itens: "*7. O processo judicial contemporâneo não se faz com protagonismos e protagonistas, mas com equilíbrio na atuação das partes e do juiz de forma a que o feito seja conduzido cooperativamente pelos sujeitos processuais principais. A cooperação processual, cujo dever de consulta é uma das suas manifestações, é traço característico do CPC/2015. Encontra-se refletida no art. 10, bem como em diversos outros dispositivos espraiados pelo Código. 8. Em atenção à moderna concepção de cooperação processual, as partes têm o direito à legítima confiança de que o resultado do processo será alcançado mediante fundamento previamente conhecido e debatido por elas. Haverá afronta à colaboração e ao necessário diálogo no processo, com violação ao dever judicial de consulta e contraditório, se omitida às partes a possibilidade de se pronunciarem anteriormente* 'sobre *tudo que pode servir de ponto de apoio para a decisão da causa, inclusive quanto àquelas questões que o juiz pode apreciar de ofício' (Marinoni, Luiz Guilherme; Arenhart, Sérgio Cruz; Mitidiero, Daniel. Novo código de processo civil comentado. São Paulo: Editora Revista dos Tribunais, 2015, p. 209)*".[99]

Daí considerar Leonardo Carneiro da Cunha que o "*princípio da cooperação tem base constitucional, sendo extraído da cláusula geral do devido processo legal, bem como do princípio do contraditório*". E conclui: "*Se o contraditório exige participação e, mais especificamente, uma soma de esforços para melhor solução*

99 Recurso Especial nº 1.676.027 – PR (2017/0131.484-0). Relator Ministro Herman Benjamin. Julgamento em 26/9/2017.

da disputa judicial, o processo realiza-se mediante uma atividade de sujeitos em cooperação".[100]

Não destoa desse entendimento Lúcio Delfino, quando afirma: *"na seara processual, é dever do juiz – dever de consulta – proveniente do princípio da colaboração – assegurar às partes a participação delas (=contraditório), de maneira ativa e direta, na criação da norma jurídica pacificadora – expressão do poder estatal – a qual instala a jurisdição".*[101]

O processo deve desenvolver-se em forma tal que propicie adequada e efetiva participação dos seus sujeitos principais (juiz e partes) em todos os seus atos e fases. Daí acentuarem Marinoni, Arenhart e Mitidiero: *"um procedimento que não permite a efetiva participação das partes não tem qualquer condição de legitimar o exercício da jurisdição e a realização de seus fins"*, pois isto significa *"um procedimento incapaz de atender ao direito de participação daqueles que são atingidos pelos efeitos da decisão, [...] longe de espelhar a ideia de democracia, pressuposto indispensável a legitimidade do poder".*[102]

Portanto, *cooperação processual* traduz a ideia básica de promover e incentivar a *participação* das partes em todos os atos e fases do procedimento e o adequado diálogo que o juiz (agente público decisor) deverá manter com elas, dentro da concepção estrutural quadripartite do moderno contraditório que sustentamos seja necessário existir, qual seja, *informação-reação-diálogo-influência.*[103]

Atualmente, a ideia de participação no processo é tão preponderante na dinâmica do contraditório, que alguns autores chegam a propor a substituição da expressão *contraditório* pela palavra *participação*, como integrante do enunciado principiológico do devido processo legal, como já ocorre em ordenamentos jurídicos estrangeiros.

Nesse sentido, as considerações de Edilson Vitorelli: *"A literalidade da palavra 'contraditório' se tornou pequena para abarcar o que a garantia hoje a representa. O conteúdo do princípio, tal como atualmente delimitado, pouco se relaciona com o sentido linguístico da palavra. Os autores, no intuito de conservar uma*

100 *Revista Brasileira de Direito Processual - RBDPro*, v. 79, p. 153. Sobre o devido processo legal, pilar do processo constitucional, ver BRÊTAS *et alii. Estudo sistemático do NCPC*, p. 45-49.

101 *Direito processual civil: artigos e pareceres*, p. 39-40.

102 *Novo Curso de Processo Civil*, v. 1, p. 487.

103 Ver BRÊTAS *et alii. Estudo sistemático do NCPC*, p. 53-54.

locução tradicional, perverteram seu significado. Aludir ao contraditório como garantia máxima do processo não sinaliza a compreensão que se pretende estabelecer, uma vez que, mais importante que contradizer é a oportunidade de participar da construção de uma decisão justa, em conjunto com os demais atores processuais. Por essa razão, em vez de pretender estender a expressão 'contraditório' para abarcar toda a realidade do processo, melhor seria, como nos Estados Unidos, se referir, em caráter geral, ao devido processo legal, como garantia matriz do processo, cujo cerne é o direito de participação significativa, inclusive, mas não necessariamente, em contraditório. Isso daria às expressões um sentido mais aderente à linguagem corrente. Participação, portanto, e não contraditório, é o cerne do devido processo legal".[104]

De forma coerente, no texto normativo do Código de Processo Civil de 2015 (artigo 357), há recomendação expressa para que o juiz, conjuntamente com as partes, em decisão de saneamento e organização do processo, resolva questões processuais pendentes, delimite questões de fato e de direito e defina a distribuição do ônus da prova, e assim deverá fazê-lo sob designação de audiência com tal objetivo, se as questões de fato e de direito material (=questões de mérito) discutidas no caso concreto se mostrarem complexas.[105]

Em face de todas as considerações até agora desenvolvidas, em conformidade com o devido processo constitucional,[106] atentando-se para o apontado quadrinômio estrutural do contraditório que, como sustentamos, instala-se na dinâmica do procedimento – *informação, reação, diálogo, influência* – percebe-se que o juiz não poderá lavrar a decisão de saneamento e de organização do processo de forma solipsista, ou seja, sem a participação das partes, menosprezando o efetivo contraditório que lhes deve ser assegurado.

Muito pelo contrário, seguindo as normas fundamentais processuais dos artigos 6º. e 7º. do vigente Código de Processo Civil, para sanear e organizar o processo, deverá o juiz ouvir atentamente as partes, em contraditório, com elas dialogando, assim preservando e concretizando o cogitado *regime de cooperação (rectius, comparticipação)*, que deve ser observado entre os sujeitos do processo, no desenvolvimento, na organização e no resultado decisório do processo, tal como recomendado nas normas dos artigos 6º. e 357, § 3º., do mesmo Código.

---

104 VITORELLI, Edilson. *O devido processo legal coletivo*, p. 155-156.

105 Cf. BRÊTAS *et alii. Estudo sistemático do NCPC*, p. 108-110.

106 Cf. BRÊTAS *et alii. Estudo sistemático do NCPC*, p. 43-45.

5.5 Considerações conclusivas

Encerramos este tópico sobre cooperação processual, alinhavando as resumidas conclusões a seguir enumeradas. (1ª.)- A *cooperação* recomendada aos sujeitos principais do processo, no enunciado do artigo 6º., do Código de Processo Civil de 2015, significa *comparticipação*, pois relacionada está com a observância do efetivo contraditório imposta no seu artigo 7º., princípio-garantia integrante da norma fundamental do processo explicitada no enunciado do devido processo legal, viga-mestra do processo constitucional.[107] (2ª.)- A *cooperação* dos sujeitos processuais entre si (Código de Processo Civil, artigo 6º.), não significa *companheirismo* entre eles; (3ª.)- Tecnicamente, *cooperação processual* deve ser entendida como possibilidade concreta de as partes exercerem influência junto ao juiz na construção do pronunciamento decisório de mérito almejado no processo, pelo que o juiz, em contrapartida, deverá ter postura receptiva a tanto, mantendo permanente diálogo com elas, em todas as fases lógicas do procedimento, a fim de lhes assegurar a garantia fundamental do contraditório. (4ª.)- Como resultado do Congresso da Magistratura e do Ministério Público de Minas Gerais sobre o Código de Processo Civil de 2015, realizado no período de 25 a 27 de novembro de 2015, na cidade de Tiradentes, Minas Gerais, do qual participamos como expositor, foi elaborada a *Carta de Tiradentes*, cujo Enunciado n. 7 é do seguinte teor: *"A cooperação constante do art. 6º. do novo CPC deve ser entendida como coparticipação, que se liga ao contraditório, consistente nos princípios informação, reação, diálogo e influência na construção da decisão."*

---

107 Ver *BRÊTAS et alii. Estudo sistemático do NCPC*, p. 45-49.

3
Capítulo

PRINCÍPIOS DIRETIVOS DA JURISDIÇÃO NO ESTADO DEMOCRÁTICO DE DIREITO

1. OS PRINCÍPIOS COMO NORMAS JURÍDICAS

Em noção ampla, os princípios de direito devem ser entendidos como normas jurídicas que exprimem, sob enunciados sintéticos, o conteúdo complexo de ideias científicas e proposições fundamentais informadoras e componentes do ordenamento jurídico. Tomando-se por base esta concepção tradicional, pode-se dizer que os princípios jurídicos se caracterizam como diretrizes gerais induzidas e indutoras do direito, porque são inferidas de um sistema jurídico e, após inferidas, se reportam ao próprio sistema jurídico para informá-lo, como se fossem os alicerces de sua estrutura. Em outras palavras - e resumindo - os princípios jurídicos, para que sejam reconhecidos como espécies de normas jurídicas, têm de estar conectados às regras e a outros princípios expressamente delineados e integrantes do ordenamento jurídico vigente.[1]

Nessa noção esboçada, os princípios são considerados normas jurídicas, porque, ao que nos parece, depois das pesquisas analíticas desenvolvidas por Jean Boulanger, considerado o mais insigne precursor da normatividade dos princípios,[2] seguidas das teorias formuladas por Josef Esser em torno de uma reconstrução da principiologia jurídica, embora sofrendo algumas críticas

---

1 Cf. ARCE Y FLÓREZ-VALDÉS, Joaquín. *Los principios generales del Derecho y su formulación constitucional*, p. 99. BARACHO. *Revista da Faculdade de Direito da Universidade de Lisboa v. XXXVIII*, p. 46-47. DELGADO, Maurício Godinho. *Revista da Faculdade Mineira de Direito* v. 4, p. 151 e 162.

2 BONAVIDES, Paulo. *Curso de Direito Constitucional Positivo*, p. 266.

por parte de Kelsen, posteriormente retomadas nos estudos atuais de Robert Alexy, restou incontroverso o entendimento de que a expressão normas jurídicas, em sentido amplo, abarca as ideias de regras jurídicas (normas-regras, normas-disposições ou normas-preceitos) e de princípios jurídicos (normas-princípios). Esta a razão da afirmativa nos textos doutrinários, repetindo lição de Alexy, de que *"a distinção entre regras e princípios, é, pois, uma distinção entre dois tipos de normas"*. O que a doutrina discute são os critérios para se efetuar a distinção precisa entre regras e princípios, embora considerando ambos espécies do gênero normas jurídicas, o que têm suscitado debates e soluções variadas. Contra o critério da generalização, informador da doutrina tradicional, que considerava os princípios gerais de direito o resultado do processo de generalização crescente operado por outras normas do ordenamento jurídico (Del Vecchio), posicionou-se Esser, sustentando que o princípio não se distingue da regra pelo caráter geral ou grau de abstração. Embora não negue Esser que os princípios tenham grau maior de generalização, ao contrário das regras, aqueles não se formariam por meio de um processo de generalização crescente. O critério diferenciador residiria na possibilidade de se precisar os casos de incidência, ou seja, na determinabilidade exata de suas aplicações. Segundo Esser, os princípios deveriam ser considerados normas jurídicas, não sendo somente mandamentos de conduta (preceitos), mas, também, fundamentos para a elaboração e a proteção do direito. Nessa mesma linha de pensamento, Karl Larenz observou que, enquanto os princípios, mais vagos e indeterminados, não seriam normas imediatamente aplicáveis aos casos concretos, mas ideias diretrizes a exigirem mediações concretizadoras por parte do legislador ou do juiz, as regras seriam normas suscetíveis de aplicação imediata. Outro critério de diferenciação preconizado na doutrina estaria no grau de proximidade axiológica à ideia de direito, segundo o qual o princípio seria um modelo (*standard*) radicado na exigência de justiça ou de imparcialidade ou de qualquer outra dimensão de moralidade ou dos fins da comunidade, exprimindo os valores supremos de um determinado ordenamento jurídico, mas comportando exceções sua aplicação, ao contrário da regra, aplicada na base do *"ou tudo ou nada – applicable in an all-or-nothing fashion"* (Ronald Dworkin). Para Alexy, regras e princípios seriam normas jurídicas, mas o ponto decisivo para a distinção entre ambas as espécies estaria em que os princípios seriam aplicados na medida mais elevada possível, levando-se em conta as possibilidades jurídicas e fáticas consideradas (adequabilidade). Na hipótese de colisão ou conflito de princípios – situação que qualificamos como *tensão* entre princípios - cada princípio teria de ceder perante o outro, de modo que ambos atuassem em termos ótimos, ou seja, o melhor possível. Assim, para Alexy, os princípios seriam enunciados, preceitos ou mandados de otimização (*Optimierungsgebote).* Por outro lado, as regras conteriam determinações no âmbito do fático e juridicamente possível, porque seriam normas que só poderiam ser cumpridas ou não, no sentido de que, se uma regra fosse considerada válida, então dever-se-ia fazer exatamente o que ela exigiria, nem mais nem menos. Se uma regra fosse considerada um preceito para um juízo concreto do dever-ser, que teria de se pronunciar no caso de ser aplicada, sem qualquer exceção, tal regra seria, pois, um preceito definitivo (*definitive Gebote).* Ao contrário, os princípios, considerados em si próprios, seriam sempre preceitos *prima facie*, neste ponto reportando-se Alexy à doutrina de Esser, para aduzir que o princípio não é, em si próprio, diretriz, mas razão, critério e justificação da diretriz. Resumindo, esclarece Alexy, os princípios seriam *preceitos à primeira vista* (*prima facie)* enquanto as regras seriam *preceitos definitivos*, não sendo os princípios aplicáveis integral e plenamente em qualquer situação. A diferença entre regras e princípios, segundo Alexy, seria qualitativa e não de grau, porque, afinal de contas, conclui, toda norma é bem uma regra ou um princípio. Em nota de pé de página, Alexy sustenta que a distinção por ele formulada se identifica com as ideias de Dworkin, delas somente se distanciando, ao seu entendimento, quando caracteriza os princípios como exigências, preceitos, mandamentos ou mandados de otimização.[3]

3 Cf. DEL VECCHIO, Giorgio. *Los principios generales del derecho*, p. 51. ESSER, Josef. *Principio y norma en la elaboración jurisprudencial del derecho privado*, p. 51-67, 146-152. LARENZ, Karl. *Metodologia da ciência do direito*, p. 599. DWORKIN, Ronald. *Taking Rights Seriously*, p. 22-53. ALEXY, Robert. *Teoria de los Derechos Fundamentales*, p. 82-104. BONGIOVANNI, Giorgio. *Teorie "costituzionalistiche" del diritto. Morale, diritto e interpretazione in R. Alexy e R. Dworkin*, p. 87-88. KELSEN, Hans. Teoria geral das normas, p. 145-146. PEÑA FREIRE, Antonio Manuel. *La garantía en el Estado constitucional de derecho*, p. 116-118. CANOTILHO. *Direito Constitucional e Teoria da Constituição*, p. 1.085-1.086, 1.107-1.109 e 1.177. MIRANDA, Jorge. *Manual de Direito Constitucional*, t. II, p. 224. GALUPPO, Marcelo Campos. *Revista da Faculdade Mineira de Direito v. 1*, p. 134-142. *Revista de Direito Comparado da Pós-graduação da UFMG v. 3*, p. 227-243. *Revista de Informação Legislativa v. 143*, p. 191-209. *Igualdade e diferença: Estado Democrático de Direito a partir do pensamento de Habermas*, p. 169-198. ÁVILA, Humberto. *Teoria dos Princípios*, p. 35-40 e 87-88.

Ao que se percebe dessa extensa doutrina contemporânea colacionada, os princípios são havidos como proposições fundamentais do Direito, via de consequência, considerados normas jurídicas e, ao lado das regras, com idêntica força vinculativa, integram o ordenamento jurídico.

A partir daí, pode-se examinar as funções desempenhadas pelos princípios, a fim de melhor situá-los como proposições que configuram a revelação, a interpretação, a aplicação e a fundamentação do direito.

Acompanhando tendência já firmada ao final do século passado, objeto de substanciosas exposições doutrinárias que aqui nos servem de segura orientação,[4] podemos apontar as seguintes e principais funções exercidas pelos princípios jurídicos:

a) função interpretativa (também chamada função descritiva ou informativa), segundo a qual os princípios não seriam fonte formal do direito, apenas cumprindo função considerada mais clássica, qual seja, a de permitir diretriz auxiliar e segura na revelação e compreensão do direito. A fonte formal seria a regra cuja interpretação estivesse sendo auxiliada pelo princípio considerado idôneo a tal objetivo. Nesta perspectiva, os princípios jurídicos seriam proposições ideais que contribuiriam para permitir a exata compreensão de alguma regra incorporada no ordenamento jurídico, revelando-lhe o sentido e a essência, de forma integrada ao direito;

b) função supletiva, pela qual o princípio atua como fonte normativa subsidiária, em situações de lacuna ou omissão na regra de direito, situação que não é muito comum. A proposição fundamental contida no princípio incidiria na solução do caso concreto, valendo-se o intérprete da técnica de integração do direito, em face da falta de regras de direito específicas, que pudessem ser aplicadas na situação real sob exame. É com tal sentido que devem ser compreendidos os enunciados normativos do artigo 4º da Lei de Introdução às normas do Direito Brasileiro

4 ARCE Y FLÓREZ-VALDÉS, Joaquín. *Los principios generales del Derecho y su formulación constitucional*, p. 57-62. DELGADO, Maurício Godinho. *Revista da Faculdade Mineira de Direito* v. 4, p. 153-157. CANOTILHO. *Direito Constitucional e Teoria da Constituição*, p. 1.086-1.087.

e do artigo 126 do Código de Processo Civil de 1973,[5] ambos recomendando decisão jurisdicional conforme os princípios gerais de direito, em

5 Lei de Introdução às normas do Direito Brasileiro é a nova nomenclatura da antiga Lei de Introdução ao Código Civil (Decreto-lei n. 4.657, de 4/9/1942, elaborado durante o Estado Novo, ditadura de Getúlio Vargas). O anteprojeto do vigente Código de Processo Civil, elaborado pela Comissão Externa de Juristas, depois convertido em Projeto de Lei no Senado Federal, no seu artigo 108, tinha a seguinte redação: *"O juiz não se exime de decidir alegando lacuna ou obscuridade da lei, cabendo-lhe, no julgamento da lide, aplicar os princípios constitucionais e as normas legais; não as havendo, recorrerá à analogia, aos costumes e aos princípios gerais de direito"*. Em audiência pública realizada em Belo Horizonte, aos 15/9/2010, na sede do Tribunal de Justiça de Minas Gerais, representando a Faculdade Mineira de Direito da PUC Minas Gerais, apresentamos documento ao Relator da Comissão Especial de Reforma do Código de Processo Civil no Senado, Senador Valter Pereira, no qual, dentre outros temas, sugerimos a seguinte redação para o referido artigo 108 do Projeto: *"O juiz não se exime de decidir alegando lacuna ou obscuridade do ordenamento jurídico; no julgamento do processo, caber-lhe-á aplicar os princípios constitucionais, as regras gerais e os princípios gerais de direito, realizando-se a integração do direito pela analogia"*. O Senador Valter Pereira, em texto substitutivo que elaborou, aprovado no Senado, em 15/12/2010, acolheu parcialmente nossa sugestão, e o Projeto modificado estampou a seguinte redação: *"Art. 119. O juiz não se exime de decidir alegando lacuna ou obscuridade do ordenamento jurídico, cabendo-lhe, no julgamento , aplicar os princípios constitucionais, as regras legais e os princípios gerais de direito, e, se for o caso, valer-se da analogia e dos costumes"* (ver BRÊTAS. *Reforma do processo civil: perspectivas constitucionais,* p. 101, 107-108. BRÊTAS. *O futuro do processo civil no Brasil: uma análise crítica ao projeto do novo CPC,* p. 554-555). Posteriormente, examinado o Projeto na Câmara dos Deputados, o texto substitutivo aprovado nesta, em 25/3/2014, apresentou outra redação: *"Art. 140. O juiz não se exime de decidir sob a alegação de lacuna ou obscuridade do ordenamento jurídico"*. Esta redação do artigo 140 foi aprovada na Câmara dos Deputados em 16/12/2004, a partir daí retornando o Projeto ao exame do Senado, que a manteve. Vê-se, então, que a redação conferida ao artigo 140 do Código de Processo Civil de 2015 (antigo artigo 119, Projeto de Lei nº 8.046/2010, Câmara dos Deputados) foi inspirada em nossa sugestão, como explicitado. Após audiência pública da qual participamos, na Câmara dos Deputados, em 22/12/2011, a requerimento do Deputado Federal Paulo Abi-Ackel, restou aquela sugestão incorporada no texto do vigente Código de Processo Civil (disponível em: htp:/WWW.camara.gov.br/proposicoesWeb/fichadetramitacao?idProposicao=53129). Como já exteriorizamos em outro texto escrito (BRÊTAS. *Reforma do processo civil: perspectivas constitucionais*, p. 107-108), entendemos que há distinção técnica entre *lei* (texto legislativo) e *ordenamento jurídico* (conjunto de normas jurídicas constitucionais e infraconstitucionais, abrangendo regras e princípios), porque a primeira pode ser omissa, não sendo o segundo, entretanto, lacunoso, é ler Dworkin e sua teoria da integridade do Direito. Em razão disto, entendemos que a redação do artigo 140 do vigente Código de Processo Civil ficou melhor, ao empregar em seu enunciado normativo a expressão *ordenamento jurídico*.

situações de omissão da lei (falibilidade normativa[6]), nas quais os princípios gerais de direito atuam como fontes formais do direito;

c) função normativa própria, também qualificada de função normogenética, compreendida como informadora ou de fundamentação do ordenamento jurídico em toda sua extensão. Os princípios estariam na base e constituiriam a razão de todo o sistema jurídico, proporcionando-lhe fundamentação de direito, assumindo, portanto, a posição de normas jurídicas efetivas. A partir desta concepção teórica, tem-se o reconhecimento doutrinário da sua natureza normativa própria com força vinculante e não apenas simples enunciado programático. Em face desta nova diretriz doutrinária, já consolidada cientificamente ao final do século passado, utiliza-se a expressão norma jurídica como referência geral às disposições gerais, abstratas, impessoais e obrigatórias que disciplinam a atividade estatal e a vida em sociedade. Por tais razões, quando se fala em *norma jurídica* (em sentido amplo), nesta expressão estão contidas as ideias de *regra jurídica* (norma, em sentido estrito) e de *princípio jurídico*. Esta função maior dos princípios gerais ou essenciais do direito, agora realçada pela doutrina, sobrepondo-se às duas funções anteriores mais tradicionais, leva os doutrinadores a qualificá-los como *"superfontes ou fonte das fontes"* (Arce Y Flórez-Valdés), como verdadeiros *"mandados de otimização"* (Alexy) ou como *"normas jurídicas impositivas de otimização"* (Canotilho).

Discorrendo sobre o assunto, Maurício Godinho Delgado acentua que, em face dessa função normativa própria, os princípios passam a ter importante

A respeito, ver SILVA, Felipe Vaz de Mello. *Da fundamentação técnica da prisão civil no Código de Processo Civil/2015*, p. 213, nota nº 243.

6 Além dessas situações de *falibilidade normativa*, Barack Obama, Professor de Direito Constitucional na Faculdade de Direito da Universidade de Chicago, vislumbra, também, casos de *desgaste normativo*, ao dissertar: *"Muitas vezes a lei é aprovada e entra em vigor, mas a vida apresenta novos problemas, e advogados, autoridades e cidadãos debatem o significado de termos que pareciam claros há alguns anos. No final das contas, as leis são apenas palavras impressas em papel – palavras que algumas vezes são maleáveis, imprecisas ou dependentes de contexto e confiança, assim como numa história, poema ou promessa a alguém, palavras cujos significados estão sujeitos ao desgaste, e que muitas vezes entram em colapso num piscar de olhos. (A audácia da esperança: reflexões sobre a conquista do sonho americano,* p. 86-87).

diversidade de papéis conexos, com as seguintes explicações: *"em síntese, a possibilidade de extensão ou restrição de certa norma jurídica até o ápice de sua própria invalidação. Esta dimensão fundamentadora da ordem jurídica assumida pelos princípios (além das dimensões interpretativa e integrativa tradicionais), com 'eficácia derrogatória e diretiva' (Frederico de Castro e Flórez-Valdés), teria se tornado, segundo análise de Paulo Bonavides, 'sem dúvida a mais relevante, de enorme prestígio no Direito Constitucional contemporâneo"*. Mas adverte Delgado que a primazia dos princípios sobre as regras legais (*dimensão fundamentadora, com eficácia derrogatória e diretiva*) é relativa, de modo a se evitar insegurança na ordem jurídica. Assim o é, porque, primeiro, não há princípios absolutos. Em segundo lugar, no caso de conflitos (*rectius*, tensão) entre regras e princípios ou entre os próprios princípios, a solução não seria ditada por critério hierárquico rígido, mas orientada pelo *"critério matizador flexível"*, relacionado ao *"peso"* dos princípios. Este critério do peso – esclarece Delgado – é defendido por Dworkin e Alexy e está fundado na ideia de *importância jurídica* dos princípios, vista sob duas dimensões, avaliadas em conjunto: 1ª)- a importância jurídica em certa época histórica (*importância ampla, no conjunto da fase que se vive na história)*; 2ª)- a importância jurídica em certo confronto temático concreto (*importância circunstancial, no delimitado confronto de situações fático-jurídicas reais*). A relatividade da prevalência dos princípios sobre as regras legais, ainda segundo Delgado, também encontra justificativa nas teorias de Alexy, quando este jurista apregoa que os princípios não são comandos taxativos, *"mas comandos instigadores (mandados de otimização)"*, ou seja, *"normas que ordenam que algo seja realizado na maior medida possível, dentro das possibilidades existentes"*. Por isto, conclui Delgado, os princípios devem ser cumpridos em graus diferentes e a medida variável deste cumprimento depende das possibilidades fáticas e jurídicas examinadas, sendo que *"o âmbito das possibilidades jurídicas é determinado pelos princípios e regras opostos"*, ou seja, *"a força imanente aos princípios é relativa, levando em conta o fixado nos demais princípios e regras convergentes e divergentes"*.[7]

Trazendo valiosas contribuições às discussões em torno das funções dos princípios jurídicos e de sua importância no direito, Maurício Godinho Delgado ainda elabora novas teorias sobre as funções dos princípios, resultantes da fusão das funções interpretativa e normativa, qualificando-as de *função normativa*

7 *Revista da Faculdade Mineira de Direito* v. 4, p. 154-156.

concorrente e de *função simultaneamente interpretativa-normativa*, sobre as quais formula as seguintes considerações: "*Agregando ponderações ao debate acerca da nova concepção de princípios e de seu papel no direito, parece-nos adequado sustentar que os princípios, enquanto comandos juridicamente instigadores, além das tradicionais funções interpretativa e supletória, têm, na verdade, uma função normativa concorrente. Trata-se de papel normativo concorrente, mas não autônomo, apartado do conjunto jurídico geral a ele contraposto. Esta última função atua, de maneira geral, em concurso com a interpretativa da regra analisada. Nesta atuação, ora estende o comando desta, ora o restringe, ora até mesmo esteriliza-o, a partir de uma absorção de seu sentido no âmbito mais abrangente cimentado pelos princípios correlatos. Nesta linha, se uma regra geral realiza o comando genérico contido em certo princípio, mas entra em choque com outro, pode prevalecer, sem dúvida, em face do peso do princípio realizado. Contudo, isso não significa que o principio preterido não tenha certa influência na compreensão da norma enfocada, atenuando, adequadamente, seus efeitos pensados na origem. A clássica função interpretativa age, pois, em concurso com a função normativa, ajustando as regras do direito ao sentido essencial de todo o ordenamento. Por isso, se pode falar também em uma função simultaneamente interpretativa-normativa, resultado da associação das duas funções específicas (a descritiva e a normativa), que agem em conjunto, fusionadas, no processo de compreensão e aplicação do direito*".[8]

Observação também válida pela sua pertinência ao assunto é feita por Marcelo Campos Galuppo, ao frisar que, no Estado Democrático de Direito, a Constituição desempenha papel relevante em relação aos princípios jurídicos, porque, apesar de não poder ser reconhecida como único repositório deles, tem a missão precípua de indicar, sistematizar e preservar aqueles princípios de direito que o povo considerou mais importantes, cujo pensamento, nesta diretriz, foi captado pelo constituinte sensível às aspirações da sociedade.[9]

Atento à fenomenologia constitucional contemporânea, Carlos Ayres Britto lhe empreende excelente análise técnica e científica, dizendo-a caracterizada pela marcante superficácia dos seus princípios, o que gera, via de consequência, a supereficácia da própria Constituição e, a partir daí, a resultante constitucionalização de todo o ordenamento jurídico, com a seguinte e bem

8 *Revista da Faculdade Mineira de Direito* v. 4, p. 156-157.

9 *Revista de Informação Legislativa v.143*, p. 205. *Igualdade e diferença: Estado Democrático de Direito a partir do pensamento de Habermas*, p. 198.

concatenada explanação: *"Toda essa mudança de paradigmas no âmago das Constituições filiadas ao sistema romano-germânico muito deve, acrescente-se, a autores do porte de um Konrad Hesse (A força normativa da Constituição, 1991) e de um Robert Alexy (Teoria de los derechos fundamentales, 1977), ambos da Alemanha, que mais e mais insistiram na metodologia hermenêutica de reconhecer à Constituição o máximo de aplicabilidade por si mesma. Sendo que Alexy foi quem retomou os fundamentos de Ronald Dworkin para evidenciar as diferenças qualitativas entre normas veiculadoras de princípios e regras portadoras de simples preceitos. Em síntese, estava criado o clima constitucional propiciador da dicotomia básica princípios/regras (ou princípios/preceitos) e o fato é que, à sua dignidade formal a Constituição adicionou uma dignidade material. E assim recamada de princípios que são valores dignificantes de todo o Direito, é que ela passou a ocupar a centralidade do ordenamento jurídico, tantos quantos os princípios passaram a ocupar a centralidade da Constituição. Estrada de mão dupla, pois o fato é que o reconhecimento da força normativa dos princípios coincide com o reconhecimento da força normativa da Constituição, num crescendo que chega à superforça de ambas as categorias. Por um desses fenômenos desconcertantes que timbram a trajetória humana, se as Constituições padeciam de subeficácia pelo seu caráter principiológico, foi justamente pelo seu caráter principiológico em novas bases que elas passaram a se dotar de supereficácia normativa. E se aos princípios era recusado o status de verdadeiras normas, agora eles se elevam ao patamar de supernormas do Direito Positivo".*[10]

Entretanto, para que os princípios possam atuar eficazmente na elaboração do direito, como enunciados-síntese das ideias fundamentais que a comunidade política do Estado (o povo) projetou sobre seu sistema jurídico-constitucional, orientando toda e qualquer atividade desenvolvida pelos órgãos estatais, é necessário que os operadores do sistema ou práticos do direito (advogados privados e públicos, membros do Ministério Público e juízes) envidem esforços para que os princípios jurídicos cumpram suas funções interpretativa, supletiva e normativa, esta última principalmente, aplicando-os de forma integrada, o que exige operacionalização por intermédio do processo na concepção de procedimento em contraditório.[11]

---

10 *Teoria da Constituição,* p. 180-181.

11 A respeito, com razão Frederico de Andrade Gabrich, ao observar que: *"Infelizmente, ainda existe no ambiente jurídico brasileiro uma grande resistência ao reconhecimento do caráter normativo e impositivo dos princípios. Apesar de a Constituição da República adotar em todo*

Daí a importância da *perspectiva teorético-jurídica* de um sistema jurídico-constitucional acentuadamente *principialista*, defendida por Canotilho, objeto da seguinte explanação que desenvolve: *"o sistema jurídico necessita de princípios (ou os valores que eles exprimem) como os da liberdade, igualdade, dignidade, democracia, Estado de Direito; são exigências de optimização abertas a várias concordâncias, ponderações, compromissos e conflitos. Em virtude da sua 'referência' a valores ou da sua relevância ou proximidade axiológica (da 'justiça', da 'ideia de direito', dos 'fins de uma comunidade'), os princípios têm uma função normogenética e uma função sistémica: são o fundamento de regras jurídicas e têm uma idoneidade irradiante que lhes permite 'ligar' ou cimentar objectivamente todo o sistema constitucional. Compreende-se, assim, que as 'regras' e os 'princípios', para serem activamente operantes, necessitem de procedimentos e processos que lhes dêem operacionalidade prática (Alexy: Regel/Prinzipien/Prozedur-Modell des Rechtssystems): o direito constitucional é um sistema aberto de normas e princípios que, através de processos judiciais, procedimentos legislativos e administrativos, iniciativas dos cidadãos, passa de uma law in the books para uma law in action para uma 'living constitution'."*[12]

Contudo, o que não pode haver é a *livre criação* de princípios, como está a ocorrer na atualidade brasileira, em que cada jurista ou juiz possui seu *catálogo particular* (ou *doméstico*) de princípios jurídicos criados por iniciativa própria, em surpreendente atividade manufatureira principiológica, corriqueiramente utilizada nos textos doutrinários e no conteúdo das decisões judiciais, situação denunciada, analisada e severamente criticada por Lenio Luiz Streck, a qual o referido jurista classifica de "*pamprincipiologismo*", ou seja, segundo expressão que utiliza, verdadeira "*banalização dos princípios*", que acarreta a fragmentação jurisprudencial e a insegurança jurídica.[13]

---

o seu texto uma base principiológica para os diversos assuntos que disciplina, com destaque, dentre outros, para os direitos e garantias fundamentais (arts. 5º a 17), a organização da Administração Pública (art. 37) e a regulação da ordem econômica e financeira (arts. 170 a 192), há uma inegável insuficiência na utilização da força normativa dos princípios, quer no ambiente econômico, quer no âmbito do Poder Judiciário" (Meritum: *Revista de Direito da FCH/FUMEC* v. 2, n. 2, p. 374.

12 *Direito Constitucional e Teoria da Constituição*, p. 1.089.

13 STRECK. *Verdade e consenso*, p. 475-476 e p. 502. *Jurisdição constitucional e decisão jurídica*, p. 300.

Com efeito, leciona Streck: *"O Direito é um sistema formado por regras (preceitos) e princípios. Ambos são normas. A diferença entre a regra e o princípio é que este está contido naquela, atravessando-a, resgatando o mundo prático. Na medida em que o mundo prático não pode ser dito no todo – porque sempre sobra algo – o princípio traz à tona o sentido que resulta desse ponto de encontro entre texto e realidade, em que um não subsiste sem o outro (aqui, o antidualismo entra como condição de possibilidade para a compreensão do fenômeno). A regra não subsiste sem o princípio. Do mesmo modo, não há princípio que possa ser aplicado sem o 'atravessamento' de uma regra. A regra não explica; a regra esconde. O princípio desnuda a capa de sentido imposta pela regra (pelo enunciado, que pretende impor um universo significativo autossuficiente). O princípio é a enunciação do que está enunciado".*[14]

Porém, na atualidade, em que são abandonadas essas diretrizes científicas, passa a explicar Streck o surgimento consequente e nefasto do *"pamprincipiologismo"*: *"Um dos alicerces do ativismo judicial, e que provocou uma fragmentação na aplicação judiciária, foi o fenômeno do pamprincipiologismo. 'Positivaram-se os valores': assim se costuma anunciar os princípios constitucionais, circunstância que facilita a 'criação' (sic), em um segundo momento, de todo tipo de princípio (sic), como se o paradigma do Estado Democrático de Direito fosse a 'pedra filosofal da legitimidade principiológica' da qual pudessem ser extraídos tantos princípios quantos necessários para solvermos os casos difíceis ou 'corrigir'(sic) as incertezas da linguagem".*[15]

A partir daí, registra Streck que *"centenas de princípios invadiram o universo da interpretação e aplicação do direito, fragilizando sobremodo o grau de autonomia do direito e a própria força normativa da Constituição".*[16] Alguns desses considerados princípios vêm enumerados nas obras de Streck, muitos tautológicos, outros tantos esdrúxulos, alguns até mesmo hilariantes, dentre os quais colhem-se os seguintes, entre outros incluídos no extenso rol que apresenta: *"princípio da simetria, princípio da precaução, princípio da não surpresa, princípio da confiança, princípio da afetividade, princípio do processo tempestivo, princípio do fato consumado, princípio do deduzido e do deduzível, princípio da*

---

14 STRECK. *Hermenêutica jurídica e(m) crise: uma exploração hermenêutica da construção do Direito*, p. 170.

15 STRECK. *Jurisdição constitucional e decisão jurídica*, p. 300.

16 STRECK. *Jurisdição constitucional e decisão jurídica*, p. 301.

instrumentalidade processual, princípio da delação impositiva, princípio protetor no direito do trabalho (e seus derivados, *princípio da norma mais favorável, princípio da imperatividade das normas trabalhistas, princípio da primazia da realidade sobre a forma, o princípio da condição mais benéfica), princípio da alteridade, princípio da tipicidade fechada, princípio da confiança no juiz da causa, princípio da benignidade, princípio da não ingerência, princípio do auto-governo da magistratura, princípio da moderação, princípio da situação excepcional consolidada, princípio da felicidade".*[17]

2. ASPECTOS DA DIMENSÃO PRINCIPIOLÓGICA DA CONSTITUIÇÃO FEDERAL DE 1988

A Constituição brasileira atual concede manifesto reconhecimento aos princípios como normas jurídicas impositivas, ao lado das regras, realçando a dimensão principiológica de seu sistema, quando, ao início, já no Título I, dispõe a respeito dos princípios fundamentais que regem a República Federativa do Brasil, referindo-se, em seguida, no seu artigo 1º, ao Estado Democrático de Direito, dado topológico este que, ao que entendemos, está a indicar a inclusão do Estado Democrático de Direito entre aqueles princípios fundamentais.[18]

Essa articulação dos princípios do Estado de Direito e do Estado Democrático, obtida pelo entrelaçamento técnico e harmonioso das normas constitucionais, como tentamos demonstrar no Capítulo 1, n. 7, é classificada pela doutrina alemã de legitimação democrática do Estado de Direito e qualificada pela doutrina italiana como democracia constitucional. As duas qualificações são justificadas, porque a articulação dos referidos princípios revela um sistema constitucional marcado acentuadamente pela associação do poder político legitimado do povo (democracia), daí a declaração enfática posta nas

---

17 Ver STRECK. *Verdade e consenso*, p. 477-489. *Hermenéutica e decisión judicial*, p. 34-35. *Jurisdição constitucional e decisão jurídica*, p. 301-302. *Hermenêutica jurídica e(m) crise: uma exploração hermenêutica da construção do direito*, p. 171-174.

18 Considera Paulo Bonavides que o futuro das Constituições pertence em grande parte ao constitucionalismo da normatividade principiológica (*Estudos de Direito processual constitucional*, p. 57).

Constituições modernas de que todo poder emana do povo, com a limitação do poder estatal pelas normas jurídicas (Estado de Direito).

A Constituição Federal de 1988 utiliza claramente a expressão vocabular *princípios* em várias normas de seu texto, enumerando-os e às vezes estabelecendo-lhes nomenclatura própria, podendo ser catalogados, como exemplos, os seguintes enunciados normativos:

a) artigo 4°, enumerando uma dezena de *princípios* que regem o Estado brasileiro nas suas relações internacionais, entre eles o princípio da prevalência dos direitos humanos (inciso II);

b) artigo 37, enunciando explicitamente os *princípios* aos quais as atividades dos órgãos executivos, administrativos, legislativos e jurisdicionais do Estado brasileiro estão subordinadas, quais sejam, o princípio da legalidade, o princípio da impessoalidade, o princípio da moralidade, o princípio da publicidade e o princípio da eficiência;

c) artigo 93, recomendando aos órgãos jurisdicionais observância a vários *princípios* ali enumerados, dentre eles o princípio da fundamentação das decisões jurisdicionais, que o texto denomina princípio da motivação (incisos IX e X);

d) artigo 125, reconhecendo a competência dos Estados-membros para editarem normas relativas à organização judiciária, desde que observados os diversos *princípios* estabelecidos na própria Constituição;

e) artigo 127, § 1º, estabelecendo os *princípios* institucionais do Ministério Público (princípio da unidade, princípio da indivisibilidade e princípio da independência funcional);

f) artigo 170, relacionando, em seus incisos, nove *princípios* que disciplinam a ordem econômica;

g) artigo 226, § 7º, declarando os dois *princípios* que orientam o planejamento familiar (princípio da dignidade da pessoa humana e princípio da paternidade responsável).

Concluídas essas noções básicas para a consecução do presente trabalho, passamos a focalizar os princípios que denominamos diretivos da função jurisdicional, encarados na sua ótica normativa própria.

Esses considerados princípios diretivos da função jurisdicional tornam-se a base informadora e de fundamentação da atividade jurisdicional desenvolvida pelo Estado, segundo a dimensão maior do Estado Democrático de Direito, assim considerados verdadeiros elos de integração da jurisdição com o sistema constitucional.

3. PRINCÍPIO DO JUÍZO CONSTITUCIONAL OU JUÍZO NATURAL

Inicialmente, cumpre-nos alinhar as razões de ordem terminológica que justificam nossa referência ao princípio do *juízo natural*, no lugar da expressão *juiz natural*, esta majoritariamente adotada nos compêndios jurídicos. Por primeira, dito princípio tem assento constitucional, como se depreende da regra do inciso XXXVII, do artigo 5º da Constituição, ali se fazendo referência tecnicamente correta ao *juízo* – e não ao *juiz* – ao prescrever: *"não haverá juízo ou tribunal de exceção"*. Por segunda, há de se convir que a expressão *juízo* revela designação jurídica mais qualificada tecnicamente do órgão estatal incumbido de exercer a função jurisdicional (por isto, nomenclatura constitucional), enquanto o termo *juiz* indica o agente público investido pelo Estado do poder de julgar (por exemplo, enunciados do artigo 93, incisos I e VII, e do artigo 95 da Constituição Federal). Por terceira e última razão, louvamo-nos nas lições sempre fecundas de Rosemiro Pereira Leal, ao lembrar, sob remissão à doutrina de Aroldo Plínio Gonçalves, que, desde o Congresso Internacional de Direito Processual de Gand, na Bélgica, realizado em 1977, *"o provimento (sentença) já não é mais ato solitário do juiz, mas da jurisdição que se organiza [...] em grau de definitividade decisória, na órbita de toda a jurisdicionalidade estatal"*.[19]

O qualificativo *natural*, agregado ao termo *juízo*, formando a expressão *juízo natural*, que serve de nomenclatura ao princípio, segundo esclarece Rosemiro Pereira Leal, só pode ser compreendido como indicativo da coexistência de

19 *Teoria geral do processo: primeiros estudos*, p. 108.

Estado e jurisdição. Tal argumento parece-nos lógico e convincente, merecendo nossa adesão, porque se apoia na ideia de que a concepção básica da criação do Estado de Direito exige concomitante implantação constitucional das suas funções jurídicas essenciais, dentre elas, a função jurisdicional ou, simplesmente, jurisdição. Por isto, bem justifica Rosemiro Pereira Leal, e é o único autor a fazê-lo, *"poder-se-ia dizer, então, que os órgãos jurisdicionais seriam naturais se, e somente se, surgidos com a criação jurídica do Estado"*.[20]

A doutrina concebe o princípio do juízo natural (ou juiz natural, como alguns preferem) com o significado de órgão jurisdicional competente predeterminado ou preestabelecido em lei, contrapondo-se ao juízo de exceção, este expressamente proibido no texto constitucional. Logo, o princípio do juízo natural é a antítese do juízo pós-constituído ou juízo de exceção, porque, em face de seu enunciado, o órgão estatal competente para o exercício da jurisdição tem de ser instituído, determinado e delimitado sob critérios gerais fixados previamente no ordenamento jurídico e jamais posteriormente a certas contingências ou a casos particulares ou a situações específicas que despertem a atenção do Estado. Entende-se por juízo e tribunal de exceção aqueles órgãos jurisdicionais criados ou designados, sob deliberação legislativa ou por ato arbitrário do governante, pouco importa, com o objetivo de julgarem casos específicos, tenham ou não ocorrido, segundo critérios subliminares convenientes ao Estado ou aos seus governantes.[21]

Mas, sem sombra de dúvida, em sede doutrinária, é Rosemiro Pereira Leal o único a apresentar idealização do princípio do juízo natural conectada ao Estado Democrático de Direito – exatamente por isto, o consideramos princípio diretivo da função jurisdicional – excerto que se transcreve, pela sua elevada precisão científica: *"Um Estado que originariamente (naturalmente) não se manifestasse, de modo congênito, pela função de autocontrole jurisdicional e que nomeasse juízes para cada caso que lhe fosse submetido para julgar, não se legitimaria como Estado Democrático de Direito, porque o próprio Estado, em*

20 *Ob. loc. cit.*

21 Cf. CAPPELLETTI. *Proceso, ideologias, sociedad*, p. 108. LIEBMAN. *Manual de Direito Processual Civil*, p. 10. LAURIA TUCCI, Rogério e CRUZ E TUCCI, José Rogério. *Constituição de 1988 e processo: regramentos e garantias constitucionais do processo*, p. 28-30. GONÇALVES, Aroldo Plínio. *Técnica processual e teoria do processo*, p. 184. NERY JÚNIOR, Nelson. *Princípios do Processo Civil na Constituição Federal*, p. 65. CRETELLA NETO, José. *Fundamentos principiológicos do processo civil*, p. 120.

situações de conveniência e não por leis institutivas votadas pelo povo, por seus dirigentes, escolheria os juízes (tribunais de exceção) à medida das conjunturas e interesses governamentais. Daí se fala no requisito do juízo natural que estabelece, para garantia de direitos fundamentais de liberdade, dignidade e ampla defesa, a coexistência do Estado Democrático de Direito e de seus órgãos jurisdicionais, com competências predefinidas, ante os atos ou fatos a serem julgados. Não se trata de dizer que esse requisito assegura julgamento por juiz imparcial, porque a imparcialidade aqui não é qualidade intrínseca dos juízes, mas dever estatal constitucionalizado".[22]

Essa concepção do juízo natural quase sempre foi acolhida pelas Constituições brasileiras (exceto na Constituição do Estado Novo, 1937), cujos textos, tradicionalmente, têm preestabelecido os órgãos jurisdicionais competentes, razão de ser da referência terminológica ao princípio do *juízo constitucional*. Assim, na Constituição Federal vigente, o princípio do juízo natural encontra-se albergado, como garantia fundamental do povo, no conteúdo normativo do artigo 5º, inciso XXXVII, *"não haverá juízo ou tribunal de exceção"*, complementado pelo enunciado do inciso LIII, do mesmo artigo, *"ninguém será processado nem sentenciado senão pela autoridade competente"*.

Por tais razões, os órgãos jurisdicionais do Estado brasileiro estão previamente constituídos pela regra do artigo 92 da Constituição atual, ou seja, os juízes e tribunais ali enumerados (órgãos judiciais), fixadas suas competências nos conteúdos normativos dos artigos subsequentes, além de outros órgãos (órgãos legislativos) aos quais atribuída função jurisdicional em situações particularizadas, também já adredemente determinados e com suas competências definidas nos artigos 52 e 55 (Câmara dos Deputados e Senado Federal), o que indica um sistema jurisdicional plasmado no princípio constitucional do juízo natural.

4. PRINCÍPIO DA VINCULAÇÃO DA JURISDIÇÃO AO ESTADO DEMOCRÁTICO DE DIREITO

Pode-se afirmar que o princípio da vinculação da jurisdição ao Estado Democrático de Direito decorre de imperativo lógico do próprio sistema constitucional, pois se origina da ideia de uma ordem normativa

---

22 *Teoria geral do processo: primeiros estudos*, p. 109.

jurídico-fundamental resultante da conexão interna entre democracia e Estado de Direito, princípios positivamente constitucionalizados, aos quais jungidas todas as funções e atividades exercidas pelos órgãos do Estado, sem qualquer exclusão (Constituição Federal, artigo 1º).

Exatamente por isso, de forma incisiva, o ordenamento jurídico-constitucional brasileiro enunciou o princípio da vinculação dos órgãos legislativos ao Estado Democrático de Direito, que é o Estado de Direitos Fundamentais, quando lhes proibiu emendas à Constituição tendentes a abolir a forma federativa do Estado, o voto direto, secreto, universal e periódico, a separação das funções do Estado e os direitos e garantias fundamentais (ver artigo 60, § 4º).

Naturalmente, não se pode supor, diante desta mensagem normativa constitucional, por absurdo, que os demais órgãos do Estado, exercentes das funções administrativa e jurisdicional, à falta de menção explícita no texto da Constituição, estejam desobrigados de observarem dito princípio.

Aliás, é bom frisar que não estamos a inventar, fabricar ou inovar nada, porque, já o destacamos anteriormente, a ideia de *vínculo* das *funções* (impropriamente designadas *"poderes"*) do Estado aos direitos fundamentais é defendida com ênfase no direito constitucional alemão há mais de meio século, como bem aponta Leonardo Martins: *"No que tange ao vínculo aos direitos fundamentais, dois dispositivos da Grundgesetz [GG-Constituição da República Federal da Alemanha] não deixam nenhuma margem a dúvidas quanto ao vínculo de todos os órgãos dos três poderes estatais aos direitos fundamentais. O Art. 1 III GG, dispõe, de forma lapidar, que 'os direitos fundamentais vinculam Legislativo, Executivo e Judiciário como direito imediatamente vigente'. O Art. 20 III, 1º subperíodo GG, ao definir implicitamente o princípio do Estado de Direito como um dos princípios constituintes da República Federal da Alemanha, define taxativamente que 'o Legislativo é vinculado à ordem constitucional.' No 2º subperíodo do mesmo dispositivo, lê-se então: 'o Executivo e o Judiciário são vinculados à lei e ao direito'."* [23]

Partindo-se dessas premissas, o princípio da vinculação das atividades dos órgãos estatais ao Estado Democrático de Direito encontra implícita recepção no texto constitucional brasileiro, também dirigindo-se aos órgãos jurisdicionais, atuando na função monopolizada por eles exercida, a jurisdição. Sua observância se faz necessária na prestação da atividade-dever jurisdicional,

23 *Direito processual constitucional alemão*, p. 67.

viabilizada por meio do devido processo constitucional,[24] cujo resultado final é a sentença, ato do Estado qualificado por Teresa Arruda Alvim, em razão disto, como *"síntese da função jurisdicional"*, visto ser considerada a sentença *"a própria finalidade do processo"*,[25] pois nela se concretiza, em essência, a função jurisdicional exercida pelo Estado.

Assim, os órgãos jurisdicionais, ao proferirem suas decisões, cumprindo e finalizando a função jurisdicional, deverão fazê-lo direcionados pelo princípio da vinculação da jurisdição ao Estado Democrático de Direito. Entendemos que este princípio se otimizará pela incidência articulada de dois outros princípios ou subprincípios concretizadores, na qualificação de Larenz, no ato estatal de julgar. Nesta ótica, os princípios concretizadores do princípio maior da vinculação da jurisdição ao Estado Democrático de Direito vêm a ser o princípio da supremacia da Constituição e o princípio da reserva legal (ou princípio da prevalência da lei).

5. PRINCÍPIO DA SUPREMACIA DA CONSTITUIÇÃO FEDERAL

Desde a original teoria da pirâmide jurídica, elaborada por Kelsen, concebendo uma estrutura hierarquizada para as normas jurídicas, a Constituição passou a ser colocada no vértice do sistema normativo, fundamentando a unidade de todo o ordenamento jurídico. Referida teoria descreveu a ordem jurídica como uma pirâmide de normas hierarquizadas, de modo que cada uma destas regras extraísse sua força obrigatória em razão de sua conformidade com a norma imediatamente superior. Ainda segundo a teoria de Kelsen, no topo da pirâmide, depois de uma norma fundamental misteriosa,[26]

---

24 Ver Capítulo 1, nº 4.

25 ALVIM PINTO, Teresa Arruda. *Nulidades da sentença*, p. 187-188.

26 Elucida Newton de Oliveira Lima: *"Para Afonso, a norma fundamental possui uma função teorético-cognitiva no contexto de um sistema de normas, e não uma função política. No mesmo sentido, Paulson aponta que a função da norma para o Direito é integrativa, sistematizadora e lógica, é a base da cognição de todo conteúdo que pretende incidir no âmbito da tutela jurídica. Somente na criação e na aplicação o Direito não se baseia na pura lógica de formulação proposicional que serve de base à construção do sistema normativo. Isso se justifica porque no momento da criação o Direito não é positivo, já que a Grundnorm (norma fundamental) não existe no plano da legislação estatal, mas é um pressuposto lógico para a criação*

estaria a Constituição. Esta teoria foi o ponto de partida para se considerar a Constituição uma ordenação normativa fundamental revestida de supremacia em relação às demais normas (regras e princípios) que compõem o ordenamento jurídico do Estado. Logo, é pela observância do consequente princípio da supremacia normativa da Constituição – principalmente em relação às normas constitucionais declaratórias de direitos e garantias fundamentais – que o primado do Estado Democrático de Direito encontra sua primeira e maior expressão.[27]

Por isso, realça Gilmar Ferreira Mendes a vinculação da jurisdição estatal aos direitos fundamentais, da qual resulta, para o Estado-jurisdição, *"não só o dever de guardar estrita obediência aos chamados direitos fundamentais de caráter judicial, mas também o de assegurar a efetiva aplicação do direito, em especial dos direitos fundamentais, seja nas relações entre os particulares e o Poder Público, seja nas relações tecidas exclusivamente entre particulares"*. Ainda segundo Gilmar Mendes, a mencionada vinculação permite *"aferir a legitimidade das decisões judiciais, tendo em vista sobretudo a correta aplicação desses direitos aos casos concretos"*.[28]

Nesse passo, por pertinente ao tema, lição de Simone Goyard-Fabre, para quem a ideia-força que domina a concepção jurídica do constitucionalismo *"é a afirmação da supremacia do texto constitucional, que é visto como o fundamento de toda a ordem jurídica"*. Sob a égide da Constituição – prossegue a autora – *"a catedral jurídica se organiza em sistema; este, em seu significado filosófico, é a expressão jurídica de uma racionalidade lógico-formal; em sua eficiência prática, a ordem constitucional é portadora de normatividade, de modo que as regras de direito ganham figura, no âmbito estatal, de modelos de diretividade"*.[29]

---

da mesma, e no momento da aplicação o caráter formal (positivo) do Direito é necessariamente reconstruído em seu fim e no seu conteúdo pela ação hermenêutica do intérprete" (*O estado de direito em Kant e Kelsen*, p. 39-40).

27 Cf. KELSEN. *Teoría general del Estado*, p. 325-327. BERGEL, Jean Louis. *Théorie générale du droit*, p. 86-87. CANOTILHO. *Direito Constitucional e Teoria da Constituição*, p. 241 e 421. BARACHO. *Jurisdição Constitucional e Direitos Fundamentais*, p. 24. QUINTÃO SOARES, Mário Lúcio. *Jurisdição Constitucional e Direitos Fundamentais*, p. 410. BARROSO, Luís Roberto. *O direito constitucional e a efetividade de suas normas: limites e possibilidades da Constituição brasileira*, p. 286.

28 *Direitos fundamentais e controle de constitucionalidade*, p. 118.

29 *Os fundamentos da ordem jurídica*, p. 111-112.

Em consequência, todas as normas que compõem o ordenamento jurídico, sejam de que natureza forem, de direito material ou de direito processual, como leciona Luís Roberto Barroso, devem assentar-se *"no pressuposto da superioridade jurídica da Constituição sobre os demais atos normativos no âmbito do Estado"*. Prossegue Barroso, frisando que, *"por força da supremacia constitucional, nenhum ato jurídico, nenhuma manifestação de vontade pode subsistir validamente se for incompatível com a Lei Fundamental"*. Considera referido constitucionalista que *"a supremacia constitucional, em nível dogmático e positivo, traduz-se em uma superlegalidade formal e material"*, distinguindo-as: *"a superlegalidade formal identifica a Constituição como a fonte primária da produção normativa, ditando competências e procedimentos para a elaboração dos atos normativos inferiores. E a superlegalidade material subordina o conteúdo de toda a atividade normativa estatal à conformidade com os princípios e regras da Constituição."* E conclui Barroso: *"a inobservância dessas prescrições formais e materiais deflagra um mecanismo de proteção da Constituição, conhecido na sua matriz norte-americana como judicial review, e batizado entre nós de controle de constitucionalidade"*. [30]

A nosso ver, justapõe-se ao princípio da supremacia da Constituição outro princípio apontado pelos constitucionalistas especificamente como interpretativo de seu texto, o chamado princípio da força normativa da Constituição. Discorrendo sobre este último princípio e forte nas lições de Friedrich Müller e Konrad Hesse, Inocêncio Mártires Coelho lhe confere a seguinte explicação: *"reduzindo-o à sua expressão mais simples, poder-se-ia dizer que esse cânone interpretativo consubstancia um conselho – Müller nos fala em apelo – para que os aplicadores da Constituição, na solução dos problemas jurídico-constitucionais, procurem dar preferência àqueles pontos de vista que, ajustando historicamente o sentido das suas normas, confiram a eles maior eficácia"*.[31]

Contudo, ao lado do fiel acatamento aos enunciados dos referidos princípios constitucionais, curvamo-nos à crença de que a construção do Estado Democrático de Direito também está a exigir postura de lealdade política ao texto da Constituição, qualificada como patriotismo constitucional contra fraudes à Constituição, tema desenvolvido por Marcelo Andrade Cattoni de Oliveira com sua habitual proficiência. Esclarece referido doutrinador

30 *Interpretação e aplicação da Constituição*, p. 165.

31 *Interpretação constitucional*, p. 106.

que patriotismo constitucional teve conceito cunhado originalmente por Stemberger, expressão posteriormente retomada e utilizada por Habermas, sob acentuado caráter ético-político, com o propósito de designar *"uma adesão racionalmente justificável, e não somente emotiva, por parte dos cidadãos, às instituições político-constitucionais, uma lealdade política e consciente à Constituição democrática"*. Explicando o pensamento de Habermas, Cattoni de Oliveira considera que, em última análise, *"a defesa do patriotismo constitucional identifica-se, não com uma tradição cultural herdada, mas refletida à luz dos direitos fundamentais e da democracia, princípios típicos do constitucionalismo moderno"*. E conclui Cattoni de Oliveira: *"nesse sentido é que se deve entender, inclusive, que a legitimidade democrática das instituições políticas modernas só pode ser compreendida como a própria construção e projeção a um futuro aberto dessa legitimidade. Essa legitimidade democrática, na modernidade, remete-se à relação interna entre Estado de Direito e democracia"*.[32]

6. PRINCÍPIO DA RESERVA LEGAL

O princípio da vinculação ao Estado Democrático de Direito exprime-se, também, pelo princípio da reserva legal ou princípio da prevalência da lei, este com recepção explícita no texto constitucional, pois solenemente declarado no elenco dos direitos fundamentais do povo: *"ninguém será obrigado a fazer ou a deixar de fazer alguma coisa senão em virtude de lei"* (Constituição Federal, artigo 5º, inciso II).

A expressão lei, nesse enunciado normativo, conforme já acentuamos em passagens anteriores, tem o significado técnico-jurídico de ordenamento jurídico, na sua total extensão, isto é, conjunto de normas jurídicas constitucionais e infraconstitucionais (regras e princípios) vigentes no sistema jurídico brasileiro.[33]

---

32 *Constituição e democracia*, p. 250-252.

33 Cf. AGUIAR JÚNIOR, Rui Rosado de. *Revista da Associação dos Juízes do Rio Grande do Sul*, p. 24-25. Invoca o autor a teoria da integridade do direito, elaborada por Ronald Dworkin, para apontar *"o equívoco dos positivistas em atribuir ao juiz, na falta de uma regra clara para a solução do caso, um poder criador discricionário"*. A faina do juiz – aduz Rui Rosado de Aguiar Júnior – *"está inserida no ordenamento vigente no país, que constitui um sistema não apenas composto de regras, mas também de princípios, os quais devem ser extraídos,*

Tais considerações indicam que os órgãos jurisdicionais devem irrestrita obediência ao ordenamento jurídico, não lhes sendo possível olvidar a supremacia da Constituição como norma fundamental superior, razão pela qual não podem aplicar normas que a infrinjam. A legitimidade democrática das decisões jurisdicionais, comprometidas com o princípio do Estado Democrático de Direito, está assentada na exclusiva sujeição dos órgãos jurisdicionais às normas que integram o ordenamento jurídico, sobretudo as normas constitucionais, emanadas da vontade do povo, porque discutidas, votadas e aprovadas pelos seus representantes, no Congresso Nacional.

Por conseguinte, se todo poder emana do povo, em nome de quem os órgãos do Estado o exercem, inclusive os órgãos jurisdicionais, o que é fundamento básico do Estado Democrático de Direito, assim declarado no parágrafo único, do artigo 1º, do texto constitucional, está a exigir a Constituição Federal de 1988 dos juízes e tribunais brasileiros decisões conforme as normas constitucionais e infraconstitucionais que integram o ordenamento jurídico. Somente assim, poder-se-á falar em decisões jurisdicionais proferidas em nome do povo,[34] máxime no Brasil, onde o povo não elege os juízes, pois selecionados e nomeados diretamente pelo Estado, ora por rigoroso concurso

---

ponderados e utilizados pelo juiz na solução do caso; para isso, será decisiva a escolha que ele fizer em favor do princípio que creia seja o melhor para atender ao espírito de unidade do sistema" (loc. cit.). Nessa linha de entendimento, considera Marcelo Cunha de Araújo que os princípios supremos do ordenamento jurídico são os da constitucionalidade, da reserva legal e jurídico democrático (*O novo processo constitucional*, p. 79).

34 Cf. BARACHO. *Revista da Faculdade de Direito da Universidade de Lisboa v. XXXVIII*, p. 44. GONÇALVES, Aroldo Plínio. *Técnica processual e teoria do processo*, p. 50. MÜLLER. *Quem é o povo? A questão fundamental da democracia*, p. 60. LEAL, Rosemiro Pereira. *Teoria geral do processo: primeiros estudos*, p. 187. Nesse sentido, a Constituição italiana, cujo artigo 101 declara que *"a justiça é administrada em nome do povo" (la giustizia è amministrata in nome del popolo)*. É interessante notar, conforme observa Ricardo Ferreira Sacco, que a ideia de exercício de poder pelo Estado em nome do povo, em 1776, portanto, há 245 anos atrás, já era acolhida na Constituição da Virgínia, Estados Unidos da América do Norte, *verbis*: *"SECTION 2. That all power is vested in, and consequently derived from, the people; that magistrates are their trustees and servants, and all times amenable to them"*. Em vernáculo, na tradução feita pelo próprio autor: *"SEÇÃO 2. Todo o poder é investido e consequentemente derivado do povo; os magistrados são seus curadores e servidores e, sempre acessíveis e sensíveis a ele"* (*Constitucionalismo e Ministério Público: uma visão panorâmica*, p. 39-40).

público de provas e títulos, ora por listas tríplices, algumas, para desventura do mesmo povo, de triste memória.

Logo, os únicos critérios diretivos para o exercício da função jurisdicional, que culmina quando os órgãos jurisdicionais proferem a decisão final (acórdão, sentença, decisão interlocutória), são aqueles ditados pelo princípio da permanente vinculação dos atos da jurisdição ao Estado Democrático de Direito, quais sejam, rigorosa observância do ordenamento jurídico vigente (reserva ou prevalência da lei), visando à sua realização na maior medida possível, preservando-se, sempre, a supremacia do sistema constitucional, o que exige adequada e permanente interpretação das normas jurídicas em conformidade com a força normativa da Constituição.

Por essas razões, devem ser energicamente descartados quaisquer doutrinas e precedentes jurisprudenciais que sugiram aos órgãos estatais decisores (juízes e tribunais) exercício da função jurisdicional sob critérios outros dissociados da constitucionalidade da jurisdição, porém, ao revés, marcados de forma inconstitucional e antidemocrática pela arbitrariedade, pela discricionariedade, pelo subjetivismo, pelo messianismo, pela sensibilidade, pelas individualidades carismáticas ou pela patologia judiciária que denominamos *complexo de Magnaud*,[35] como se colhe, por exemplo, com a devida vênia, do seguinte fragmento doutrinário: *"Nunca poderá ser um grande juiz aquele*

35 Jean-Marie Bernard Magnaud foi o juiz que, na França, presidiu o Tribunal de Primeira Instância de Château-Thierry no período de 1899 a 1904, cujos julgamentos se tornaram célebres, mas assim sobressaindo porque subvertiam a ordem jurídica. Almejava ser o bom juiz, clemente com os miseráveis e severo com os poderosos. Apesar de bem redigidas, suas sentenças, muitas vezes, eram distanciadas das fontes do direito, sem qualquer preocupação com as regras e princípios jurídicos, com a doutrina ou com a jurisprudência. Algumas decisões por ele lavradas revelavam incerteza e insegurança jurídicas, formulando regras apoiadas unicamente no sentimentalismo e nos seus juízos e opiniões pessoais, que variavam em cada situação apreciada, ainda que semelhantes os casos julgados. Essas decisões assim proferidas simbolizavam anarquia jurídica, porque levavam em conta a classe, a mentalidade religiosa ou a ideologia política das pessoas que postulavam a jurisdição. Ao ditar suas sentenças, comportava-se Magnaud como se fosse a própria encarnação do direito, um misto de legislador, de vidente, de apóstolo e de evangelizador, dir-se-ia espécie mitológica do *Juiz-Zeus*. Para alguns doutrinadores, entretanto, Magnaud proferia suas sentenças com base na equidade (cf. GÉNY, François. *Méthode d'interprétation et sources en droit privé*, p. 287-289. PERELMAN, Chaïm. *Lógica jurídica: nova retórica*, p. 97-98. GONÇALVES, Aroldo Plínio. *Técnica processual e teoria do processo*, p. 45-46. MAXIMILIANO, Carlos. *Hermenêutica e aplicação do direito*, p. 83.

que produz dentro de um sistema fechado, de plenitude hermética do direito. Grande só pode ser o juiz que disponha de liberdade para criar a solução que lhe pareça mais acertada e mais justa para o caso que tem de julgar. Toda atividade vinculada perde sua grandeza. Só mesmo o poder discricionário dá magnitude à tarefa do juiz, porque ele pode escolher entre várias soluções aquela que lhe pareça a melhor. [...]. Ora, a Justiça é o juiz. O que importa é a educação do juiz, a formação do jurista, nutrido por um sentimento comum de nacionalidade, um sentimento comum de amor a seu povo, seu meio, seu tempo, e ao espírito do seu Direito. [...]. A Justiça está na alma do Juiz. Não está nos Códigos. A Justiça é o Juiz".[36]

É preciso que os órgãos jurisdicionais não descurem de levar a sério o princípio da reserva legal, ao contrário do que se nota, em algumas oportunidades, quando pesquisados repositórios de jurisprudência, porque, bem o disse Humberto Theodoro Júnior, *"no Estado Democrático de Direito, os indivíduos são livres para governar sua conduta em sociedade e gozam da garantia de que apenas a lei poderá interferir para dimensionar e delimitar essa liberdade".*[37]

Essa ideia da prevalência do ordenamento jurídico no conteúdo do ato estatal decisório precisa ficar definitivamente arraigada junto aos práticos ou operadores do direito, pelo que invocamos a lição de Rosemiro Pereira Leal, formulada sob remissão às doutrinas de Habermas, Müller e Cattoni de Oliveira, ao assinalar que, nas democracias, *"nenhuma norma é exigível se seu destinatário não é o seu próprio autor"*, isto porque, *"se o povo real não legislou, o*

ARAÚJO, Francisco Fernandes de. *Responsabilidade objetiva do Estado pela morosidade da justiça*, p. 361).

36 ROSA, Eliézer. *Novo Dicionário de Processo Civil*, p. 167 e 170. Ainda como exemplo de função jurisdicional exercida de forma desvinculada ao Estado Democrático de Direito, transcrevemos a seguinte concepção doutrinária: *"O posicionamento livre e independente do juiz na formação de uma convicção que mais se enquadre à concepção ampla de justiça não induz à ideia de uma idiossincracia.[...]. Tem que ser* [o juiz] *especial, equilibrado, ponderado, imparcial e sensível aos anseios da sociedade na apreciação do caso concreto levado à sua alta e peculiar consciência de julgador, de artesão da Justiça e do Direito"* (ROMANI, Dagoberto. O juiz, entre a lei e o Direito. *Revista dos Tribunais* v. 633, p. 235). Com todo o respeito, como sustentamos neste trabalho, o princípio da vinculação da função jurisdicional ao Estado Democrático de Direito repudia essa figura retórica do *"juiz artesão da Justiça e do Direito"*.

37 *Revista Síntese de Direito Civil e Processual Civil v. 14*, p. 8.

direito não existe para ninguém", daí concluindo, *"não há indagar se o que não é proibido é permitido, se o sistema é aberto ou fechado, mas, no direito democrático, o que não é provido pelo devido processo legislativo fiscalizável processualmente por todos (devido processo legal) não é juridicamente exigível".*[38]

Na esteira de doutrina atual, científica e seriamente comprometida com o princípio fundamental do Estado Democrático de Direito, não pode haver decisões jurisdicionais apoiadas nas noções vagas, imprecisas e fluídas de *justiça* e de *equidade,* vale dizer, *"ao alvedrio judiciário"*, buscando alcançar aquilo que, sob atecnia e de forma indefinida, costuma-se qualificar de *ideal de justiça* ou de *decisão justa*, construídas pelos devaneios inconsequentes dos adeptos do direito livre ou do direito alternativo, *"que transformam o juiz no 'grande justiceiro do caso concreto', sujeitando-se, apenas, ao farol da justiça"*, segundo crítica procedente de Humberto Theodoro Júnior, ou, em outros termos, *"convertendo o direito em esdrúxulo recinto de decisão personalista de um juiz clarividente"*, conforme censura inquestionável de Rosemiro Pereira Leal.[39]

Nossa crítica técnico-científica, entretanto, não se encerra aí, porque há outros conceitos vagos, captados de doutrinas tradicionais e adotados no exercício da função jurisdicional, baseados nas ideologias dos agentes públicos decisores (juízes), nas suas próprias concepções de vida, crenças e critérios pessoais ou nos seus particulares e talentosos sentimentos de justiça, algumas vezes elevados à grandiosidade imperial, porque são aprovados com louvor em difíceis concursos públicos ou escolhidos pelas autoridades judiciárias e governamentais, por meio de inclusões de seus nomes em majestáticas listas tríplices, algumas de deplorável memória. Que o digam os advogados militantes, ao se depararem com decisões jurisdicionais fundamentadas, por exemplo, nos critérios enigmáticos e irresponsáveis do "*justo razoável*", do "*ideal de justiça*", "*do caráter instrumental do processo*", do "*livre (ou prudente) arbítrio do juiz* ", do "*prudente critério do juiz*",[40] do "*processo justo*", da "*interpretação*

38 *Teoria Processual da Decisão Jurídica*, p. 39.

39 Cf. THEODORO JÚNIOR, Humberto. *Revista Síntese de Direito Civil e Processual Civil*, p. 14. LEAL, Rosemiro Pereira. *Teoria Processual da Decisão Jurídica*, p. 70-71. PERELMAN, Chaïm. *Lógica jurídica: nova retórica*, p. 96-98. REIS FRIEDE, R. *Revista do Conselho Federal da Ordem dos Advogados do Brasil* v. 57, p. 9.

40 Nota-se que o Código de Processo Civil de 2015, no parágrafo único, do seu artigo 723, ao tratar das disposições normativas gerais que regem os procedimentos de jurisdição voluntária, prescreve que o juiz não está obrigado a observar *critério de legalidade estrita,*

mais razoável", da "*decisão mantida pelos seus próprios e jurídicos fundamentos*", além de outros tantos esquisitos fundamentos e expressões próprios de um autêntico festival de logomaquia, captados, às vezes, de aplaudidas doutrinas forjadas no argumento de autoridade e de textos pretorianos repetitivos e grandiloquentes, porém manifestamente incompatíveis com o princípio do Estado Democrático de Direito, ao qual os atos decisórios jurisdicionais têm de estar vinculados, a fim de que fiquem revestidos de legitimidade democrática, sem exceção de espécie alguma.

Neste novo milênio, esses apontados parâmetros são igualmente colidentes com o cenário sistêmico do Estado Democrático de Direito, abandonado pelos órgãos jurisdicionais, quando passam a formular juízos desvinculados do ordenamento jurídico que a norma constitucional lhes recomendou observar, justamente no título da Constituição que trata dos direitos fundamentais do povo, empreendendo uma proibida atividade de manufaturação arbitrária do direito, em outras palavras, fabricando direitos à margem do ordenamento jurídico vigente.[41] Somente é direito o que como tal for produzido pelo órgão

podendo adotar "*a solução que considerar mais conveniente ou oportuna*". Entendemos que esta norma é inconstitucional, por afrontar a garantia fundamental da reserva legal, prevista na Constituição Federal, artigo 5º., inciso II, e desconhecer grosseiramente o princípio da legalidade, estruturante do Estado Democrático de Direito (Constituição Federal, artigo 37). Outra norma do vigente Código de Processo Civil a merecer crítica, dissociada da garantia da reserva legal, é a do seu artigo 104, inciso V, autorizando julgamento "segundo o prudente arbítrio do Juiz". Aliás, o Código de Processo Civil de 2015 contém normas antípodas, situação que desarruma sua estrutura normativa e nega a orientação fixada em seu artigo 1º.. Com efeito, enquanto este recomenda observância do devido processo legal, já que enunciado principiológico síntese das normas fundamentais do processo, as normas do parágrafo 4º, de seu artigo 382, proíbem defesa ou recurso no procedimento da produção antecipada da prova, outra barbaridade inconstitucional de seu texto (a respeito, ver BRÊTAS *et alii*. *Estudo sistemático do NCPC*, p. 45-49 e p. 61-65). Em outra obra, sustentamos a inconstitucionalidade de todos os conteúdos normativos do vigente Código de Processo Civil anteriormente apontados (ver BRÊTAS. *Fundamentos e inovações do Código de Processo Civil*, p. 55-66).

41 No particular, Ronald Dworkin faz alusão ao que qualifica de *tese do fingimento*, percebida em alguns casos, nos quais os juízes decidem segundo suas convicções pessoais, não em face do que o direito é, mas do que o direito deveria ser, segundo percepção particular do que entendem seja mais adequado à situação examinada (*O império do direito*, p. 49-50). Pensamos que a tese do fingimento judiciário tem maior espectro, indo além do que foi desenhado pelo seu criador. De fato, há casos em que o juiz julga em razão do que o direito deveria ser, segundo sua convicção ou formação supostamente privilegiada e superior, mas

legislativo do Estado, composto de representantes eleitos pelo povo, tudo sob expressa autorização constitucional e pelo processo legislativo previsto constitucionalmente, sendo esta a estrutura de legitimação democrática do Estado de Direito, não podendo o órgão jurisdicional ignorá-la, a fim de exercer função lúdica no processo, ou, como foi bem dito por Müller, é defeso ao juiz *"brincar de pretor romano"*.[42]

7. PRINCÍPIO DO DEVIDO PROCESSO CONSTITUCIONAL

Contudo, não é somente a obediência ao princípio da reserva da lei que permitirá o exercício constitucionalizado da função jurisdicional e a consequente decisão vinculada ao Estado Democrático de Direito. Adicione-se a tal desiderato a garantia do devido processo constitucional, que não pode ser olvidada. Assim o é, porque as decisões ou pronunciamentos jurisdicionais (decisão interlocutória, sentença, acórdão[43]) não são atos solitários do órgão jurisdicional, pois somente obtidos sob inarredável disciplina constitucional principiológica (devido processo constitucional), por meio da garantia fundamental de uma *estrutura normativa metodológica* (devido processo legal), a permitir que tais decisões sejam construídas com os argumentos desenvolvidos em contraditório por aqueles que suportarão seus efeitos, em torno das questões de fato e de direito sobre as quais controvertem no processo.

---

tentando fundamentar ou justificar a decisão no ordenamento jurídico vigente. Em outras palavras, em tais casos, os juízes fingem que decidem conforme o direito, daí a oportuna denominação da tese. A tese do fingimento judiciário surge concretizada a partir do instante em que o juiz, ao examinar o caso, primeiro o prejulga, segundo suas convicções subjetivas. Depois, procura revestir suas conclusões decisórias adredemente obtidas fora do espaço democrático procedimental e argumentativo que as partes dispõem (contraditório), com alguns fundamentos de direito, por mais inadequados e incongruentes que sejam à espécie em julgamento. A nosso ver, Dworkin foi muito feliz na concepção, à vista das situações concretas com as quais nos deparamos na vida forense.

42 Cf. LEAL, Rosemiro Pereira. *Teoria Processual da Decisão jurídica*, p. 70 e 112. GARCÍA DE ENTERRIA, Eduardo. *Democracia, jueces y control de la administración*, p. 126-127. MENEZES DIREITO, Carlos Alberto. *Revista Forense* v. 351, p. 28. MÜLLER. *Quem é o povo? A questão fundamental da democracia*, p. 60.

43 Ver Código de Processo Civil de 2015, artigos 203 e 204, ao tratarem dos *pronunciamentos do juiz.*

Reportando-nos à doutrina de Aroldo Plínio Gonçalves, é importante perceber que a estrutura normativa do devido processo legal consagra uma técnica de aplicação do direito desvinculada de elementos subjetivos do agente público julgador, proporcionando a qualquer pessoa do povo, ao postular a função jurisdicional, a mesma segurança de obter decisão conforme o ordenamento jurídico vigente (princípio da reserva legal), quer esteja diante de um juiz dotado de cultura jurídica, formação técnica, inteligência, sensibilidade e talento sobre-humanos – espécie de *juiz Hércules,* acrescentamos – quer esteja diante de um juiz obtuso, desatualizado, despreparado, desqualificado ou desmotivado para o exercício da função jurisdicional.[44]

Já sustentamos anteriormente que o devido processo legal, principal alicerce do processo constitucional ou modelo constitucional do processo, considerado este a principiologia metodológica constitucional de garantia

44 GONÇALVES, Aroldo Plinio. *Técnica processual e teoria do processo*, p. 45-46. O *juiz Hércules* é criação de Dworkin, com o propósito de ilustrar suas teorias quanto à atitude decisório-interpretativa ideal a ser seguida pelo agente público decisor no ato estatal de julgar. Segundo as palavras do próprio jurista: *"Devo tentar expor essa complexa estrutura da interpretação jurídica, e para tanto utilizarei um juiz imaginário, de capacidade e paciência sobre-humanas, que aceita o direito como integridade. Vamos chamá-lo de Hércules"* (*O império do direito*, p. 287). Estamos de acordo com André Cordeiro Leal, quando observa que o *juiz Hércules* simboliza uma importância extremada do ato decisório em si, como se fosse ato solitário do órgão estatal julgador, monopolizando por completo a tarefa interpretativa, com isto desprezando a indispensável e importante contribuição argumentativa das partes no processo, concebido por Fazzalari como procedimento em contraditório (*O contraditório e a fundamentação das decisões no direito processual democrático*, p. 61-62). Essas considerações reforçam a tese da indispensabilidade da presença do advogado no ato estatal de julgar, aliás preceito constitucional, trilhando-se o caminho doutrinário aberto por Rosemiro Pereira Leal, para quem a jurisdição somente se realiza pelo processo constitucionalizado, que se define pela coexistência dos princípios da ampla defesa (incluindo-se neste, necessariamente, o direito ao advogado), do contraditório e da fundamentação das decisões. Por isso, a decisão jurisdicional nunca será somente o resultado interpretativo hercúleo do juiz, mas, como aponta corretamente Rosemiro Pereira Leal, *"conclusão co-extensiva da argumentação das partes" (Teoria processual da decisão jurídica,* p. 26-27). É de se ressalvar que esta argumentação é desenvolvida pelas partes, que têm direito a uma defesa técnica conforme o ordenamento jurídico vigente, por isto representadas por advogados, em contraditório, em torno das questões de fato e de direito discutidas no processo. Essas considerações teóricas levam Cattoni de Oliveira a afirmar: *"não é necessário ser Hércules (Dworkin), para se cumprir a tarefa jurisdicional"* (*Direito processual constitucional*, p. 154).

dos direitos fundamentais, deve ser entendido como um bloco aglutinante e compacto de vários direitos e garantias fundamentais inafastáveis, ostentados pelas pessoas do povo (partes), quando deduzem pretensão à tutela jurídica nos processos, perante os órgãos jurisdicionais: a)- direito de amplo acesso à jurisdição, prestada dentro de um tempo útil ou lapso temporal razoável; b)- garantia do juízo natural; c)- garantia do contraditório; d)- garantia da ampla defesa, com todos os meios e recursos a ela (defesa) inerentes, aí incluído o direito à presença de advogado ou de defensor público; e)- garantia da fundamentação racional das decisões jurisdicionais, com base no ordenamento jurídico vigente (reserva legal); f)- garantia de um processo sem dilações indevidas.[45]

Dentro desse equacionamento democrático e constitucional, afastando-se, de uma vez por todas, a ideia de que a decisão jurisdicional deva ser orientada por hercúleos critérios subjetivos de um talentoso julgador, dizem melhor as palavras de Rosemiro Pereira Leal, forte na teoria estruturalista ou fazzalariana do processo, ao pontificar que, nos dias de hoje, no Estado Democrático de Direito, decisão jurisdicional significa "*julgamento vinculado ao espaço técnico-procedimental-discursivo do processo cognitivo de direitos, como conclusão co-extensiva da argumentação das partes*", adquirindo, por isto, "*conotação de ato integrante final da estrutura do procedimento*".[46]

Para finalizar o presente tópico, uma derradeira observação se impõe, decisão jurisdicional que estiver totalmente desvinculada do princípio fundamental do Estado Democrático de Direito, hostilizando por completo o princípio da reserva legal, além de não se legitimar constitucionalmente, poderá configurar ato ilícito, passível de acarretar a obrigação indenizatória do Estado

---

45 Oportunas as seguintes considerações de José de Assis Santiago Neto: "*Ronaldo Brêtas de Carvalho Dias destaca, em inúmeras obras [...], que a viga-mestra do processo constitucional encontra-se no devido processo legal. Ainda, seguindo os ensinamentos do autor citado, o devido processo legal constitucional deve ser entendido como o direito de ação (direito à jurisdição), direito de ampla defesa, direito à defesa por advogado, direito ao processo sem dilações indevidas (razoável duração do processo), direito a uma decisão proferida por órgão jurisdicional previamente definido pela Constituição e fundamentado no ordenamento jurídico (juízo natural) e direito aos recursos*". (SANTIAGO NETO, José de Assis. *Estado Democrático de Direito e processo penal acusatório: a participação dos sujeitos no centro do palco processual*, p. 32-33).

46 *Teoria Processual da Decisão Jurídica*, p. 26-27.

ou do agente público decisor que a tiver proferido, desde que tenha causado prejuízos às partes, porque todo ato estatal de exercício do poder implica em responsabilidade.[47]

8. PRINCÍPIO DA FUNDAMENTAÇÃO DAS DECISÕES JURISDICIONAIS

A importância do princípio da fundamentação das decisões jurisdicionais é demonstrada ao se constatar sua recepção em enunciados normativos expressos nos ordenamentos jurídicos modernos, quer no plano constitucional, quer no plano infraconstitucional, impondo aos órgãos jurisdicionais do Estado o dever jurídico de motivar os pronunciamentos decisórios, visando a afastar o arbítrio judicial, caracterizado por anômalas ou patológicas intromissões de ideologias do julgador na motivação das decisões, de forma incompatível com os princípios que estruturam o Estado Democrático de Direito.

Nesse sentido, fazendo-se breve incursão na legislação comparada, merece lembrança a Constituição da Itália, sempre apontada pela doutrina especializada como exemplo no assunto, por estabelecer normas sobre a função jurisdicional do Estado (*norme sulla giurisdizione*), prescrevendo, dentre elas, no seu artigo 111, que *"todos os provimentos jurisdicionais devem ser motivados" (tutti i provvedimenti giurisdizionali devono essere motivati)*. Por sua vez, o Código de Processo Civil italiano, na esteira constitucional, ao dispor sobre o conteúdo da sentença (artigo 132), recomenda *"a concisa exposição do desenvolvimento do processo e dos motivos de fato e de direito da decisão" (la concisa esposizione dello svolgimento del processo e dei motivi in fatto e in diritto della decisione)*. Na França, embora seu ordenamento constitucional não contemple semelhante recomendação, esta vem enunciada no Código de Processo Civil francês (regra do artigo 455), *"o julgamento deve ser motivado" (le jugement doit être motivé)*. O mesmo ocorre na Alemanha, inexistente expresso preceito constitucional a respeito, mas, ao dispor o Código de Processo Civil alemão, na regra do seu § 313, sobre a forma e conteúdo da sentença, vê-se clara a influência do referido princípio no seu enunciado normativo, ao ordenar que a sentença deve incluir, em sua estruturação, os fatos (exposição sucinta das pretensões e dos meios de defesa) e os fundamentos jurídicos (resumo das considerações nas quais

47 Ver BRÊTAS. *Responsabilidade do Estado pela função jurisdicional*, p. 174-183

se baseia a decisão sob o ponto de vista de fato e de direito),[48] o que traduz o dever do órgão jurisdicional de motivá-la. O atual Código de Processo Civil português, que entrou em vigor em 1º de setembro de 2013, começa por recomendar que as decisões proferidas sobre qualquer ponto controvertido (questão) ou sobre alguma dúvida no processo sejam sempre fundamentadas (justificadas), proibindo a fundamentação (justificação) por simples adesão aos fundamentos constantes dos arrazoados das partes (artigo 154º). Em outra parte, o Código processual lusitano prescreve que a sentença deverá indicar seus fundamentos, devendo o juiz, a tanto, discriminar os fatos que considerar provados e indicar, analisar criticamente as provas, interpretar e aplicar as normas jurídicas correspondentes, resolvendo todas as questões que as partes tenham submetido à sua apreciação (artigo 607º).

O Estado brasileiro segue o modelo italiano, porque o princípio da fundamentação, assim expressamente considerado, tem destacado enunciado normativo na regra do artigo 93, inciso IX, da Constituição Federal, ao dispor que todas as decisões dos órgãos jurisdicionais serão fundamentadas. No plano infraconstitucional, dito princípio surgiu informando as regras dos artigos 165 e 458 do revogado Código de Processo Civil de 1973, ao incluírem, entre os requisitos estruturais da sentença, os fundamentos, que abrangem a obrigatória análise das questões de fato e de direito discutidas pelas partes no processo, e o dispositivo, no qual o órgão jurisdicional resolverá ditas questões. Aliás, as prescrições normativas do artigo 93, inciso IX, da Constituição Federal, surgem reproduzidas *verbum ad verbum* no artigo 11 do Código de Processo Civil de 2015, em vigor. Os requisitos técnico-jurídicos das decisões jurisdicionais (decisão interlocutória, sentença e acórdão), quais sejam, relatório, fundamentos (motivação) e dispositivo (conclusão) estão previstos e recomendados nos três incisos do artigo 489, do vigente Código de Processo Civil. No seu parágrafo 1º., incisos I a VI, este artigo 489 enumera uma série de situações nas quais a decisão judicial não será considerada fundamentada. Em suma, como já foi considerado em outro sítio doutrinário, o exame das normas do mencionado artigo 489 do Código de Processo Civil de 2015 indica

48 *Código Procesal Civil Alemán del 30 de enero de 1877 (hoja de la ley imperial 1 83) en la versión de la publicación del 12 septiembre de 1950 (hoja del Código Civil 1 533), modificada finalmente con la ley para la reforma del derecho matrimonial del 4 de mayo de 1998 (hoja del Código Civil 1 I 833).* Tradução espanhola de Emilio Eiranova Encinas e Miguel Lourido Míguez. Madrid: Marcial Pons, 2001.

que o Estado brasileiro fez as seguintes prescrições aos juízes, quando elaborarem seus atos decisórios: 1ª.)- enunciar explicitamente os fundamentos pelos quais os argumentos das partes não poderão ser acolhidos: 2ª.)- promover o acertamento das suas alegações de fato; 3ª.)- individualizar justificadamente as normas do ordenamento jurídico que norteiam a solução do caso concreto; 4ª.)- apontar claramente as consequências da qualificação jurídica dos fatos valorados pelas provas produzidas; 5ª.)- realizar o cotejo analítico dos excertos dos precedentes e das súmulas jurisprudenciais invocados nas decisões, com as questões de fato e de direito decididas no processo; 6ª.)- afastar os males do solipsismo , da discricionariedade e do arbítrio do ato de julgar.[49] De igual forma, o Código de Processo Penal em vigor, embora sem a precisão técnica do Código de Processo Civil, também prescreve que a sentença conterá a exposição sucinta da acusação e da defesa, a indicação dos motivos de fato e de direito em que se fundar a decisão e a indicação dos artigos de lei aplicados (artigo 381).[50]

---

49 Cf. BRÊTAS *et alii*. *Estudo sistemático do NCPC*, p. 60-61.

50 Como afirmado, três são os requisitos ou conteúdos estruturais normativos da decisão jurisdicional: a)- o relatório; b)- a motivação ou fundamentação e c)- o dispositivo, conclusão ou decisão propriamente dita. Além dos referidos conteúdos estruturais, que são técnicos, há os chamados *requisitos de inteligência* do ato decisório, conforme aponta Moacyr Amaral Santos: a)- clareza; b)- precisão. Ditos requisitos de inteligência das decisões jurisdicionais - clareza e precisão - aparecem recomendados no artigo 298, do Código de Processo Civil de 2015. Explica Moacyr Amaral Santos, quanto ao requisito clareza: *"A sentença deve ser clara, pois que terá de ser inteligível e insuscetível de interpretações ambíguas ou equívocas. A clareza recomenda linguagem simples, em bom vernáculo, com aproveitamento, quando for o caso, da palavra técnica, do vocabulário jurídico. De bom conselho é evitarem-se os períodos longos"*. Em relação ao segundo requisito de inteligência, a precisão, esclarece Amaral Santos: *"A sentença deve ser precisa, isto é, certa e limitada. (...). Por ela se dirimem controvérsias e se resolve quanto ao pedido, donde ser incompatível com a dúvida. (...). Para ser precisa, deve a sentença conter-se nos limites do pedido. Sententia debet esse conformis libelo. Trata-se de aplicação do princípio de adstrição do juiz ao pedido da parte..."*. *(Primeiras linhas de Direito Processual Civil*, v. 3, p. 21-22). Sobre o assunto, pertinente a doutrina de Humberto Theodoro Júnior, com remissão a julgado do Supremo Tribunal Federal: *"Clareza e precisão apresentam-se como requisitos da sentença, no que diz respeito à exigência constitucional de motivação dos julgados. Quem milita no foro conhece bem a dificuldade de se recorrer de um decisório carente de fundamentação lógico-jurídica. É como esgrimir com fantasma, pois não se sabe onde encontrar o cerne do julgado, onde localizar a ratio da deliberação, para atacá-la e tentar reverter-lhe o desfecho. Enfim, é o direito de ampla defesa que não se consegue exercitar a contento. Sentença não fundamentada ou inadequadamente motivada provoca grave cerceamento do direito de defesa assegurado constitucionalmente.(...). Como decidiu, certa*

Nosso pensamento sobre o alcance do princípio da fundamentação das decisões jurisdicionais busca harmonizar-se com o que entendemos ser jurisdição exercida de forma vinculada ou obediente às diretrizes principiológicas do Estado Democrático de Direito.

De fato, se a jurisdição somente atua mediante o devido processo constitucional e se o processo é procedimento que se desenvolve em contraditório entre as partes, em condições de paridade, fundamentar a decisão jurisdicional é justificar o órgão estatal julgador, no processo, as razões pelas quais a decisão foi proferida. No Estado de Direito, rememora José Carlos Barbosa Moreira, invocando a doutrina alemã, todos os órgãos estatais sujeitam-se à lei, razão pela qual devem justificar os atos que praticam, sobretudo os decisórios. Sendo assim, conclui o notável processualista: *"qualquer intromissão na esfera jurídica das pessoas deve, por isso mesmo, justificar-se, o que caracteriza o Estado de Direito como 'rechtsfertigender Staat', como 'Estado que se justifica"*. [51]

Porém, a justificação assim desenvolvida pelo órgão julgador não pode ser abstrata, desordenada, desvairada, ilógica, irracional, discricionária ou arbitrária,[52] formulada ao influxo de *"ideologias"*, do particular critério ou livre sentimento de justiça, do espírito de equidade, do prudente arbítrio ou das convicções pessoais ou sócio-políticas do agente público julgador, marginalizando as questões e os argumentos posicionados pelas partes no itinerário

---

feita, o Supremo Tribunal Federal, 'há um defeito de fundamentação da sentença que se pode reputar equivalente de sua inexistência: é o da falta de coerência lógico-jurídica entre a motivação e o dispositivo (STF, 1ª. Turma, RE 140.370/MT, acórdão de 20/4/1993, RTJ 150/269, do voto do Ministro Sepúlveda Pertence" (Revista do Instituto dos Advogados de Minas Gerais v. 15, p. 368-369). O princípio da adstrição do juiz ao pedido (ou ao libelo) também é conhecido por princípio da congruência, terminologia de nossa preferência, empregada neste capítulo (item 9). Faltantes quaisquer dos requisitos técnicos e de inteligência no ato decisório, seja de que natureza for (acórdão, sentença, decisão interlocutória), as partes poderão impugná-lo, visando à eliminação dos vícios, por meio do recurso de embargos de declaração (ver Código de Processo Civil, artigo 1.022, parágrafo único, inciso II). Sobre a técnica estrutural dos atos jurisdicionais decisórios, ver GHEDINI NETO, Armando. *Técnica processual* , p. 255-281. Também, focalizando o mesmo tema, FONSECA, Bruno César. *Temas de direito processual democrático*, p. 87-122.

51 BARBOSA MOREIRA. *Temas de direito processual: segunda série*, p. 89.

52 Assinala Ronald Dworkin: *"É tautologia a proposição segundo a qual, quando não há regra clara disponível, deve-se usar o poder discricionário para julgar"* (DWORKIN. *Levando os direitos a sério*, p. 55).

processual, porque o julgador não está sozinho no processo, não é seu centro de gravidade e não possui o monopólio do saber.

Contudo e lamentavelmente, algumas dessas *"ideologias"* e *"sentimentos"* despontam sugeridas em prestigiados textos doutrinários. Por exemplo, preconiza-se, no ato estatal de julgar, a interferência das *"convicções sócio-políticas do juiz, que hão de refletir as aspirações da própria sociedade"*.[53] Também, na motivação da sentença, muitas vezes, cogita-se da influência de um *"oculto sentimento"* do juiz, qual seja, *"simpatia, antipatia, desinteresse por uma questão ou argumentação jurídica"*, *"todas as variações dessa realidade misteriosa, maravilhosa e terrível que é o espírito humano"*, refletidas nos repertórios de jurisprudência.[54] Em outra passagem doutrinária, é defendida com ênfase a tese de se conceder um estranho e inevitável *"poder discricionário-não-arbitrário"* ao juiz: *"Com efeito, natural que, por mais hermética e completa que seja a ordem jurídica, ainda assim sobejará um grande poder nas mãos do magistrado. Este poder discricionário-não-arbitrário, por mais que irrite os positivistas, é inevitável. Não há como não concedê-lo. É que, com a caminhada da história, nada assegura a justiça, neste trabalho entendida como a melhor e mais exata interpretação no aplicar a lei, senão o espírito livre do magistrado.[...]. A ordem normativa não passa de uma fotografia de dado momento da história humana. Atualizar essa fotografia no curso do tempo é tarefa do juiz. Somente dele podemos esperar o que a lei, em abstrato, nos acena. No caráter do juiz reside o bom Direito. Não há novidade no que escrevo. Já Platão dissera que não há justiça sem homens justos"*.[55] Admite-se, ainda em sede doutrinária, que a decisão jurisdicional *"possa refletir características pessoais do juiz (a sua personalidade, o seu temperamento, as suas experiências passadas, as suas frustrações, as suas expectativas)."* [56] Outras vezes, na seara jurisprudencial, enigmático e privilegiado *"sentimento de justiça"* desponta orientando algumas esdrúxulas decisões jurisdicionais, como exteriorizado, por exemplo, em julgamento realizado pelo Tribunal de Justiça de Minas

53 DINAMARCO, Cândido Rangel. *A instrumentalidade do processo*, p. 274.

54 CAPPELLETTI, Mauro. *Proceso, ideologias, sociedad*, p. 3-5.

55 GAMBOGI, Luís Carlos Balbino. *Direito: razão e sensibilidade*, p. 178.

56 CAMBI, Eduardo. *Neconstitucionalismo e neoprocessualismo: direitos fundamentais, políticas públicas e protagonismo judicial*, p. 124.

Gerais: "*O sentimento de justiça, que deve revestir o espírito do juiz, é o único capaz de assegurar a solidez da ordem do Estado Democrático de Direito.*"[57]

Alardeia-se, mais ainda, particularmente no âmbito do processo trabalhista, a necessidade de um "*ativismo judicial*"[58], também "*definido por outras expressões tais como protagonismo judicial, atividade judicial criadora [...], direito judicial, judicialização da política, politização do judiciário*", por meio do qual "*o magistrado se mostra um protagonista judicial se sua decisão criar a norma adequada para o caso concreto*", visto que "*somente um juiz com formação ética humanista e que busca a justiça desenvolverá o ativismo para efetivar direitos trabalhistas, podendo ser que para isso tenha até mesmo que negar a lei, caso esta venha acarretar decisões injustas*".[59]

---

57 Acórdão lavrado no julgamento da apelação cível nº 1.0596.03.013587-2/001, Relatora Desembargadora Márcia de Paoli Balbino, realizado na data de 21/5/2009, publicado o acórdão em 9/6/2009.

58 Sobre ativismo judicial, origem da expressão e seus significados, a partir do Direito norte-americano, ver interessante texto escrito por Guilherme Peña de Moraes (PEÑA DE MORAES. *Processo constitucional*, p. 233).

59 MÁXIMO THEODORO, Maria Cecília. *O juiz ativo e os direitos trabalhistas*, p. 150-151. A nosso ver, embora respeitando opiniões contrárias, o processo trabalhista, no Brasil, é antiquado e destoante do processo constitucional e das diretrizes principiológicas do Estado Democrático de Direito traçadas na Constituição Federal de 1988. Não se deve esquecer que as normas do processo trabalhista estão contidas na Consolidação das Leis do Trabalho (CLT), texto elaborado ao tempo do Estado Novo, ditadura implantada por Getúlio Vargas, imposto pelo Executivo, segundo a Constituição Federal outorgada pelo ditador em 10/11/1937, por meio do Decreto-Lei nº 5.452, de 1º/5/1943, sem apreciação no Legislativo da época. As normas processuais da CLT surgiram direcionadas por um princípio autoritário e peculiar à época, em face do qual a estrutura do procedimento se definia como espaço vazio a ser preenchido pela vontade exclusiva do juiz, daí seu Título X (artigos 763 e seguintes), versando o *Processo "Judiciário" do Trabalho*, em terminologia antiquada, própria do século XIX, e a norma do artigo 765 do texto consolidado, segundo a qual "*os Juízos e Tribunais do Trabalho terão ampla liberdade na direção do processo*" (a respeito, ver BARRETO, Helena Guimarães. *Celeridade e efetividade do processo individual do trabalho no Estado Democrático de Direito*, p. 91-94). Referido princípio autoritário - ampla liberdade na direção do processo - bem o explicou Moacyr Amaral Santos, investia "*o juiz das insígnias de autoridade desvinculada do dever de obediência ao princípio da legalidade, a transformar o processo judicial numa segunda edição do processo policial, tão a gosto de Baumbash, de ampla aceitação na Alemanha nazista ou na Rússia soviética*" (aula inaugural na Faculdade de Direito da Universidade de São Paulo, 1959, tema "*contra o processo autoritário*". *Apud* SALES, Ana Flávia; SILVA LEITE, Daniel Secches. *Comentários críticos à Exposição de Motivos do CPC de 1973 e os motivos para a elaboração de um novo CPC*, p. 264).

Embora respeitando esses posicionamentos, dos quais divergimos veementemente, os refutamos criticamente e com redobrada ênfase, sob os argumentos de que o entrelaçamento técnico dos princípios da reserva legal, do contraditório e da fundamentação das decisões jurisdicionais, que se concretizam pela garantia fundamental do devido processo constitucional, tolhe a nefasta intromissão desses anômalos e patológicos *"sentimentos"*, *"ideologias"*, *"ativismos"*, *"protagonismos"* e quejandos no ato estatal de julgar.

Em suma, como estamos defendendo neste livro, as anteriormente transcritas teses doutrinárias e jurisprudenciais ficam repudiadas pela configuração jurídico-fundamental do Estado Democrático de Direito, princípio ao qual a função jurisdicional deverá estar sempre vinculada.

Corretíssima, pois, nesse sentido, a segura doutrina de Lenio Luiz Streck, a endossar nosso pensamento: *"Como bem assinala Flaviane de Magalhães Barros (...), embora o juiz seja uma pessoa com convicções e história de vida, a limitação ao seu subjetivismo e à sua parcialidade se dá justamente no impedimento de uma fundamentação que extrapole os argumentos jurídicos e na obrigatoriedade de se construir a decisão com a argumentação participada das partes, que, como partes contraditoras, possam discutir a questão do caso concreto, de modo que a decisão racional se garanta em termos de coerência normativa, a partir da definição do argumento mais adequado ao caso. Assim, o objetivo é garantir que um juiz, mesmo com suas convicções, não apresente um juízo axiológico, no sentido de que todos os cidadãos comunguem da mesma concepção de vida, ou que os valores ali expostos na sentença vinculem normativamente todos os demais sujeitos do processo."* [60]

Aliás, sobre as decisões dos juízes, o Ministro do Supremo Tribunal Federal Luís Roberto Barroso, em pronunciamento feito no XII Congresso de Direito do Estado, em Salvador, Bahia, maio de 2013, considerou que *"decisão política deve tomar quem tem voto"*. A partir daí, acrescentou que, como os juízes não são votados pelo povo, *"o Judiciário tem de ser diferente para com as escolhas feitas pelo legislador e para com as decisões tomadas pelo administrador."* Legitimada estará a intervenção do Judiciário, justificou Barroso, quando *"essas decisões violem frontalmente algum direito fundamental"*. Para o Ministro Luís Roberto Barroso, *"ativismo é um modo expressivo de interpretar a Constituição para averbar situações que não foram contempladas pelo constituinte*

60 STRECK. *Constituição e processo*, p. 19.

e pelo legislador". Arrematou Barroso, por fim, que o Judiciário *"não é a tábua de salvação para garantir a democracia ou a prática exemplar dos políticos"*.[61]

Enfim, urge compreender-se de uma vez por todas que, no Estado Democrático de Direito, a justificativa adotada no pronunciamento jurisdicional decisório tem de ser feita dentro de um conteúdo estrutural normativo que as normas processuais lhe impõem, em forma tal que o agente público julgador dê motivação racional à decisão prolatada, sob a prevalência do ordenamento jurídico em vigor e indique a legitimidade das escolhas adotadas, em decorrência da obrigatória análise dos argumentos desenvolvidos pelas partes, em contraditório, em torno das questões de fato e de direito sobre as quais estabeleceram discussão, sendo estas as recomendações feitas no conteúdo normativo do artigo 489, do vigente Código de Processo Civil.

Nesse sentido, novamente lição de Lenio Luiz Streck sobre o dever constitucional dos órgãos jurisdicionais de fundamentar suas decisões: *"No Estado Democrático de Direito, mais do que fundamentar uma decisão, é necessário justificar (explicitar) o que foi fundamentado. Fundamentar a fundamentação, eis o elemento hermenêutico pelo qual se manifesta a compreensão do fenômeno jurídico. Não há princípio constitucional que resista à falta de fundamentação; não há embargo declaratório que possa, posteriormente à decisão, restabelecer aquilo que é a sua condição de possibilidade: o fundamento do compreendido. O dever de fundamentar as decisões (e não somente a decisão final, mas todas as do iter) está assentado em um novo patamar de participação das partes no processo decisório. A fundamentação está ligada ao controle das decisões, e o controle depende dessa alteração paradigmática no papel das partes da relação jurídico-processual. Por isso, o protagonismo judicial-processual – que, como já se viu, provém das teses indicadas por Büllow, Menger e Klein ainda no século XIX – deve soçobrar diante de uma adequada garantia ao contraditório"*.[62]

Assim, impõe-se o entendimento de que a fundamentação da decisão jurisdicional, muito longe de surgir apoiada em convicções pessoais ou em critérios

---

61 Jornal O Globo, Rio de Janeiro, edição de 25/5/2013, p. 8.

62 STRECK. *Constituição e processo*, p. 17. Em capítulo extenso da sua obra, Dierle José Coelho Nunes empreende análise histórica e alinha sólidos argumentos em prol do fim do dogma do protagonismo ou ativismo do juiz, consequência da ideia originariamente surgida na doutrina de Büllow, a de que o processo é mero instrumento da jurisdição, sendo esta, por sua vez, tida como atividade solitária do juiz (*Processo jurisdicional democrático*, p. 177-200).

salomônicos ou sentimentos vagos de justiça,[63] deverá ser o resultado lógico da

63 É oportuno lembrar que, na Alemanha nazista, na primeira metade do século passado, o juiz alemão decidia com base no *sentimento* de pensadores equânimes e justos, visando a tornar-se um protetor dos valores do povo alemão, personificados no Führer. Aliás, o magistrado alemão, à época de Hitler, fiel ao ideal nacional-socialista, era um aplicador da lei em conformidade com o espírito do Führer. E foi assim que a magistratura alemã, interpretando o *sentimento* da comunidade jurídica da época e adotando a concepção jurídica do povo personificada no Führer, autorizou esterelizações em massa dos judeus e chancelou horrendos experimentos e medidas de pseudo-eugenia (cf. NUNES, Dierle José Coelho, *Processo jurisdicional democrático*, p. 88-94). Ainda sobre o mesmo assunto, em trabalho de pesquisa dos mais valiosos, Aroldo Plínio Gonçalves se louva em texto doutrinário produzido por Claude Du Pasquier (*Introduction à La Théorie Génerale et à La Philosofie Du Droit, 1967)*, a fim de resumir a filosofia à qual submetidos os juízes alemães pelo nacional-socialismo: *"Foi a crise de confiança no Direito instituído pela sociedade politicamente organizada que inspirou a Escola do Direito Livre na Alemanha, o Freirecht de Kantorowicz, de Ehrlich, de Phillipp Heck, mas foi também ela que, a partir de 1933, inspirou a renovação completa dos ideais do direito e da missão do juiz, que repudiou as construções lógicas dos romanistas e confiou no senso inato do juiz à condition qu'il soit de pure race e qu'il s'inspire, non pas d'um individualisme désuet, mais de la communauté nationale* [à condição que seja de pura raça e que se inspire, não mais de um individualismo em desuso, mas da comunidade nacional], *que admitiu que a lei é um aspecto do direito, mas não o mais importante, porque existe um droit non écrit qui se dégage de l'âme du peuple allemand et qui est conforme aux necessités de la vie nationale, droit clairement reconnu, ou mieux, senti et énergiquement réalisé par le juge allemand* [um direito não escrito que se desprende da alma do povo alemão e que é conforme às necessidades da vida nacional, direito claramente reconhecido, ou melhor, sentido e energicamente realizado pelo juiz alemão]. *Como recorda Du Pasquier, o congresso jurídico germano-italiano, realizado em Viena, em maio de 1939, tratando do problema do Direito e dos juízes, adotou teses no sentido de que o juiz vincula-se à lei, ressalvando-se que ele s'inspire de l'esprit de la noluvelle philosophie et non plus des príncipes individualistes surannés du siècle passé* [se inspira no espírito da nova filosofia e não mais nos princípios individualistas antiquados do século passado]. *Essa nova filosofia que se impunha aos juízes era o nacional-socialismo" (Técnica processual e teoria do processo*, p. 12). Fizemos as traduções dos excertos escritos no idioma francês para o vernáculo, colocando-as entre colchetes. Enfim, como observa Dhenis Cruz Madeira, apoiado em estudos de Couture *(Trayectoria y destino Del derecho procesal civil hispano-americano, 1999)*, o direito nacional-socialista alemão se fundava em um estado de consciência popular, porque apoiado na vontade do povo (daí o perigo de se mitificar a expressão *povo)*, cujo intérprete era o *Führer*, já que o povo não possuía fisicamente um órgão único de expressão, por isto a consideração de que *"o juiz é o Führer dentro do processo"* (MADEIRA. Dhenis Cruz. *Processo de conhecimento e cognição*, p. 23). Contudo, também não se pode olvidar que todos esses despautérios ocorreram na vigência da Constituição alemã de Weimar, de 1919, cujo texto não autorizava decisões

atividade procedimental desenvolvida em torno das questões discutidas e dos argumentos produzidos em contraditório pelas partes em todas as fases do processo, porquanto são elas, as partes contraditoras, que suportarão seus efeitos.

Estamos mencionando *argumentos* desenvolvidos em contraditório pelas partes, em torno das *questões* discutidas no processo, a exigir explicação da posição assumida, o que nos apressamos em fazer.

Pois bem, tomando-se por base a doutrina de Carnelutti, *ponto* é o fundamento da pretensão ou da defesa que surge induvidoso ou incontroverso no processo. Quando as partes estabelecem discussão controvérsia em torno do *ponto*, este se converte em *questão*. Logo, para Carnelutti, *questão* é todo *ponto controvertido ou duvidoso* – de fato, de direito processual ou de direito material – que desponta no processo, objeto da discussão das partes e da decisão que será proferida. Por outro lado, esclarece Larenz que *argumentar* é fornecer *argumentos* que *justifiquem* uma afirmação, tornando-a pertinente ou pelo menos discutível. Segundo Aroldo Plínio Gonçalves, no sentido estrito da lógica, argumentos são cadeias de proposições estruturadas em premissas e conclusões. E Luiz Roberto Barroso destaca que *"a argumentação faz parte do mundo jurídico, que é feito de linguagem, racionalidade e convencimento"*, considerações pelas quais, *"todos os participantes do processo apresentam argumentos e a fundamentação é requisito essencial da decisão judicial"*, a partir daí concluindo, *"argumentação é a atividade de fornecer razões para a defesa de um ponto de vista, o exercício de justificação de determinada tese ou conclusão"*. Em face do caráter dialético do processo, os argumentos e contra-argumentos das partes são traços marcantes do procedimento em contraditório. Os argumentos consistem, então, nas *razões de justificação* deduzidas pelas partes, no procedimento em contraditório, em torno das questões de fato e de direito processual ou material discutidas, com o objetivo de demonstrarem consequências ou conseguirem deduções. Acentua Carnelutti que a decisão é obtida resolvendo-se as *questões discutidas* no processo, razão pela qual *as questões a serem resolvidas* convertem-se em *razões da discussão* e estas serão as *razões da decisão*.[64]

---

jurisdicionais estapafúrdias fundadas em doutrinas, ideologias ou filosofia de tal jaez. Aliás, a Constituição de Weimar foi uma das primeiras a fixar a responsabilidade civil direta do Estado (responsabilidade objetiva) por atos de seus agentes públicos causadores de prejuízos ao povo, o que o Estado nacional-socialista alemão foi pródigo em fazê-lo.

64 Cf. CARNELUTTI, Francesco. *Instituciones del proceso civil*, p. 33-34. CARNELUTTI. *Sistema de Direito Processual Civil*, v. II, p. 39. LARENZ, Karl. *Metodologia da ciência do*

Atentos a essas formulações teóricas, na tentativa de se estabelecer distinção técnica entre argumentos *e* questões e suas correlações com os princípios do contraditório e da fundamentação, chegamos à conclusão de que, no processo, as *razões de justificação* (argumentos) das partes, envolvendo as *razões da discussão* (questões), produzidas em contraditório, constituirão *base* para *as razões da decisão*, e aí encontramos a essência do dever de fundamentação, permitindo a geração de um pronunciamento decisório participado e democrático.[65]

---

direito, p. 212. GONÇALVES, Aroldo Plínio. *Técnica processual e teoria do processo*, 2ª. ed., p. 30. BARROSO, Luís Roberto. *Curso de direito constitucional contemporâneo: os conceitos fundamentais e a construção do novo modelo*, p. 378. A doutrina de Carnelutti é acompanhada pela unanimidade dos processualistas brasileiros (por todos, cf. DINAMARCO. *Fundamentos do processo civil moderno*, p. 189-190. CARREIRA ALVIM, José Eduardo. *Elementos de teoria geral do processo*, p. 167). Reinou confusão na elaboração do Código de Processo Civil de 1973, quanto às noções de *ponto* e de *questão*. Por exemplo, a regra do seu artigo 535, II, recomendava a interposição de embargos de declaração, quando fosse omitido *ponto* sobre o qual a sentença devia pronunciar-se. Na realidade, cogitava-se aí de questão (ponto controvertido). As regras dos artigos 331 e 451 faziam referência a *pontos controvertidos*. Ora, *pontos controvertidos* são exatamente as *questões* discutidas no processo. Perdura a mesma confusão no texto do Código de Processo Civil de 2015, cujo artigo 1.022, inciso II, prevê o cabimento de embargos de declaração contra qualquer decisão judicial, a fim de suprir omissão de *ponto* ou *questão* sobre o qual devia se pronunciar o juiz. O novo texto, como se vê, revela que o legislador continua a desconhecer que *questão é ponto controvertido*. Portanto, cabe a observação de Rosemiro Pereira Leal: *"Ao que parece, estamos ante um paradoxo: muito se escreve e nada se lê. A produção científica das faculdades de ponta no Brasil não é considerada pelo legislador[...]." (Teoria neoinstitucionalista do processo: uma trajetória conjectural*, p. 92).

65 Acentuamos, anteriormente, que o enunciado normativo do artigo 489, do vigente Código de Processo Civil, impôs aos juízes maior cuidado e elevada precisão técnica na fundamentação das decisões judiciais. Daí observarem atiladamente Aurélio Viana e Dierle Nunes que, em contrapartida, as partes, representadas por advogados, notadamente na invocação e aplicação da jurisprudência, sofreram aumento do ônus argumentativo em seus arrazoados. Com efeito, bem dissertam referidos autores: "*...espera-se que a parte, ao formular sua pretensão ou defesa em juízo, bem como ao interpor recursos, apresente argumentos jurídicos compatíveis com a lógica trazida pelo dispositivo mencionado (art. 489, § 1º.), havendo, portanto, simetria entre o ônus de argumentação da parte com o dever de fundamentação do juiz. Considerando que o contraditório, cujo conteúdo constitucional é descrito no CPC/2015, é visto como garantia de influência e de não-surpresa, nada mais elementar e intuitivo do que esperar a fundamentação do juiz (art. 489, § 1º.) em simetria com as alegações das partes*". E concluem referidos autores: "*O advogado, ao desprezar o ônus argumentativo que lhe é imposto [...], colabora para o esvaziamento do seu próprio papel, tendo em vista que a sua deficiência argumentativa contribui para o deslocamento da*

Para encerrar este segmento, consideramos que, no Estado Democrático de Direito, a exigência constitucional de fundamentação das decisões jurisdicionais tem assento em quatro razões lógica e juridicamente relevantes:

a) controle de constitucionalidade da função jurisdicional, permitindo verificar se o pronunciamento estatal decisório está fundado no ordenamento jurídico vigente (princípio da reserva legal);

b) tolhimento da interferência de ideologias e subjetividades do agente público julgador no ato estatal de julgar;

c) verificação da racionalidade da decisão, ao apreciar os argumentos desenvolvidos pelas partes em contraditório e ao resolver analiticamente as questões postas em discussão no processo, a fim de afastar os erros de fato e de direito cometidos pelos órgãos jurisdicionais, causadores de prejuízos às partes, ensejando a responsabilidade do Estado;

d) possibilidade de melhor estruturação dos recursos eventualmente interpostos, proporcionando às partes precisa impugnação técnica e jurídica dos vícios e erros (de fato e de direito) que maculam as decisões jurisdicionais, perante órgão jurisdicional diverso daquele que as proferiu, viabilizando a concretização dos princípios da recorribilidade e do duplo grau de jurisdição.[66]

---

centralidade (protagonismo) no órgão jurisdicional, considerando-se a própria virtude do contraditório, que veda as decisões surpresa". (VIANA, Antônio Aurélio de Souza; NUNES, Dierle. *Precedentes: a mutação no ônus argumentativo*, p. 361).

66 Essas diretivas orientaram o Tribunal de Justiça de Minas Gerais, no julgamento do Habeas Corpus Criminal nº 1.0000.21.080040-5/000, em 8/6/2021, Relator Desembargador Marcos Flávio Lucas Padula, Relator para o acórdão Desembargador Alexandre Victor de Carvalho, publicado em 9/6/2021, decidindo sob os seguintes fundamentos: *"Sobre o dever de fundamentação das decisões, muito pertinentes são as ponderações do Professor Ronaldo Brêtas de Carvalho Dias [...], que, ensinando sobre o devido processo constitucional e os princípios que lhe são ínsitos, afirma que, no Estado Democrático de Direito, a exigência constitucional de fundamentação das decisões jurisdicionais tem assento em quatro razões lógica e juridicamente relevantes: a) Controle de constitucionalidade da função jurisdicional [...]; b) Tolhimento da interferência de ideologia e subjetividades do agente público julgador no ato estatal de julgar; c) Verificação da racionalidade da decisão [...]; d) Possibilidade de melhor estruturação dos recursos eventualmente interpostos [...]."*

9. A FUNDAMENTAÇÃO CORRELACIONADA AOS PRINCÍPIOS DO CONTRADITÓRIO E DA CONGRUÊNCIA

A partir dessas concepções, nota-se um inegável entrelaçamento do princípio do contraditório com o princípio da fundamentação, propiciado pelo devido processo legal, o que foi alcançado há muito tempo por André Cordeiro Leal, em termos tecnicamente precisos: "*mais do que garantia de participação das partes em simétrica paridade, portanto, o contraditório deve ser efetivamente entrelaçado com o princípio [...] da fundamentação das decisões, de forma a gerar bases argumentativas acerca dos fatos e do direito debatido, para a motivação das decisões*", concluindo, "*decisão que desconsidere, ao seu embasamento, os argumentos produzidos pelas partes no seu iter procedimental será inconstitucional e, a rigor, não será sequer pronunciamento jurisdicional, tendo em vista que lhe faltaria a necessária legitimidade*".[67]

Essa ideia da repercussão direta do contraditório na fundamentação das decisões, pela sua magnitude, é acolhida na doutrina mais atual, como se colhe das considerações de Michele Taruffo, ao partir da constatação de que a dialética ocupa largo espaço e constitui importante fator dinâmico do processo. Por isto, sustenta Taruffo que, na verdade, a decisão jurisdicional pode ser entendida como o resultado final da contraposição dialética travada entre as partes, que é o contraditório, sendo essenciais as argumentações fáticas e jurídicas que elas desenvolvem, visando à reconstrução do caso concreto no processo e à correta individualização das questões que serão julgadas. Considera Taruffo que o contraditório se configura "*como um momento fundamental da 'racionalidade procedimental' de que fala Habermas*" (*come un momento fondamentale della 'razionalità procedurale' di cui parla Habermas*).[68]

Aliás, segundo Habermas, ao discorrer sobre a clarificação discursiva do processo: "*Os direitos processuais garantem a cada sujeito de direito a pretensão a um processo equitativo, ou seja, uma clarificação discursiva das respectivas questões de direito e de fato; deste modo, os atingidos podem ter a segurança de que, no processo, serão decisivos para a sentença judicial argumentos relevantes e não arbitrários*".[69]

---

67 *O contraditório e a fundamentação das decisões no direito processual democrático*, p. 105. Ver, também, sobre o assunto, SALDANHA DE VARGAS, Cirilo Augusto Fiuza. *Temas de direito processual democrático*, p. 123-166.

68 TARUFFO. *L'attività del giudice: mediazione degli interessi e controllo delle attività*, p. 147-148.

69 HABERMAS. *Direito e Democracia: entre facticidade e validade*, v. I, p. 274.

Por isso, pela sua densidade científica, novamente repetimos lição insuperável de Rosemiro Pereira Leal, para quem a decisão jurisdicional é *"julgamento vinculado ao espaço-técnico-procedimental-discursivo do processo cognitivo de direitos, como conclusão coextensiva da argumentação das partes"*, e é neste quadro que a decisão adquire *"conotação de ato integrante final da estrutura do procedimento"*.[70]

Nessa perspectiva, unem-se inseparavelmente o princípio do contraditório e o princípio da fundamentação, como se fossem irmãos siameses, ambos atuando na dinâmica argumentativa fática e jurídica do procedimento, de forma que propicie a geração democrática de uma decisão jurisdicional participada, em concepção revisitada do processo, adequada ao Estado Democrático de Direito. Trata-se de concepção idealizada a partir da confluência da teoria discursiva do direito e da democracia (Habermas) com a teoria do processo como procedimento em contraditório (Fazzalari), objeto de fecundos trabalhos doutrinários expostos por uma plêiade de notáveis juristas mineiros.[71]

Como já foi considerado, haverá inconstitucionalidade do julgamento, se a decisão do órgão julgador do Estado desconhecer essas premissas, que, sob rigor técnico, não será pronunciamento jurisdicional, via de consequência, tratando-se de decisão absolutamente nula, eis que os efeitos da declaração de inconstitucionalidade de lei ou de qualquer ato do Estado, sobretudo ato decisório no processo, adentram no campo das nulidades.[72]

---

70 LEAL, Rosemiro Pereira. *Teoria processual da decisão jurídica*, p. 26-27.

71 CATTONI DE OLIVEIRA, Marcelo Andrade. *Direito Processual Constitucional*, p. 198. *Revista da Faculdade Mineira de Direito*, v. 1, nº 2, p. 108-109. LEAL, Rosemiro Pereira. *Teoria Processual da Decisão Jurídica*, p. 44. *Teoria geral do processo: primeiros estudos*, p. 41-43 e 49. GONÇALVES, Aroldo Plínio. *Técnica processual e teoria do processo*, p. 192-194. LEAL, André Cordeiro. *O contraditório e a fundamentação das decisões no direito processual democrático*, p. 73-77 e 83-86. Em prefácio à indicada obra de André Cordeiro Leal, à vista dessa produção científica colacionada, Cattoni de Oliveira fala em *"enfoque efetivamente inovador e renovador do Direito Processual, em total consonância com a Constituição Cidadã de 1988 e com o projeto aberto e, assim, permanente, de construção de um Estado Democrático de Direito entre nós, contribuindo, pois, para a consolidação de uma Escola Mineira do Direito Processual"*. Sobre as teorias mencionadas no texto, ver: HABERMAS. *Direito e Democracia: entre facticidade e validade*, v. I, p. 139-147, 274 e 285-295. FAZZALARI. *Istituzioni di Diritto Processuale*, p. 7-8.

72 Cf. BATTAGLINI, M. e NOVELLI, T. *Codice di Procedura Civile e leggi complementari con il commento della giurisprudenza della Cassazione*, p. 132. GONÇALVES, Aroldo Plínio. *Nulidades no processo*, p. 115.

O princípio da fundamentação das decisões jurisdicionais ainda se perfaz pelo princípio da congruência (ou princípio da adstrição do juiz ao pedido ou ao libelo), este significando correspondência entre o que foi pedido pelas partes e o que foi decidido, ou seja, deve existir correlação entre o objeto da ação ajuizada, que originou o processo, a pretensão, revelada no pedido formulado na petição inicial, e o objeto da decisão jurisdicional nele proferida. O princípio da congruência decorre do duplo dever do órgão julgador de se pronunciar sobre tudo o que as partes pediram e somente sobre o que foi por elas pedido.[73]

A razão de ser do princípio da congruência, consoante o magistério de Teresa Arruda Alvim, reside nas considerações de que a "*intervenção do Estado, para realizar os interesses individuais tutelados pelo Direito material, depende da vontade do particular, que é o titular do interesse; e, evidentemente, só cabe à parte provocar ou não o exercício da função jurisdicional para realizar um interesse seu, tutelado, cabe a ela, também, invocar, ou não invocar, um fato jurídico de que crê decorrer seu direito, preparando os elementos aptos a convencer o juiz.*"[74]

10. O DEVIDO PROCESSO CONSTITUCIONAL NA JURISPRUDÊNCIA

Em termos quantitativos, não são muitos os precedentes de destaque, oriundos dos chamados Tribunais de Superposição, o Supremo Tribunal Federal e o Superior Tribunal de Justiça, cujos conteúdos decisórios surjam construídos sobre as bases da teoria do processo constitucional. Porém, sem dúvida alguma, em termos de qualidade, há julgados de notável alcance jurídico sobre o tema, dos quais selecionamos os que serão examinados em seguida.

Com efeito, o Supremo Tribunal Federal teve a oportunidade de decidir: "*A fundamentação constitui pressuposto de legitimidade das decisões judiciais. – A fundamentação qualifica-se como pressuposto constitucional de validade e eficácia das decisões emanadas do Poder Judiciário. A inobservância do dever imposto pelo art. 93, IX, da Carta Política, precisamente por traduzir grave transgressão*

73 Cf. CANOTILHO. *Direito Constitucional e Teoria da Constituição*, p. 1.232. ALVIM PINTO, Teresa Arruda. *Nulidades da sentença*, p. 188. CRETELLA NETO, José. *Fundamentos principiológicos do processo civil*, p. 148-151.

74 ALVIM PINTO, Teresa Arruda. *Nulidades da sentença*, p. 188-189.

de natureza constitucional, afeta a legitimidade jurídica do ato decisório e gera, de maneira irremissível, a consequente nulidade do pronunciamento judicial. A decisão judicial deve analisar todas as questões suscitadas pela defesa do réu. – Reveste-se de nulidade o ato decisório, que, descumprindo o mandamento constitucional que impõe a qualquer Juiz ou Tribunal o dever de motivar a sentença ou o acórdão, deixa de examinar, com sensível prejuízo para o réu, fundamento relevante em que se apóia a defesa técnica do acusado."[75]

Também o Supremo Tribunal Federal, em sua composição plenária, ao julgar o Mandado de Segurança nº 24.268-0 – Minas Gerais, em 5/2/2004, nos termos do voto condutor do Ministro Gilmar Mendes, relator para o acórdão respectivo, publicado em 17/9/2004, emitiu importante pronunciamento sobre temas envolvendo o processo constitucional no Estado Democrático de Direito, cujos fundamentos permitem perceber a conexão ou correlação existente entre o princípio da fundamentação das decisões jurisdicionais e o princípio do contraditório, conforme discorremos anteriormente.

Ora, se compete ao Supremo Tribunal Federal a guarda da Constituição Federal, na dicção de seu próprio texto normativo (art. 102, *caput*), deve-se entender, por consequência, que mencionado acórdão passa a ser o precedente jurisprudencial constitucional que os juízes e tribunais brasileiros têm de considerar, quando lhes for postulada a entrega da atividade jurisdicional, a qual somente pode ser prestada de forma vinculada ou obediente ao Estado Democrático de Direito, como ali se recomenda, o que, repetidas vezes, não vem ocorrendo na prática do foro.[76]

Eis os excertos do extenso voto do Ministro Gilmar Mendes, condutor do mencionado acórdão: *"Tenho enfatizado, relativamente ao direito de defesa, que a Constituição de 1988 (art. 5º, LV), ampliou o direito de defesa, assegurando*

---

75 Julgamento do habeas corpus nº 74.073-1 – Rio de Janeiro, Ementário nº 1.875-03, Primeira Turma, Relator Ministro Celso de Mello, em 20/5/1997, acórdão publicado no Diário do Judiciário de 27/6/1997.

76 Esse nosso pensamento encontra respaldo nas seguintes considerações feitas por Gilmar Ferreira Mendes: *"A jurisdição constitucional exercida na Suprema Corte é de importância vital para um país e para o seu povo, e no Brasil não é diferente. O Supremo Tribunal Federal não apenas está localizado no ápice da estrutura do Poder Judiciário como também para ele convergem as questões mais sensíveis da sociedade brasileira. Por estas razões, é natural que a 'vontade da Constituição', na feliz assertiva de Konrad Hesse, busque expressão nas decisões do órgão de cúpula do Judiciário" (Estado de Direito e jurisdição constitucional,* p. 21).

aos litigantes, em processo judicial ou administrativo, e aos acusados em geral o contraditório e a ampla defesa, com os meios e recursos a ela inerentes. Como já escrevi em outra oportunidade, as dúvidas porventura existentes na doutrina e na jurisprudência sobre a dimensão do direito de defesa foram afastadas de plano, sendo inequívoco que essa garantia contempla, no seu direito de proteção, todos os processos judiciais ou administrativos. Assinale-se, por outro lado, que há muito vem a doutrina constitucional enfatizando que o direito de defesa não se resume a um simples direito de manifestação no processo. Efetivamente, o que o constituinte pretende assegurar – como bem anota Pontes de Miranda – é uma pretensão à tutela jurídica (Comentários à Constituição de 1967/69, tomo V, p. 234). Observa-se que não se cuida aqui, sequer, de uma inovação doutrinária ou jurisprudencial. Já o clássico João Barbalho, nos seus Comentários à Constituição de 1891, asseverava, com precisão: 'Com a plena defesa são incompatíveis, e, portanto, inteiramente, inadmissíveis, os processos secretos, inquisitoriais, as devassas, a queixa ou o depoimento de inimigo capital, o julgamento de crimes inafiançáveis na ausência do acusado ou tendo-se dado a produção de testemunhas de acusação sem ao acusado se permitir reinquiri-las, a incomunicabilidade depois da denúncia, o juramento do réu, o interrogatório dele sob coação de qualquer natureza, por perguntas sugestivas ou capciosas.' (Constituição Federal Brasileira – Comentários, Rio de Janeiro, 1902, p. 323). Não é outra a avaliação do tema no direito constitucional comparado. Apreciando o chamado 'Anspruch auf rechtliches Gehör (pretensão à tutela jurídica) no direito alemão, assinala o Bundesverfassungsgericht que essa pretensão envolve não só o direito de manifestação e o direito de informação sobre o objeto do processo, mas também o direito de ver os seus argumentos contemplados pelo órgão incumbido de julgar (cf. Decisão da Corte Constitucional alemã – BverfGE 70, 288-293; sobre o assunto, ver, também, Pieroth e Schlink, Grundrechte – Staatsrecht II, Heidelberg, 1988, p. 281; Battis, Ulrich, Gusy, Christoph, Einführung in das Staatsrecht, 3ª. edição, Heidelberg, 1991, p. 363-364). Daí afirmar-se, correntemente, que a pretensão à tutela jurídica, que corresponde exatamente à garantia consagrada no art. 5º LV, da Constituição, contém os seguintes direitos: 1) direito de informação (Recht auf Information), que obriga o órgão julgador a informar à parte contrária dos atos praticados no processo e sobre os elementos dele constantes; 2) direito de manifestação (Recht auf Ausserung), que assegura ao defendente a possibilidade de manifestar-se oralmente ou por escrito sobre os elementos fáticos e jurídicos constantes do processo; 3) direito de ver seus argumentos considerados (Recht auf

Berücksichtigung), que exige do julgador capacidade, apreensão e isenção de ânimo (Aufnahmefähigkeit und Aufnahmebereitschaft) para contemplar as razões apresentadas (Cf. Pieroth e Schlink, Grundrechte – Staatsrecht II, Heidelberg, 1988, p. 281; Battis e Gusy, Einführung in das Sttatsrecht, Heidelberg, 1991, p. 363-364; ver, também, Dürig/Assmann, in: Maunz-Dürig, Grundgesetz-Kommentar, art. 103, vol. IV, nº 85-99). Sobre o direito de ver os seus argumentos contemplados pelo órgão julgador (Recht auf Berücksichtgung), que corresponde, obviamente, ao dever do juiz ou da administração de a eles conferir atenção (Beachtenspflicht), pode-se afirmar que envolve não só o dever de tomar conhecimento (Kenntnisnahmepflicht), como também o de considerar, séria e detidamente, as razões apresentadas (Erwägungspflicht) (Cf. Dürig/Assmann, in: Maunz-Dürig, Grundgesetz-Kommentar, art. 103, vol. IV, nº 97). É da obrigação de considerar as razões apresentadas que deriva o dever de fundamentar as decisões (Decisão da Corte Constitucional – BverfGE 11, 218 (218); cf. Dürig/Assmann, in: Maunz-Dürig, Grundgesetz-Kommentar, art. 103, vol. IV, nº 97)."

Com efeito, nesse acórdão paradigma, em resumo, como enfatizou e decidiu o Supremo Tribunal Federal, o processo constitucional considera que o direito à tutela jurídica, correspondente às garantias consagradas no artigo 5º, LV, da Constituição Federal (garantias do contraditório e da ampla defesa), contém, entre outros, o direito de ver a parte seus argumentos considerados em juízo, a exigir do julgador capacidade, apreensão e isenção de ânimo, a fim de contemplar as razões desenvolvidas pelas partes. Este direito de ver a parte seus argumentos apreciados pelo órgão estatal julgador corresponde ao dever dos órgãos jurisdicionais de lhes conferir atenção, envolvendo, a um só tempo, o dever de tomar conhecimento e o de considerar com seriedade e de forma detida as razões apresentadas pelas partes, do qual deriva o dever constitucional imposto aos órgãos estatais decisores de fundamentarem as respectivas decisões.[77]

Destacando a relevância do último acórdão colacionado, José Tarcízio de Almeida Melo alude à *"nova postura da jurisprudência brasileira"*, fazendo-lhe o seguinte comentário: *"O Ministro Gilmar Mendes enfatizou que a Constituição de 1988 (art. 5º, IV), ampliou o direito de defesa e assegurou aos litigantes, em processo judicial ou administrativo, e aos acusados em geral, o contraditório e*

77 A importância dos temas relativos às garantias processuais constitucionais do contraditório, da ampla defesa e da fundamentação das decisões jurisdicionais, versados no referido acórdão, é particularmente realçada pelo próprio Ministro Gilmar Ferreira Mendes, em volumosa obra que publicou (*Estado de Direito e jurisdição constitucional*, p. 187).

a ampla defesa, a qual não se resume a um simples direito de manifestação no processo, porque, segundo Pontes de Miranda (Comentários à Constituição de 1967/69, tomo V, p. 234), o constituinte pretende garantir a pretensão à tutela jurídica, que significa não só os direitos de manifestação da opinião e de ser informado, como também o direito de ver os argumentos de defesa apreciados pelo órgão julgador".[78]

Aliás, ficou revelado pelas nossas pesquisas, diversas foram as manifestações doutrinárias que destacaram a importância do transcrito acórdão proferido pelo Pleno do Supremo Tribunal Federal. Por exemplo, Lênio Streck afirmou que, a partir do mencionado acórdão, o Supremo Tribunal Federal dá sinais de incorporação da democratização do processo em seus julgamentos, fazendo-o com arrimo na jurisprudência do *Bundesverfassungsgericht.*[79] De igual forma, Humberto Theodoro Júnior, ao sustentar a tese de que o contraditório é garantia de não-surpresa, a considerou adotada pelo Supremo Tribunal Federal no aludido acórdão, quando ali explorou precedentes da Corte Constitucional da Alemanha.[80] Também Dierle José Coelho Nunes entendeu que, a partir do transcrito acórdão do Supremo Tribunal Federal, a concepção do contraditório como garantia de influência e de não-surpresa começou a ter ressonância embrionária em nosso sistema jurídico.[81]

A partir do importante precedente do Supremo Tribunal Federal dantes transcrito, estabelecendo a necessária conexão técnica entre os princípios do contraditório, da ampla defesa e o da fundamentação das decisões jurisdicionais, como defendemos neste livro desde a primeira edição (2010), revelam-se desvinculados do Estado Democrático de Direito pronunciamentos decisórios que entendam estar dispensado o órgão julgador de apreciar alguns dos argumentos e questões suscitados pelas partes no processo, como, por exemplo, decidiu o Tribunal Regional Federal da Primeira Região, sediado em Brasília (DF), em acórdão assim ementado: *"Não se pode exigir que o órgão julgador aprecie todos os pontos elencados pelas partes para defesa de sua tese, bastando que indique os motivos que embasaram sua convicção".*[82]

---

78 *Direito Constitucional do Brasil*, p. 406-407.

79 *Constituição e processo*, p. 18.

80 *Constituição e processo*, p. 254-255.

81 *Processo jurisdicional democrático*, p. 236

82 Acórdão lavrado no julgamento de embargos de declaração na apelação cível nº 2004.38.00.017114-9/MG, Relatora Juíza Federal Maria do Carmo Cardoso, Relator

Nessa mesma trilha inconstitucional, também desconhecendo o devido processo constitucional, com menosprezo às garantias constitucionais conexas do contraditório, da ampla defesa e da fundamentação das decisões jurisdicionais, em aberto e lamentável descompasso com a jurisprudência do Supremo Tribunal Federal, o guarda da Constituição Federal, acórdão proferido pelo Tribunal de Justiça de Minas Gerais: *"é cediço que o julgador não precisa manifestar-se a respeito de todas as teses levantadas pelas partes, bastando que se fundamente naquela que baseia seu entendimento"*.[83]

Esses fundamentos de decidir, os quais orientaram os dois últimos acórdãos colacionados, são constantemente repetidos em tantos outros referidos nos repositórios de jurisprudência. Entretanto, a nosso ver, com todo o respeito, em face do que vem discorrendo a doutrina que se esmera no estudo do processo constitucional e decidindo o Supremo Tribunal Federal nos acórdãos anteriormente transcritos, agridem grosseiramente a garantia do devido processo constitucional e o princípio do Estado Democrático de Direito.

Dita garantia (devido processo constitucional) e apontado princípio (Estado Democrático de Direito) não permitem ao juiz pinçar ou selecionar as questões e argumentos que decidirá, segundo seu critério subjetivo, por mais talentoso que seja, escolhendo aqueles pontos que seus entendidos dotes intelectualmente superiores ou sua mente prodigiosa entendam sejam apreciáveis, como se os órgãos estatais julgadores possuíssem uma espécie de privilégio seletivo da cognição, que a Constituição Federal de 1988, sem sombra de dúvida, não lhes outorga.

Tem-se, então, segundo entendemos, a partir daí, espécie de *manicômio jurisprudencial*, quando os acórdãos lavrados pelos Tribunais de Justiça dos Estados e do Distrito Federal, pelos Tribunais Regionais Federais e pelos Tribunais Regionais do Trabalho desconhecem sumariamente a jurisprudência constitucional do Supremo Tribunal Federal, no exercício da chamada

convocado Juiz Federal Mark Yshida Brandão, julgamento em 5/12/2006, publicado no Diário da Justiça de Brasília, em 5/3/2007.

83 Acórdão lavrado no julgamento de embargos de declaração na apelação cível nº 1.0702.06.311446-7/002, Comarca de Uberlândia, julgamento em 29/5/2008, Relator Desembargador Antônio de Pádua, publicado no Diário do Judiciário de Minas Gerais em 20/8/2008.

jurisdição constitucional, atentando contra a ordem juridica constitucional, a estabilidade do direito e a segurança jurídica.[84]

Aliás, tal situação, em certa medida, é alimentada pelos advogados em seus arrazoados e recebe, por parte de Eduardo Cambi, a referência de *"caos jurisprudencial"*, nos seguintes e lúcidos comentários críticos, aos quais aderimos: *"Os juízes e Tribunais, como regra, devem seguir, em todos os casos semelhantes ou análogos, a jurisprudência dos Tribunais Superiores, exceto quando ela estiver equivocada e se mostrar contrária ao direito ou à razão. Assim, assegura-se a estabilidade do direito e a segurança jurídica, além de se afirmar a noção de justiça como regularidade, o que permite tratar isonomicamente os casos essencialmente iguais e, assim, promover o princípio da igualdade perante a lei. Contudo, como mencionado no item anterior, é comum a citação mecânica de ementas de julgados em petições e em decisões. Este fenômeno é favorecido pelos meios tecnológicos modernos. Encontrar, recortar e colar uma ementa pode ser questão de segundos. Não raro são citados inúmeros e longos julgados, com o intuito de persuadir o leitor. Ocorre que tais citações são feitas, em grande parte, sem nenhum critério, envolvendo julgados sobre questões não relevantes ou omissas para o caso concreto, decisões contraditórias ou até mesmo inexistentes. A eficácia persuasiva da jurisprudência fica reduzida ao aspecto quantitativo, sem maiores preocupações com o conteúdo de cada julgado referido e a sua força persuasiva para os casos sucessivos. Trata-se de verdadeiro abuso de citações, com o propósito de convencer o juiz e a*

---

84 Pequena amostra desse *manicômio jurisprudencial* pode ser feita com o julgamento do Habeas Corpus nº 103.412 – São Paulo, realizado pelo Supremo Tribunal Federal, em 19/6/2012, oportunidade em que o Ministro Dias Toffoli fundamentou seu voto com base na astrologia. A Relatora, Ministra Rosa Weber, em seu bem fundamentado voto, concedia a ordem impetrada, a fim de cassar a decisão que condenava o impetrante pelo crime de quadrilha. O voto do Ministro Dias Toffoli surgiu vazado nos seguintes termos: *"Também cumprimento a eminente Relatora pelo profundo voto trazido, e digo que penalizar a cogitação, ou a imaginação ou o pensamento, só Deus pode fazer, e não o homem. Nós não estamos nesta esfera de cognição. Mas verifico, já falando em Deus, que os astros estão hoje alinhados pela concessão das ordens."* Diante deste inusitado voto, o Ministro Marco Aurélio, que já havia votado pela concessão da ordem, acompanhando o voto da Ministra Relatora, fez a seguinte observação, revelando certa perplexidade: *"Confesso que estou me sentindo em um Colegiado diverso daquele que geralmente integro às terças-feiras!"*. A partir desta intervenção, o Ministro Dias Toffoli complementou seu voto: *"É por isso que eu acredito em Deus, mas eu acredito também na astrologia. Os astros hoje estão alinhados, em uma conjugação favorável aos pacientes"*.

parte contrária, na esperança de que, também eles, não verifiquem os precedentes mencionados. Esse fenômeno contribui para o caos da jurisprudência que, misturando situações bem diferentes, sem critérios racionais universais, promove a instabilidade e a insegurança jurídicas. Isso também favorece a jurisprudência dita precedencialista, decorrente da aplicação do precedente sem uma comparação rígida entre o leading case e o caso concreto que está em julgamento".[85]

Pesquisas publicadas ainda revelam pronunciamentos jurisdicionais mais estapafúrdios, porque seus conteúdos decisórios hostilizam por completo a configuração principiológica do Estado Democrático de Direito e a garantia fundamental do devido processo constitucional.

Normalmente, essas aberrações jurisprudenciais surgem fundamentadas em convicções pessoais, no argumento de autoridade ou segundo os ditames de uma impenetrável consciência do agente público decididor, casos dos quais é exemplo maior um dos votos proferidos em acórdão lavrado pelo Superior Tribunal de Justiça: *"Não me importa o que pensam os doutrinadores. Enquanto for Ministro do STJ, assumo a autoridade da minha jurisdição. O pensamento daqueles que não são Ministros deste Tribunal importa como orientação. A eles, porém, não me submeto. Interessa conhecer a doutrina de Barbosa Moreira ou Athos Carneiro. Decido, porém, conforme minha consciência. Precisamos estabelecer nossa autonomia intelectual. [...]. É fundamental expressarmos o que somos. Ninguém nos dá lições. Não somos aprendizes de ninguém. Quando viemos para este Tribunal, corajosamente assumimos a declaração de que temos notável saber jurídico – uma imposição da Constituição Federal. Pode não ser verdade. Em relação a mim, certamente, não é, mas, para efeitos constitucionais, minha investidura obriga-me a pensar que seja assim"* (voto do Ministro Humberto Gomes de Barros, no julgamento de Agravo Regimental nos Embargos de Divergência em Recurso Especial n. 279.889/Alagoas, realizado em 14/8/2002). A perplexidade em relação aos fundamentos do voto transcrito ainda é maior, quando se observa que a questão então apreciada no julgamento ao qual se refere o acórdão dizia respeito à inconstitucionalidade de normas do artigo 557, do Código de Processo Civil de 1973, autorizadoras do julgamento de recursos por decisão monocrática

85 *Neoconstitucionalismo e neoprocessualismo: direitos fundamentais, políticas públicas e protagonismo judiciário*, p. 154-156

do relator, em ofensa ao princípio da colegialidade, vale dizer, tema constitucional de grande relevância. O voto colacionado se contrapunha ao voto proferido pelo Ministro Peçanha Martins, este sustentando a inconstitucionalidade das referidas normas e que ficou vencido no julgamento.[86]

Merece ser lembrado caso ocorrido em agosto de 2017, objeto de Mandado de Segurança julgado pelo Tribunal Regional do Trabalho da 10ª. Região,[87] narrado por Renata Maia, Profesora da Universidade Federal de Minas Gerais. Segundo a narrativa, juíza da 5ª. Vara do Trabalho de Brasília determinou aos advogados subscritores da petição de defesa, com cento e treze páginas, que a reduzissem para apenas trinta, no prazo de cinco dias, no qual a defesa deveria ser reapresentada, *"sob pena de incorrer em multa por ato atentatório à dignidade da justiça, fixada em R$ 30.000,00, sujeita à execução imediata"*. À vista desta desastrada decisão, proferida com manifesta e grosseira ofensa ao devido processo constitucional, os advogados subscritores da petição censurada pela juíza e a Ordem dos Advogados do Brasil, cientificada a respeito, impetraram Mandado de Segurança junto ao referido Tribunal, sustentando violação às normas do artigo 5º da Constituição Federal, inciso II (ilegalidade manifesta da decisão impugnada), inciso XXXV (afronta ao princípio da inafastabilidade da jurisdição), inciso LIV (ofensa à garantia fundamental do devido processo legal) e inciso LV (menosprezo à garantia fundamental da ampla defesa). Por decisão liminar proferida pelo Juiz Brasilino Santos Ramos, do referido Tribunal Regional do Trabalho, a segurança foi concedida, cassada a desastrada decisão de primeiro grau.[88]

Contudo, apesar das decisões que integram o qualificado *manicômio jurisprudencial*, há outras em maior número ao contrário,

86 A respeito desse acórdão, ver LEAL, André Cordeiro. *Instrumentalidade do processo em crise*, p. 24. STRECK. *Constituição e processo: entre o direito e a política*, p. 215-218. BRÊTAS. *Processo e Constituição: estudos em homenagem ao Professor José Carlos Barbosa Moreira*, p. 570.

87 Autos do Mandado de Segurança nº 0000478-14.2017.5.10.0000.

88 Ver MAIA, Renata C. Vieira. *Processo civil moderno,* 201-202. Mencionamos *juiz* do Tribunal Regional do Trabalho, acompanhando a designação constitucional (Constituição Federal, artigo 115) e não *Desembargador*, nomenclatura criada em normativos internos dos Tribunais Regionais Federais e Tribunais Regionais do Trabalho, ao arrepio do texto constitucional (Constituição Federal, artigos 107 e 115).

felizmente acompanhando a tendência principiológica da constitucionalização e democratização do processo.

Nesse sentido, para finalizar este tópico, vê-se que o Superior Tribunal de Justiça teve o ensejo de lavrar acórdão afeiçoado às diretrizes principiológicas do Estado Democrático de Direito, pois seus fundamentos prestigiaram a metodologia normativa do devido processo constitucional, ao decidir que, nos dias de hoje, o processo *"permeado pela principiologia constitucional por meio das garantias atinentes ao devido processo legal, como o contraditório, a ampla defesa e os recursos a ela inerentes, o direito a advogado, o duplo grau de jurisdição e a possibilidade de ver fundamentada todas as decisões dos órgãos do Judiciário, garante a participação efetiva das partes na construção das decisões jurisdicionais. São elas que sofrerão os efeitos da decisão, que terão seu universo de direitos afetado, logo é razoável que, numa Democracia de Direito, as partes participem ativamente da construção do ato estatal que lhes será imposto (cf. Brêtas C. Dias, Ronaldo. Responsabilidade do Estado pela função jurisdicional. Belo Horizonte: Del Rey, 2004). Suprimir as garantias atinentes ao devido processo legal é o meio mais seguro de obstar a realização de direitos fundamentais. Sem a observância do contraditório e da ampla defesa o cidadão fica, face ao poder do Estado, impossibilitado de desfrutar dos direitos assegurados a ele pela Constituição da República".*[89]

11. PRINCÍPIO DA EFICIÊNCIA DA FUNÇÃO JURISDICIONAL

A Constituição Federal de 1988, em norma inserida no seu título III, que trata da organização do Estado brasileiro, traz recomendação expressa para que todos os seus órgãos administrativos obedeçam ao princípio da eficiência (artigo 37, *caput)*, ao mesmo tempo em que impõe ao Estado a obrigação de manter serviços púbicos adequados (artigo 175, parágrafo único, inciso II).

Primeiramente, observamos que não se pode compreender o princípio da eficiência somente recomendado aos órgãos estatais administrativos, como estaria a indicar uma interpretação meramente literal do texto da Constituição, admitindo-se, a partir daí, de forma absurda, pudessem ser ineficientes os

89 Acórdão lavrado no julgamento do *habeas corpus* nº 89.765-SP (2007/0206612-6), em 26/2/2008, excerto do voto da Relatora, Ministra Jane Silva (Desembargadora convocada do Tribunal de Justiça de Minas Gerais).

demais órgãos do Estado, ou seja, os órgãos legislativos e os órgãos jurisdicionais. Na realidade, se bem interpretado, o que o texto constitucional está preconizando – de forma abrangente – é a *eficiência do Estado*, princípio ao qual estão condicionados, em razão disso, por óbvio, além dos órgãos administrativos, também os órgãos legislativos e os órgãos jurisdicionais.[90]

Reforça esse entendimento, sob interpretação lógico-sistemática do seu texto, a circunstância de que a Constituição Federal prescreve ao Estado brasileiro e aos seus órgãos o dever de prestar serviços públicos adequados (artigo 175, parágrafo único, inciso II), o que, ao nosso pensar, abrange a ideia de serviços públicos jurisdicionais eficientes.

Por outro lado, seguindo as diretrizes constitucionais, as normas do artigo 22 e de seu parágrafo único da Lei nº 8.078, de 11/9/1990, conhecida como Código de Defesa do Consumidor, impõem ao Estado obrigação indenizatória, quando os órgãos públicos causarem prejuízos aos particulares, nos casos em que deixarem aqueles de fornecer serviços adequados e eficientes a estes, incluindo-se no rol dos serviços públicos os serviços jurisdicionais, pois concebemos serviço público como toda e qualquer atividade exercida pelo Estado, por intermédio de seus órgãos, visando à satisfação dos interesses individuais e coletivos, não interessando se os órgãos prestadores de serviços são os administrativos, os legislativos ou os jurisdicionais.

Com efeito, se a jurisdição é função essencial e monopolizada do Estado, eis que não podem os particulares exercer arbitrariamente suas razões, realizando o ordenamento jurídico de mão própria em situações litigiosas, inexistindo doutrina que diga o contrário, não se pode negar à atividade jurisdicional o caráter de serviço público. Assim, o serviço jurisdicional é espécie do gênero serviço público e não é por outra razão que, na França e na Bélgica, os doutrinadores daqueles países comumente se referem ao *"funcionamento do serviço público judiciário" (fonctionnement du service publique judiciaire)*, ao *"funcionamento defeituoso do serviço da justiça" (fonctionnement défectueux du service de la justice)* ou aos *"serviços públicos jurisdicionais" (services publics juridictionnels)*.[91]

90 Cf. GABARDO, Emerson. *Princípio constitucional da eficiência administrativa*, p. 18-19. LEOPOLDINO DA FONSECA, João Bosco. *Direito Econômico*, p. 35.

91 Cf. LAUBADÈRE, André de. *Traité de droit administratif*, p. 1.020. PAILLET, Michel. *La responsabilité administrative*, p. 175. ARDANT, Philippe. *La responsabilité de l'État du*

Em verdade, não se vê em outras Constituições recomendação rigorosamente igual a que está posta no texto da Constituição brasileira, embora a Constituição da Itália, no seu artigo 97, imponha ao Estado o dever de assegurar *"o bom andamento" (il buon andamento)* dos serviços públicos administrativos, aflorando deste enunciado normativo, ao prescrever o dever constitucional de boa administração ao Estado italiano, segundo a doutrina daquele país,[92] a noção de *eficiência* como princípio técnico e jurídico que todos os órgãos estatais devem observar, ao prestarem seus serviços ao povo italiano.

Também sob conteúdo normativo diverso dos textos constitucionais brasileiro e italiano, a Constituição espanhola, no seu artigo 103.1, recomenda que os órgãos da administração pública sirvam com objetividade os interesses gerais e atuem de acordo com os princípios da *eficácia*, hierarquia, descentralização, desconcentração e coordenação, com submissão plena à lei e ao direito.

Consideramos que serviço público jurisdicional eficiente é aquele adequado, qualidades que se contrapõem à ideia de serviço público jurisdicional defeituoso, isto é, aquele que revelou mau funcionamento, falta de funcionamento diligente ou falta absoluta de funcionamento. A eficiência e a adequação do serviço público jurisdicional constituem dever jurídico do Estado, por força de recomendação constitucional, e pressupõem, por parte dos órgãos jurisdicionais, obediência ao ordenamento jurídico e utilização de meios racionais e técnicas modernas que produzam o efeito desejado, ou seja, serviço público jurisdicional prestado a tempo e modo, por meio da garantia constitucional do devido processo legal, preenchendo sua finalidade constitucional, a de realizar

---

fait de la fonction juridictionnelle, p. 122. RIGHETTI, Enrico. La responsabilità civile del giudice nel diritto francese. *Rivista di Diritto Processuale* v. 46, p. 202. SOYER, Jean--Claude et SALVIA, Michel de. *La Convention européenne des droits de l'homme: article 6*. Commentaire article par article sous la direction de PETTITI, Louis-Edmond; DECAUX, Emmanuel; IMBERT, p. 268. VANDERSANDEN, Georges; DONY, Marianne. *La responsabilité des États membres en cas de violation du droit communautaire: etudes de droit communautaire et de droit national comparé*, p. 245. SOUZA, José Guilherme de. A responsabilidade do Estado pelo exercício da atividade judiciária. *Revista dos Tribunais* v. 652, p. 31-32. DERGINT, Augusto do Amaral. *Responsabilidade do Estado por atos judiciais*, p. 110-115. LASPRO, Oreste Nestor de Souza. *A responsabilidade civil do juiz*. São Paulo, p. 172.

92 Cf. MERCATI, Livia. *Responsabilità amministrativa e principio di efficienza*, p. 1-4.

imperativa e imparcialmente o ordenamento jurídico, apto a proporcionar um resultado útil às partes.

Assinalam os autores que discorrem sobre o assunto, que o princípio da eficiência está conectado ao princípio da legalidade, este sendo a garantia daquele, em medida tal que nem sempre a violação de uma norma jurídica (regra ou princípio) provoca a ineficiência, mas sendo certo que a ineficiência sempre constitui violação de uma norma de direito, não podendo ser negado que estas considerações teóricas também se aplicam aos órgãos jurisdicionais. Por isto, além de rigorosa obediência ao ordenamento jurídico, sobretudo em relação aos prazos ali prescritos, a eficiência dos órgãos estatais no exercício da função jurisdicional exige atividade precisa e normal, no sentido de cumprimento dos prazos legais e, sobretudo, do dever do impulso oficial. A eficiência da função jurisdicional afasta o descaso do Estado na boa estruturação técnica de seus órgãos jurisdicionais, a lentidão, a negligência e a omissão daqueles órgãos estatais nos processos instaurados, o que gera a inobservância pelo Estado dos prazos processuais estabelecidos em lei, disto resultando dilações indevidas do processo, frustrando o resultado eficaz e útil dessa atividade estatal à pessoa interessada do povo que a postulou. A partir daí, observa a doutrina que a eficiência do Estado pode ser vista sob duas dimensões: *legalidade* – conformar-se externamente ao ordenamento jurídico – e *legitimidade* – atender ao interesse público.[93]

É por isso que os Códigos processuais prescrevem prazos aos órgãos jurisdicionais e aos agentes públicos para a prática de atos a seu cargo nos processos instaurados, sobretudo os atos decisórios, o que significa estar obrigado o órgão jurisdicional a zelar pela prática dos atos processuais nos prazos fixados em lei e imprimir regular movimentação aos processos, em direção à sentença de mérito, ou seja, obediência ao devido processo legal, garantia fundamental das pessoas do povo (partes) que deduzem pretensão à tutela jurídica nos processos.

Obviamente, quando os órgãos jurisdicionais descumprem essas normas do ordenamento jurídico, relativas aos prazos, o que é prática ilícita corriqueira

93 Cf. MERCATI, Livia. *Responsabilità amministrativa e principio di efficienza*, p. 22, 37, 52, 69, 73, 302 e 303. GABARDO, Emerson. *Princípio constitucional da eficiência administrativa*, p. 24, 92, 106, 125 e 127. MEDAUAR, Odete. *Direito Administrativo Moderno*, p. 152. BANDEIRA DE MELO, Celso Antônio. *Curso de Direito Administrativo*, p. 92. CRUZ E TUCCI, José Rogério. Garantia do processo sem dilações indevidas, p. 238.

no Estado brasileiro, a jurisdição se apresenta morosa, intempestiva e ineficiente, ao contrário do que comumente se fala – *"processo moroso"* – de forma tecnicamente inadequada.

Na realidade, porém, não é o processo que se mostra moroso, mas morosa é a atividade essencial e monopolizada do Estado denominada jurisdição, até porque, normalmente, as partes cumprem os prazos que lhe são impostos, a fim de lhes afastar a inexorável preclusão temporal, que é a perda do direito à prática do ato processual pelo decurso do prazo. Os órgãos jurisdicionais do Estado brasileiro é que, sistemática e ilicitamente, não cumprem os prazos que o ordenamento jurídico lhes determina para a prática dos atos jurisdicionais nos processos, sem que nada aconteça aos agentes públicos julgadores infratores.

Tem-se, então, nesses casos habituais, atividade estatal desempenhada com afronta manifesta ao princípio da eficiência e ao princípio da legalidade, ambos acolhidos na estruturação do Estado Democrático de Direito - é ler a Constituição Federal, artigo 37 - daí a afirmação feita anteriormente, a de que a ineficiência da atividade estatal sempre implica em violação da lei, sobretudo a ineficiência da função jurisdicional, que é atividade monopolizada do Estado e sujeita a prazos que as normas jurídicas processuais impõem ao Estado, na prestação da atividade jurisdicional.

À evidência, a crônica e enervante ineficiência dos serviços públicos jurisdicionais em nosso país, revelando seu mau funcionamento, ora em virtude da obtusidade ou da indolência dos agentes públicos julgadores (juízes), ora causada pela negligência do próprio Estado em prover adequadamente de recursos materiais e pessoais os órgãos jurisdicionais, ora pela ocorrência simultânea dos mencionados fatores, situações afrontosas à recomendação que o ordenamento jurídico fez ao Estado, a de prestar serviços públicos adequados e eficientes, é passível de acarretar sua responsabilidade, se disso resultar prejuízos aos jurisdicionados, já que nenhum dano causado pelo Estado às pessoas do povo pode ficar sem reparação. [94]

---

94 Uma das primeiras Constituições a fixar a responsabilidade direta do Estado (responsabilidade objetiva) por atos de seus agentes públicos foi a alemã de 11 de agosto de 1919 (Constituição de Weimar). A norma de seu art. 131 impunha ao Estado alemão ou entidade a ele vinculada a responsabilidade civil, por atos de seus funcionários, os quais, no exercício das funções do cargo, causassem prejuízos a terceiros, com práticas infringentes do dever funcional (cf. BRÊTAS. *Responsabilidade do Estado pela função jurisdicional*, p. 34-35).

Esse entendimento já foi sufragado pelo Tribunal de Justiça do Estado de Minas Gerais, em acórdão lapidar, assim ementado: *"Sendo o serviço judiciário um setor de funcionamento do Estado, como são todos os serviços públicos, distinguindo-se dos demais apenas pela função jurisdicional que realiza, não estando acima das leis, cuja fiel e exata aplicação tem como missão operar, a ele se aplica a norma do artigo 37, § 6º, da Carta Magna. Não sendo prestados com eficiência e eficácia os serviços judiciários, tal fato implica a responsabilização do Estado pelos danos causados à parte, decorrentes de seu mau funcionamento".*[95]

95 Acórdão proferido no julgamento da apelação cível nº 139.720/7, em 10/6/1999, Relator Desembargador Monteiro de Barros, publicado no Diário do Judiciário de Minas Gerais, em 4/3/2000, p. 1.

4

Capítulo

GARANTIA DA RAZOÁVEL DURAÇÃO DO PROCESSO NO ESTADO DEMOCRÁTICO DE DIREITO

1. CONSIDERAÇÕES INICIAIS

Nos capítulos antecedentes, inferimos que, dentre os princípios fundamentais estruturadores do Estado Democrático de Direito brasileiro, na sistematização feita na Constituição Federal em vigor, sobressai o princípio da democracia, segundo o qual todo o poder emana do povo, que o exerce diretamente, pelo plebiscito, pelo referendo e pela iniciativa popular, ou por meio de representantes eleitos pelo voto direto, secreto, universal e periódico (artigos 1º, parágrafo único, 14, incisos I, II e II, e 60, § 4º, inciso II).

A fusão dos princípios do Estado de Direito e do Estado Democrático, orientada pelo entrelaçamento técnico e harmonioso das normas constitucionais, é denominada legitimação democrática do Estado de Direito pela doutrina alemã e qualificada democracia constitucional pela doutrina italiana. Tais designativos são plenamente justificáveis, porque se originam da ideia de que essa fusão permite criar um sistema constitucional marcado de forma preponderante pela associação do poder político legitimado do povo (democracia) com a limitação do poder estatal pelas normas constitucionais e infraconstitucionais que integram seu ordenamento jurídico (Estado de Direito), sobretudo aquelas pertinentes aos direitos fundamentais.

Tudo isso significa permanente sujeição do Estado brasileiro ao ordenamento jurídico vigente, integrado por normas de direito (regras e princípios jurídicos) emanadas da vontade do povo, que se manifesta por intermédio dos seus representantes eleitos ou diretamente, por meio do plebiscito, do referendo e da iniciativa popular, motivo da menção explícita da Constituição brasileira ao princípio da reserva legal (ou princípio da prevalência normativa do ordenamento jurídico), como garantia fundamental das pessoas (art. 5º, inciso II), e ao princípio da legalidade, estruturante do Estado de Direito brasileiro (art. 37).

Nesse contexto, a Constituição passa a ter a missão precípua de indicar, sistematizar e preservar aquelas regras e princípios de direito que o povo, ou seja, a comunidade política do Estado, integrada por governantes e governados, considerou mais relevantes, cujo pensamento, em tal diretriz, tem de ser apreendido pelos seus representantes constituídos legisladores por meio do voto, os quais assim ficam convertidos em verdadeiras antenas supersensíveis captadoras das aspirações e dos sentimentos populares.

2. INSATISFAÇÃO COM A QUALIDADE DO SERVIÇO PÚBLICO JURISDICIONAL

São importantes essas considerações preliminares porque, ao ser publicada, no dia 31/12/2004, a Emenda Constitucional nº 45, de 8/12/2004, introduzindo modificações várias no texto constitucional, visando a efetivar uma propalada e entendida reforma do sistema judiciário, o Estado e o povo brasileiro, por meio de seus representantes eleitos, estes recepcionando a angústia e os anseios populares, declararam, implicitamente, que não estão satisfeitos com a qualidade do serviço público jurisdicional prestado em nosso país.

De igual forma, tal insatisfação também se propaga para atingir os agentes públicos julgadores (juízes), nas situações em que descumprem seus deveres funcionais, o que, ultimamente, com todo o respeito aos muitos sérios, dignos, honrados, laboriosos e sacrificados juízes, os quais, sem dúvida, para gáudio dos jurisdicionados, compõem a maioria esmagadora da magistratura brasileira, tornaram-se de relativa frequência, como observamos no quotidiano da vida forense e nas reportagens feitas pela imprensa falada e escrita deste país.

As manifestações de crítica e de insatisfação no tocante à jurisdição brasileira são de matizes variadas, não somente em face da demora crônica em que é prestada, mas também quanto à sua importante perspectiva institucional, às vezes negligenciada pelos seus órgãos, visto ter dita função do Estado a missão precípua do controle de constitucionalidade das leis ordinárias e dos atos estatais em geral, inclusive dos seus próprios atos decisórios.[1]

Ademais, a função jurisdicional também deve reagir contra o desrespeito ilícito aos direitos e liberdades fundamentais, quando provocada via dos processos para a qualificada jurisdição constitucional, tudo isto suscitando certa preocupação no tocante à legitimidade democrática das decisões jurisdicionais, a exigir despontem intransigentemente comprometidas com a dimensão maior do princípio do Estado Democrático de Direito, conforme discorremos longamente no capítulo anterior.

Nesse sentido, doutrina oportuna de Paulo Bonavides, ao empreender importante estudo sobre tema relativo aos órgãos judiciários e à ditadura das inconstitucionalidades, que se converte em séria advertência: *"A legitimação democrática das cúpulas judiciárias é um dos primeiros pressupostos da democracia participativa. Não há, em rigor, legitimidade democrática se subirmos os derradeiros degraus da justiça constitucional, precisamente onde essa legitimidade é mais importante e decisiva para definir os rumos do porvir, mediante a conservação legítima e democrática das instituições. Pressões políticas ou laços de compromisso na instância suprema, derivados de suposta gratidão dos juízes que lá chegam a quem os nomeou, com frequência destroem a independência do magistrado que ocupa as cadeiras dos tribunais superiores. Com efeito, além desses fatores negativos à reputação da Magistratura, outras razões, compendiadas na subcultura jurídica, na subserviência ao Executivo, na mediocridade, no despreparo, na arrogante indiferença à causa do jurisdicionado, concorrem fortemente para empalidecer a credibilidade de considerável parcela de membros do Judiciário perante os que vão à casa da Justiça buscar a prestação jurisdicional. O Judiciário, não se capacitando de que é o centro de equilíbrio dos poderes na comunhão estatal, onde lhe corre obrigação de fazer da instituição a fiança e a consciência*

1 Nesse ponto, Lição de Streck: *"Não há dúvida, pois, que o Estado Constitucional representa uma fórmula de Estado de Direito, talvez a sua mais cabal realização, pois se a essência do Estado de Direito é a submissão do poder ao Direito, somente quando existe uma verdadeira Constituição esta submissão compreende também a submissão do Poder Legislativo, nos diz Prieto Sanchis, aduzindo, ademais, que isto não deveria constituir qualquer novidade, uma vez que já em 1966 Elías Diaz se perguntava se no Estado de Direito havia base para o absolutismo legislativo e sua resposta era categoricamente negativa: o Poder Legislativo está limitado pela Constituição e pelos Tribunais, ordinários ou especiais, conforme os sistemas que velam pela garantia da constitucionalidade das leis".* (*Verdade e Consenso*, p. 20).

do regime, entrega-se ao erro de suas omissões e à debilidade de suas capitulações. Alvo da reprovação moral dos que dele desconfiam profundamente por agravos à ética e ao Direito, em países da periferia, à semelhança do Brasil contemporâneo, ou da França revolucionária do século XVIII, ele, no seu derradeiro andaime, é, não raro, apêndice ou filial judiciária do Poder Executivo, espécie de cartório – como uma vez já dissemos – que chancela quantos atos lhe sejam encaminhados por esse Poder. Ainda neste funesto quadro de erosão e fuga às responsabilidades e competências do Poder soberano, a degeneração culminante de tal processo poderá levar o Judiciário a estabelecer, paralelamente, ao serviço do Executivo hegemônico, outra ditadura – que, aliás, se assemelha a um paradoxo: a ditadura das inconstitucionalidades. É, por sem dúvida, a mais dificultosa de combater e erradicar. Talvez, de todas as ditaduras brancas, venha ela a ser a mais opressiva, a mais calamitosa, a mais degenerativa, porque faz pelos seus acórdãos, por sua jurisprudência, ser constitucional aquilo que materialmente é inconstitucional.[2]

Esse já assinalado sentimento geral de insatisfação popular e estatal manifestado sob múltiplos aspectos, suscitado pela má qualidade do serviço público jurisdicional e pela negligente atuação de seus membros e órgãos responsáveis quanto à legitimidade democrática das decisões, é perceptível, se examinarmos alguns dos conteúdos normativos constitucionais introduzidos pela referida Emenda Constitucional nº 45, de 2004. Por exemplo, em primeiro lugar, quando a Constituição criou o Conselho Nacional de Justiça, novo órgão integrante do sistema judiciário, conferindo-lhe várias atribuições, dentre elas, a de controlar o cumprimento dos deveres funcionais dos juízes,[3] recebendo e conhecendo das reclamações contra membros ou órgãos do judiciário, podendo avocar processos disciplinares em curso e determinar a remoção, a disponibilidade ou a aposentadoria com subsídios ou proventos pro-

2 *Estudos de direito processual constitucional*, p. 60-62.

3 Relembremos alguns desses deveres funcionais, tais como estabelecidos no art. 35, da Lei Complementar nº 35, de 14/3/1979, que dispõe sobre a Lei Orgânica da Magistratura Nacional: cumprir e fazer cumprir, com independência, serenidade e exatidão, as disposições legais e atos de seu ofício (inciso I); não exceder injustificadamente os prazos para sentenciar ou despachar (inciso II); determinar as providências necessárias para que os atos processuais se realizem nos prazos legais (inciso III); tratar com urbanidade as partes, os Membros do Ministério Público, os advogados, as testemunhas, os funcionários e auxiliares da justiça, e atender aos que o procuram, a qualquer tempo, quando se trate de providência que reclame e possibilite solução de urgência (inciso IV); manter conduta irrepreensível na vida pública e particular (inciso VIII).

porcionais ao tempo de serviço e aplicar outras sanções administrativas, além de representar ao Ministério Público, no caso de cometimento do crime de abuso de autoridade (artigos 92, I-A e 103-B, incisos III e IV).[4] Em segundo lugar, quando a Constituição ampliou o conceito normativo do devido processo legal, nele incluindo o direito fundamental do povo a um processo de razoável duração e aos meios que garantam a celeridade de sua tramitação, tal significando, em outras palavras, direito do povo a um processo sem dilações indevidas (artigo 5º, inciso LXVIII). Por terceiro e último exemplo, no texto em que a Constituição determinou que o órgão jurisdicional tenha número de juízes proporcional à efetiva demanda judicial e à respectiva população (artigo 93, XIII), querendo tal conteúdo normativo recomendar que o serviço público jurisdicional seja prestado de forma obediente ao princípio da eficiência, estruturador do Estado Democrático de Direito brasileiro.[5]

Parece-nos que, sob particular enfoque, passados alguns anos de sua criação, o Conselho Nacional de Justiça (CNJ) tornou-se órgão importante à realização do nosso modelo constitucional e, portanto, importante auxiliar na consolidação do Estado Democrático de Direito, impondo medidas corretivas tendentes à melhoria e eficiência dos serviços públicos jurisdicionais, inclusive afastando alguns juízes de suas funções, felizmente em minoria, cujos comportamentos e atitudes se revelaram maculadores de um cenário institucional digno da magistratura brasileira.[6]

---

4 Sobre abuso de autoridade, ver texto da Lei nº 13.869, de 5 de setembro de 2019, tipificando situações específicas relacionadas à atividade jurisdicional exercida pelos juízes, nos processos, por delegação do Estado, que os investe do poder de julgar.

5 Sobre a eficiência da função jurisdicional, ver Capítulo 3, nº 11.

6 Em entrevista concedida ao Jornal Estado de Minas, edição de 22/4/2010, p. 6, findando sua gestão como Presidente do CNJ, o Ministro Gilmar Mendes fez referência a juízes e membros do Ministério Público que, no desempenho das suas funções, algumas vezes, querem mandar no cenário institucional brasileiro, alterando-o, rebelando-se contra decisões do Supremo Tribunal Federal, quando esta Corte exerce a jurisdição constitucional, com ela confrontando. Na oportunidade, assinalou o Ministro Gilmar Mendes que ditos agentes públicos tentam inventar um *Estado de Direito jabuticabas*, ou seja, referência a um *Estado de Direito criado em terras brasileiras*, em favorecimento de seus desígnios particulares e sensos próprios de justiça, justificando a nomenclatura – Estado de Direito jabuticabas – pelo fato de que a jabuticaba é fruta genuinamente brasileira. Ainda na mesma entrevista, o Ministro Gilmar Mendes relatou o resultado de algumas inspeções do CNJ realizadas em Tribunais, pelas quais se constatou, por exemplo, a existência de 30 servidores lotados nos gabinetes individuais dos Desembargadores, quando

De fato, segundo noticiou o Ministro Gilson Dipp, em entrevista concedida à imprensa, ao fazer resumido relato dos dois anos que passou à frente da Corregedoria Nacional de Justiça, órgão do CNJ, foram punidos disciplinarmente 36 juízes, dos quais 2 colocados em disponibilidade, 18 aposentados compulsoriamente, 1 removido compulsoriamente e 15 afastados cautelarmente.[7]

Em 2011, sucedeu-lhe a Ministra Corregedora Eliana Calmon, que intensificou as medidas de correição iniciadas pelo seu antecessor, Ministro Gilson Dipp, ao fundamento de que, segundo suas próprias declarações prestadas à imprensa, *"a magistratura hoje está com gravíssimos problemas de infiltração de bandidos que estão escondidos atrás da toga"*.[8]

Embora concordemos com as medidas moralizadoras determinadas, pensamos que tal declaração da então Ministra Corregedora Eliana Calmon, com o máximo respeito, não foi das mais felizes, por permitir, talvez, uma ampla e injusta generalização.

Sem dúvida, é público e notório, há desvios éticos de comportamento por parte de alguns magistrados (o que, aliás, é mal existente em todos os segmentos, políticos, médicos, jornalistas, advogados, por exemplo), mas, se considerarmos o número de juízes existentes em nosso país, cerca de 17.000, percebemos que os casos de irregularidades os envolvendo, gerando-lhes processos disciplinares, são mínimos, vale dizer, em sua esmagadora maioria, os juízes brasileiros são honrados e probos, cumpridores de seus deveres.

O fato é que a intensificação das medidas correcionais determinadas pela enérgica Ministra Eliana Calmon gerou intensas reações por parte das associações dos magistrados, com o ajuizamento de ações junto ao Supremo Tribunal Federal, dando-se início a processos, nos quais questionadas algumas das referidas medidas e a chamada competência originária do Conselho Nacional de Justiça para investigar delitos e infrações disciplinares cometidos por juízes.

No assunto em foco, colocamo-nos de pleno acordo com o pensamento de Ives Gandra da Silva Martins, ao sustentar, em artigo publicado: *"Quando*

---

havia falta de pessoal nos órgãos judiciários de primeiro grau, além de gastos exagerados com o pagamento de horas extras e excesso de servidores em cargos de confiança.

7 *Jornal Folha de São Paulo*, 23/8/2010, p. A-18, matéria apresentada sob o título *"Magistratura não tem blindagem contra a corrupção"*.

8 *Revista Veja n. 40*, 5/10/2011, p. 12.

da discussão da Emenda Constitucional n. 45/2004, antes da formulação do anteprojeto e durante a sua tramitação no Congresso, combati o denominado controle externo da magistratura, em artigos, inclusive para a Folha, e em audiência pública para a qual fui convidado pelo então Presidente da Comissão de Constituição e Justiça, Senador Bernardo Cabral (PFL-AM). A Emenda Constitucional n. 45/2004, todavia, não estabeleceu um controle externo da magistratura, mas sim um controle interno mais eficiente (com 9 magistrados e com a colaboração de 4 membros da OAB e Ministério Público, e apenas 2 representantes do Congresso Nacional). À evidência, a solução foi inteligente, tendo me colocado, de imediato, a defender tal poder correcional, que poderia agir originária, concorrente e simultaneamente às corregedorias ou conselhos de cada Tribunal. Aliás, o artigo 103-B, parágrafo 4º., inciso III, da Constituição, declara que a sociedade pode reclamar diretamente ao CNJ 'contra membros ou órgãos do Poder Judiciário', neles incluídos serviços auxiliares, e o inciso V, que cabe ao CNJ 'rever de ofício ou mediante provocação os processos disciplinares de juízes e membros dos tribunais julgados há mais de um ano'. A experiência dos primeiros anos, sob a presidência dos Ministros Nelson Jobim, Ellen Gracie e Gilmar Mendes, foi excelente, agindo o CNJ rigorosamente de acordo com a interpretação que dou aos dois incisos. Ocorreu, portanto, nos 5 primeiros anos de sua atuação, um desventrar de realidades que o povo desconhecia, demonstrando o CNJ que, se, como disse a Ministra Ellen Gracie em recente entrevista, o Poder Judiciário 'e o menos corrupto dos três Poderes, a corrupção também nele existe, com inúmeras condenações, aposentadorias compulsórias e afastamentos de magistrados. Sem saudosismos, estou convencido de que a imagem do Poder Judiciário não se aproxima àquela do período em que comecei a advogar, quando os magistrados falavam exclusivamente nos autos e eram raros os casos de corrupção. Mesmo assim, concordo com a Ministra Ellen Gracie que é o menos corrupto dos três Poderes, para isto tendo concorrido o CNJ, nas questões mencionadas, por exercer um trabalho purificador, destacando-se nele, atualmente, a figura severa, mas justa, da Ministra Eliana Calmon, Corregedora do Conselho. Há em curso, todavia, um movimento para enfraquecer as funções do CNJ, entendendo que o órgão deveria examinar o comportamento ético dos magistrados apenas após pronunciamento de órgãos disciplinadores dos tribunais, o que, de certa forma, desfiguraria a instituição, pois ficaria à mercê dos tribunais locais, exatamente contra cuja inércia foi criado o CNJ. Em outras palavras, a Emenda Constitucional n. 45/2004 perderia todo o seu significado.

Ou pode o CNJ originaria e/ou concorrentemente examinar processos de conduta dos magistrados ou a sua manutenção perderia sentido".[9]

Enfim, no mesmo sentido, bem assinalou Marcelo Neves, Conselheiro do CNJ: *"em um contexto no qual grande parte dos órgãos atua à margem da Constituição e das leis, a presença ativa do CNJ constitui um caso atípico de instituição agindo efetivamente para subordinar agentes públicos aos marcos constitucionais e legais. (...). O CNJ tem cumprido um papel fundamental para o aperfeiçoamento do Estado de Direito e da democracia no Brasil. São poucas as pessoas bem intencionadas que insistem em um retrocesso, para reduzir o CNJ a um órgão sem significado no nosso arcabouço constitucional. A grande maioria que se manifesta generalizadamente contra a função constitucional do Conselho responde a interesses escusos, inclusive para garantir-lhe a impunidade, encobrindo suas intenções sob falso discurso em nome da autonomia do Judiciário, da democracia e do federalismo".*[10]

Registre-se, ademais, que, dessa atuação profícua do Conselho Nacional de Justiça, no exercício de sua competência constitucional, resultou a edição de um Código de Ética da Magistratura, aprovado na sua 68ª. Sessão Ordinária, realizada no dia 6/8/2008, texto publicado no Diário de Justiça de 18/9/2008, embora percebamos que o fato não tenha despertado a atenção da sociedade brasileira e, em particular, dos juízes e advogados.

Esse Código de Ética, que, pela primeira vez, despontou em boa hora no Estado brasileiro, é formado por 12 capítulos, neles inseridos 42 artigos, nos quais são estabelecidos preceitos deontológicos aos juízes sobre independência, imparcialidade, eficiência, integridade pessoal e profissional, diligência e dedicação, cortesia, prudência, sigilo profissional, conhecimento e capacitação, dignidade, honra e decoro, e vale a pena ser lido também pelos jurisdicionados, a fim de se perceber o que esperam o povo e o Estado Democrático de Direito brasileiro de seus juízes.

Transcrevemos algumas disposições desse Código de Ética, as quais reputamos mais importantes, merecendo sejam seguidas pelos juízes brasileiros, embora observemos que, em algumas oportunidades, tal não ocorra: *"Art. 1º. O exercício da magistratura exige conduta compatível com os preceitos deste*

9 A importância do CNJ. *Jornal Folha de São Paulo*, 2/9/2011, p. A-3. No julgamento da ADI nº 4.638, em 2/2/2012, o Supremo Tribunal Federal, por maioria, decidiu pela competência originária do CNJ, no que andou muito bem.

10 Quem tem medo do CNJ? *Jornal Folha de São Paulo*, 23/4/2010, p. A-3.

Código e do Estatuto da Magistratura, norteando-se pelos princípios da independência, da imparcialidade, do conhecimento e capacitação, da cortesia, da transparência, do segredo profissional, da prudência, da diligência, da integridade profissional e pessoal, da dignidade, da honra e do decoro. Art. 2º. Ao magistrado impõe-se primar pelo respeito à Constituição da República e às leis do país, buscando o fortalecimento das instituições e a plena realização dos valores democráticos. (...). Art. 9º. Ao magistrado, no desempenho de sua atividade, cumpre dispensar às partes igualdade de tratamento, vedada qualquer espécie de injustificada discriminação. Parágrafo único. Não se considera tratamento discriminatório injustificado: I – a audiência concedida a apenas uma das partes ou seu advogado, contanto que se assegure igual direito à parte contrária, caso seja solicitado; II- o tratamento diferenciado resultante de lei. (...). Art. 20. Cumpre ao magistrado velar para que os atos processuais se celebrem com a máxima pontualidade e para que os processos a seu cargo sejam solucionados em um prazo razoável, reprimindo toda e qualquer iniciativa dilatória ou atentatória à boa-fé processual. (...). Art. 22. O magistrado tem o dever de cortesia para com os colegas, os membros do Ministério Público, os advogados, os servidores, as partes, as testemunhas e todos quantos se relacionem com a administração da Justiça. Parágrafo único. Impõe-se ao magistrado a utilização de linguagem escorreita, polida, respeitosa e compreensível. (...). Art. 24. O magistrado prudente é o que busca adotar comportamentos e decisões que sejam o resultado de juízo justificado racionalmente, após haver meditado e valorado os argumentos e contra-argumentos disponíveis, à luz do Direito aplicável. (...). Art. 26. O magistrado deve manter atitude aberta e paciente para receber argumentos ou críticas lançados de forma cortês e respeitosa, podendo confirmar ou retificar posições anteriormente assumidas nos processos em que atua. (...). Art. 28. Aos juízes integrantes de órgãos colegiados impõe-se preservar o sigilo de votos que ainda não hajam sido proferidos e daqueles de cujo teor tomem conhecimento, eventualmente, antes do julgamento. (...). Art. 37. Ao magistrado é vedado procedimento incompatível com a dignidade, a honra e o decoro de suas funções. (...). Art. 40. Os preceitos do presente Código complementam os deveres funcionais dos juízes que emanam da Constituição Federal, do Estatuto da Magistratura e das demais disposições legais. Art. 41. Os Tribunais brasileiros, por ocasião da posse de todo juiz, entregar-lhe-ão um exemplar do Código de Ética da Magistratura Nacional, para fiel observância durante todo o tempo de exercício da judicatura".

3. DURAÇÃO RAZOÁVEL DO PROCESSO E DEVIDO PROCESSO LEGAL

Ao recomendar um processo de razoável duração no qual tem de ser prestada a atividade-dever jurisdicional, com meios (dir-se-ia melhor, com *técnicas*[11]) que possibilitem a celeridade de sua tramitação, com o acréscimo do preceito normativo do artigo 5º, inciso LXVII, feito pela Emenda nº 45, a Constituição Federal elasteceu a ideia de devido processo legal já inserida como garantia fundamental das pessoas, no mesmo artigo 5º, incisos XXXV, XXXVII, LIII, LIV e LV.

Efetivamente, o devido processo legal, a partir daí, sob interpretação lógico-sistemática do texto constitucional, com o acréscimo do inciso LXVIII ao seu artigo 5º (ver também artigos 93, incisos IX e XIII, 133 e 134), caracteriza-se como um bloco aglutinante e compacto de vários outros direitos e garantias fundamentais ostentados pelas partes litigantes contra o Estado, quais sejam: a)- direito de amplo acesso à jurisdição, prestada de forma eficiente, dentro de um tempo útil ou lapso temporal razoável; b)- garantia do juízo constitucional; c)- garantia do contraditório paritário; d)- garantia da plenitude de defesa, com todos os meios e recursos a ela (defesa) inerentes, aí incluído o direito ao advogado ou ao defensor público (artigos 133 e 134); e)- garantia da fundamentação racional das decisões jurisdicionais centrada na reserva legal (artigo 93, incisos IX e X); f)- garantia de um processo sem dilações indevidas.

Logo, com a publicação da Emenda Constitucional nº 45, por força da norma do artigo 5º, inciso LXVIII, no Estado brasileiro, o povo tem não só o direito fundamental à jurisdição, como, também, o direito a que este serviço público monopolizado e essencial do Estado lhe seja prestado dentro de um prazo razoável. Contrapõe-se a este direito o dever do Estado de prestar a jurisdição mediante a garantia de um processo sem dilações indevidas, isto significando processos cujos atos sejam praticados naqueles prazos fixados pelo próprio Estado nas normas de direito processual que edita, evitando-se as ocorrências causadoras de suas costumeiras *"etapas mortas"*, as quais traduzem longos espaços temporais de completa inatividade procedimental.[12]

---

11 A respeito, ver BRÊTAS, Ronaldo de Carvalho Dias; SOARES, Carlos Henrique. *Técnica processual.* Belo Horizonte: Del Rey, 2015.

12 Nesse sentido, disserta Humberto Theodoro Júnior, explicando a origem e significado da expressão *"etapas mortas do processo"*: *"Os problemas mais graves da Justiça, segundo*

Portanto, o direito fundamental do povo de acesso à jurisdição também abrange o direito de obter do Estado um pronunciamento decisório em prazo razoável. Se descumprida pelo Estado esta recomendação constitucional, a função jurisdicional do Estado se qualifica como inacessível ao povo, por não apresentar solução decisória em lapso temporal útil, no processo que a provocou, em aberto desrespeito ao texto da Constituição (artigo 5º, inciso LXXXVIII), sujeitando o mesmo Estado à obrigação de reparar os danos causados ao jurisdicionado, se o prejudicado suscitar sua responsabilidade civil em procedimento próprio. [13]

Discorrendo sobre a duração razoável do processo, sem dilações indevidas, garantia fundamental do povo posta em contiguidade à garantia também fundamental e mais compacta do devido processo legal, por força do artigo 5º, inciso LXVIII, da Constituição Federal, merece seja colacionada lição técnica e cientificamente precisa de Fernando Horta Tavares, a receber nosso modesto endosso doutrinário: "*Logo, duração razoável indica tramitação ou a prática de atos delimitada por marcos temporais com começo e fim, mas esta trilha procedimental deve ser percorrida regularmente (que é a melhor definição técnica para o termo razoável, também ligada à racionalidade procedimental). Mas o que dizer de tramitação célere? Adjetivo latino 'celer', que, em sentido próprio, indica 'pronto, rápido', e em sentido figurado indica 'vivo' (Faria, 1967, p. 172). No plano da Teoria do Processo Constitucionalizado, a celeridade se liga ao cumprimento do princípio da legalidade e do respeito aos princípios da isonomia, da ampla defesa e do contraditório, sem quaisquer compressões ou supressões do exercício destes direitos, pelos sujeitos do processo e com observância necessária pelo próprio Estado-juiz e pelos auxiliares do juízo. Duração razoável e celeridade da estrutura técnica destinada à movimentação dos atos processuais*

Giuseppe Tarzia, e que provocam a enorme duração dos processos, dizem respeito ao tempo de espera ('tempos mortos'), muito mais que aos tempos de desenvolvimento efetivo do juízo. A sua evolução depende, portanto, em grande parte, da organização das estruturas judiciais e não das normas do Código de Processo Civil (O Novo Processo Civil de Cognição na Itália. Rev. Ajuris, 65/89). Esse mal que contamina o processo já foi detectado há muito tempo por Niceto Alcalá Zamora Y Castilho: a desejada rapidez da resposta jurisdicional somente se consegue evitando as 'etapas mortas', ou seja, a inatividade processual durante a qual os autos ou expedientes forenses permanecem paralisados nos escaninhos forenses (Estudios de Teoría General e Historia del Proceso, México, UNAM, 1974, apud PRATA, Edson. Direito Processual Civil, Uberaba, Ed. Vitória, 1980, p. 228). (As novas reformas do Código de Processo Civil, p. 64).

13 Ver BRÊTAS. *Responsabilidade do Estado pela função jurisdicional*, p. 194-203.

se vinculam, portanto, ao significado de tempo, mas, também, à racionalidade prática da movimentação processual, isto é, conjugação do tempo e de espaço procedimental. E para se alcançar celeridade de tramitação dos procedimentos judiciais e administrativos, a norma constitucional apontou para a existência de meios que garantirão esta celeridade. Com efeito, partindo-se da estrutura do próprio sistema processual brasileiro, os meios que operacionalizam a tramitação dos procedimentos judiciais e administrativos adequados ao Direito Democrático somente são aqueles que se traduzem pela observância dos procedimentos fundantes na processualidade democrática, isto é, da isonomia, do contraditório, da ampla defesa, do acesso gratuito e incondicionado à jurisdição, do direito ao advogado e da fundamentação racional e legítima das decisões, e, no plano da técnica, pela obediência aos prazos e formas previstos nos Códigos de procedimento civil, penal, trabalhista e demais leis infraconstitucionais...".[14]

Assinale-se que a exigência constitucional de se obter a prestação da atividade jurisdicional em tempo útil ou prazo razoável, o que significa adequação temporal da jurisdição, mediante processo sem dilações indevidas, não permite o Estado impingir ao povo a aceleração dos procedimentos pela diminuição das demais garantias processuais constitucionais. Exemplificando, não pode o Estado suprimir o contraditório ou olvidá-lo na construção normativa dos procedimentos, como também lhe é defeso dispensar a presença do advogado ou do defensor público no processo, eliminar o duplo grau de jurisdição, abolir a instrumentalidade das formas, restringir o direito das partes à produção de provas lícitas ou dispensar o órgão jurisdicional de fundamentar racionalmente suas decisões. A restrição de quaisquer dessas garantias processuais constitucionais, sob a canhestra justificativa de agilizar ou tornar célere o procedimento, revela-se inconstitucional e antidemocrática, somente prestando para estimular o arbítrio dos juízes, fomentar a insegurança jurídica e escarnecer da garantia fundamental do devido processo legal, em resumo, deslavada e grosseira agressão ao modelo constitucional do processo concebido pelo Estado Democrático de Direito brasileiro, verdadeira fraude à Constituição.[15]

---

14 *O Brasil que queremos: reflexões sobre o Estado Democrático de Direito*, p. 219-220.

15 Cf. CANOTILHO. *Direito Constitucional e Teoria da Constituição*, p. 467. CALMON DE PASSOS. *Direito, poder, justiça e processo: julgando os que nos julgam*, p. 69-70. Infelizmente, a tendência para o arbítrio, jungido à ideia de máxima rapidez do processo, com supressão das garantias de defesa ostentadas pelas partes, tem marca histórica e secular. Basta ler o livro intitulado *Manual dos Inquisidores*, escrito pelo dominicano

Contudo, torna-se importante frisar, como bem lembra Flávia de Almeida Montingelli Zanferdini, que prazo razoável não significa, necessária e cegamente, processo célere a qualquer custo ou jeito, mas *"o direito de obter do órgão jurisdicional uma decisão legal dentro de prazos legais preestabelecidos ou, em não havendo prévia fixação legal de prazos, que o seja em um prazo proporcional e adequado à complexidade do processo"*.[16]

Efetivamente, é necessário que a sociedade, os legisladores e os operadores ou práticos do direito entendam, de uma vez por todas, que a questão da morosidade da atividade jurisdicional e da demora da solução decisória pretendida nos processos não pode ser resolvida sob a concepção esdrúxula de uma cogitada jurisdição instantânea ou de uma jurisdição-relâmpago, o que é impossível existir em qualquer lugar do planeta, pois alguma demora na

---

Nicolau Eymerich, no ano de 1376. O autor nasceu em Gerona, reino de Catalunha e Aragão, em 1320. Escreveu dito livro com o propósito de comentar os procedimentos necessários para o bom exercício da Inquisição, dentre os quais os restritivos à defesa do acusado. Eis alguns trechos da obra: *"Acabamos de ver como se instaura um processo numa causa de heresia. Agora, é preciso ver como o processo se desenvolve. Vamos esclarecer logo que, nas questões de fé, o procedimento deve ser sumário, simples, sem complicações e tumultos. Nem ostentação de advogados e juízes. Não se pode mostrar os autos de acusação ao acusado nem discuti-los. Não se admitem pedidos de adiamento, nem coisas do gênero. E, já que distinguimos três maneiras de abrir um processo, vamos retomá-las agora, examinando o desenrolar de cada uma. (...). Obstáculos à rapidez de um processo. Deve-se analisar, agora, as causas da demora dos processos e do atraso na promulgação das sentenças. São cinco: 1) o grande número de testemunhas; 2) a participação da defesa; 3) a destituição do inquisidor; 4) a apelação; 5) a fuga do acusado. (...). O grande número de testemunhas é a primeira causa da demora inútil do processo inquisitorial e do atraso na proclamação da sentença. Muitas testemunhas, às vezes, é necessário, mas, às vezes, é inútil. É inútil quando o réu, reconhecido por três, quatro ou cinco testemunhas idôneas, faz a confissão de acordo com os termos da delação, e isto, independentemente de admitir ou não que confessou. Neste caso, não há necessidade de se ouvir a defesa, nem interrogar outras testemunhas. É só declarar a sentença e aplicar a pena. (...). Será designado um advogado honesto, com experiência em Direito Civil e Canônico, e bastante fervoroso. Será nomeado, também, um procurador. Os nomes tanto de um quanto de outro não aparecem nos autos do processo. Os nomes dos delatores, como se sabe, não podem aparecer, para evitar represálias por parte de pessoas que pudessem apoiar os réus (se, aparentemente, não houver nenhum perigo, o inquisidor registrará todos os nomes nos autos do processo). (...). De acordo com as instruções do Senado Inquisitorial de Madri, datadas de 1561, não é preciso retardar a tortura por causa da apelação, caso os indícios a justifiquem suficientemente.* (*Manual dos Inquisidores,* p. 110, 136, 137 e 146).

16 *Revista Síntese de Direito Civil e Processual Civil* v. 22, p. 14-29.

solução decisória sempre haverá nos processos, sobretudo naqueles de maior complexidade.[17]

É preciso que haja um tempo procedimental adequado, a fim de que possam ser efetivados os devidos acertamentos das relações de fato e de direito controvertidas ou conflituosas entre os envolvidos, sob a reconstrução cognitiva do caso concreto, por meio da moderna e inafastável estrutura normativa (devido processo legal) e dialética (em contraditório) do processo, não havendo outro modo substitutivo racional e democrático de fazê-lo. O que deve ser combatida é a demora exagerada ou excessivamente longa da atividade jurisdicional, a fim de que as partes recebam pronunciamento decisório conclusivo em prazo razoável. O que devem ser evitadas são as dilações indevidas do processo, resultantes, em maioria, dos períodos prolongados de paralisia procedimental, nos quais não se praticam atos no processo ou o são fora da previsão legal do tempo em que devem ser realizados – ou seja, as *etapas mortas* do processo – em desobediência aos prazos previstos nos Códigos processuais e impostos ao Estado, ao prestar o serviço público jurisdicional que monopoliza, sem que nada aconteça aos agentes públicos ou órgãos julgadores que os descumprem.[18]

---

17 A demora é universal. A título de exemplo, vamos considerar a situação da Itália, já que exporta doutrina processual para o Brasil, em profusão. Em estada naquele país, realizando pesquisa, tivemos a oportunidade de ler o jornal *La Nazione* [Suplemento *Toscana & Liguria]*, n. 187, edição *domenica,* de 9/7/2006, p. 1, noticiando a existência de um processo complexo, porque nele produzida prova pericial, que teve curso durante oito anos. Eis a manchete do caso, ali estampada: *"Lucca – Uno stuzzicadenti lo fece morire – Ora l'Asl risarcisce – Perforo l'intestino, i medici non se ne accorsero"*. Iniciado o curioso processo em 1998, com perícia realizada em 2002, seu desfecho somente ocorreu no Tribunal, no ano de 2006, ao acolher, em julgamento de recurso, pedido indenizatório formulado pela autora, irmã da vítima falecida. Em resumo, segundo a referida matéria jornalística, a vítima, de 46 anos, portadora de distúrbios mentais, após ter ingerido um palito, foi hospitalizada, com febre e fortes dores abdominais, o que revelava necessidade de cirurgia, não efetuada pelos médicos do Hospital *di Lucca*. Permanecendo internado o paciente, sem que o tratamento médico ministrado surtisse efeito, não tendo obtido melhora, culminou seu óbito. A prova pericial produzida no processo relatou que, se a cirurgia tivesse sido realizada a tempo e modo, teria sido descoberta e removida a causa da peritonite do paciente, reduzindo-se em 82% o risco da sua morte. Daí a procedência do pedido, com indenização concedida à irmã da vítima no valor de 200 mil euros (importe aproximado de R$ 600 mil reais).

18 Ao discorrer sobre a garantia da duração razoável do processo, Araken de Assis alinha as seguintes e importantes observações: *"O processualista que se homenageia, por sem dúvida com justiça tempestiva e insuscetível a impugnações, José Carlos Barbosa Moreira, identificou e denunciou o mito da rapidez acima de tudo, dividido em vários submitos, um dos quais a hipervalorização da intrín-*

Enfim, ficamos com a oportuna e corretíssima observação de Elpídio Donizetti Nunes, na abordagem do assunto, bem resumindo: *"Registre-se que as queixas contra a lentidão da justiça não são de hoje. Na longínqua Roma, Cícero já lamentava que a causa por ele patrocinada se arrastava por dois anos. Assim, é utopia querer resolvê-la de pronto, sem levar em conta que a resolução dos litígios, em qualquer parte do mundo, tem um prazo natural, que não pode ser atropelado, sob pena de sacrificar garantias dos litigantes. Como está escrito em Eclesiastes 3:1, 4, há tempo para tudo debaixo do céu. Tempo de sorrir e tempo de chorar. Decerto, há de haver tempo para esperar, a fim de que a decisão judicial não seja imposta goela abaixo, mas represente o direito encontrado a partir do discurso democrático levado a efeito nos autos"*.[19]

4. ORIGEM E SIGNIFICADO JURÍDICO DA EXPRESSÃO RAZOÁVEL DURAÇÃO DO PROCESSO

Resta, agora, analisar o sentido da expressão *"razoável duração do processo"*, no qual a jurisdição deve ser prestada aos que a postulam no Estado Democrático de Direito brasileiro, tal como inserida no conteúdo normativo do inciso LXVIII, do artigo 5º, da Constituição Federal, direito assegurado a todos e, segundo observamos anteriormente, mais um componente constitucional do conceito de devido processo legal.

Parece-nos que o texto da Constituição tomou por paradigma o conteúdo normativo do artigo 8º, alínea 1, da Convenção Americana de Direitos Humanos, comumente chamada de Pacto de San José da Costa Rica, cujo texto foi aprovado pelo Estado brasileiro, mediante o Decreto Legislativo nº 27, de 26/5/1992, sem reserva, depositando sua carta de adesão àquela Convenção em 25/9/1992, promulgado aquele texto legislativo por meio do Decreto nº 678, de 6/11/1992, *verbis: Toda pessoa terá o direito de ser ouvida, com as devidas garantias e dentro de um prazo razoável, por um juiz ou Tribunal competente, independente e imparcial, estabelecido anteriormente por lei, na apuração de qualquer acusação*

---

seca 'malignidade da lentidão'. A observação é trivial e exata. Nem sempre o processo rápido traduz processo justo. Impõe-se abreviá-lo para melhorá-lo, e, não, piorá-lo, sonegando outros tantos direitos fundamentais a uma das partes ou a ambas. Conforme notou Ronaldo Brêtas de Carvalho Dias [...], a supressão de outros direitos se revela inconstitucional e antidemocrática" (Processo e Constituição: estudos em homenagem a José Carlos Barbosa Moreira, p. 196).

19 *Estudos continuados de teoria do processo* v. II, p. 239.

penal formulada contra ela, ou na determinação de seus direitos e obrigações de caráter civil, trabalhista fiscal ou de qualquer outra natureza".[20]

Essa norma do Pacto de San José, por sua vez, a nosso ver, louvou-se na redação da norma do artigo 6º, alínea 1, a Convenção de Salvaguarda dos Direitos do Homem e das Liberdades Fundamentais, também conhecida como Convenção Europeia dos Direitos do Homem, subscrita por vários Estados europeus,

---

20 Ouçamos André Del Negri, em texto esclarecedor da importância da Convenção Americana de Direitos Humanos (Pacto de San José da Costa Rica) para os povos americanos e, via de consequência, para o povo brasileiro, trazendo informes sobre o procedimento pelo qual pode-se obter o pronunciamento jurisdicional internacional da Corte Interamericana de Direitos Humanos: *"O objetivo do Pacto de San José é garantir ao povo do Continente Americano (nacionais ou estrangeiros) direitos básicos, tais como o direito à vida, à integridade física, ao habeas corpus, ao devido processo legal e à indenização por erro judiciário. Enfim, direitos considerados de primeira geração. A Convenção Americana atua por intermédio de dois órgãos: a Comissão de Direitos Fundamentais e a Corte Interamericana de Direitos Humanos, O objetivo da Comissão é promover a observância e a proteção dos direitos humanos na América, analisar denúncias antes de enviá-las à Corte e mediar acordos. O meio de se chegar às portas da Comissão é por meio de uma petição escrita, a qual deverá conter os requisitos necessários do art. 46, do Pacto de San José. A ausência desses requisitos acarreta indeferimento do pedido. O primeiro dos requisitos requer que tenham sido interpostos e esgotados os recursos da jurisdição interna. O segundo exige que a petição deve ser apresentada no interregno de seis meses, a partir da data em que o prejudicado em seus direitos tenha sido notificado da decisão definitiva. No entanto, a jurisprudência predominante na Corte é no sentido da não-necessidade desses dois requisitos, pois, como mostra Jete Jane Fiorat, os Estados obstariam o esgotamento interno, a exemplo do que ocorreu nos Estados de Honduras e Suriname. Ademais, os outros requisitos não trazem qualquer grau de dificuldade para preenchê-los, pois diz respeito à necessidade de a matéria da petição ou comunicação não estar pendente de outro processo de solução internacional e, o último, que a petição contenha o nome, a profissão, o domicílio e a assinatura da pessoa ou pessoas ou do representante legal da instituição que peticionar. A Corte funciona ora proferindo pareceres, ora sentenças. Os pareceres são emitidos pela Corte quando qualquer membro da Convenção solicite interpretação de qualquer ponto duvidoso do Tratado relativo à proteção de direitos humanos nos Estados Americanos. A sentença possui caráter declaratório e, no caso de condenação, determina o pagamento de indenização. Caso o Estado condenado não cumpra a sentença, pode sofrer sanções econômicas e retaliações no Conselho Permanente da OEA (Organização dos Estados Americanos). Foi exatamente o que ocorreu no Suriname e em Honduras no caso Velasques Rodrigues, onde os familiares receberam compensação pecuniária".* Ainda informa André Del Negri que o Brasil, em agosto de 2006, pela primeira vez, foi condenado pela Corte Interamericana de Direitos Humanos, em caso ocorrido no Estado do Ceará, no qual se constatou violação às normas do Pacto que tratam da garantia à integridade física, à vida e da garantia e proteção judicial dos seus cidadãos. Os Juízes da Corte decidiram pela responsabilidade do Estado brasileiro no caso julgado, por falhas e lentidão na investigação policial, condenado no pagamento de indenização cujo valor foi fixado em US$ 146 mil (*Teoria da Constituição e do Direito Constitucional*, p. 117-118).

em Roma, aos 4/11/1950, com vigência a partir de 3/9/1953, formalizando o surgimento da chamada Comunidade Europeia, *verbis*: *"Toda pessoa tem direito a que sua causa seja examinada equitativa e publicamente em prazo razoável, por um tribunal independente e imparcial estabelecido pela lei, o qual decidirá, seja sobre a determinação dos seus direitos e obrigações de natureza civil, seja sobre o fundamento de qualquer acusação em matéria penal dirigida contra ela"*.

É importante ressaltar que, a rigor, as normas do Pacto de San José da Costa Rica, protetoras dos direitos humanos, garantindo o direito a um processo de duração razoável (sem dilações indevidas), por força de disposições expressas da Constituição Federal de 1988, mesmo antes da Emenda nº 45, já estavam incorporadas no direito interno brasileiro e com imediata aplicação desde 6/11/1992.

Nesse sentido, seguimos o pensamento de Antônio Augusto Cançado Trindade: *"o disposto no artigo 5 (2) da Constituição Brasileira de 1988 se insere na nova tendência de Constituições latino-americanas recentes conceder um tratamento especial ou diferenciado também no plano do direito interno aos direitos e garantias individuais internacionalmente consagrados. A especificidade e o caráter especial dos tratados de proteção internacional dos direitos humanos, encontram-se, com efeito, reconhecidos e sancionados pela Constituição de 1988; se, para os tratados internacionais em geral, se tem exigido a intermediação pelo Poder Legislativo de ato com força de lei de modo a outorgar a suas disposições vigência ou obrigatoriedade no plano do ordenamento jurídico interno, distintamente nos casos dos tratados de proteção internacional dos direitos humanos em que o Brasil é parte os direitos fundamentais neles garantidos passam, consoante os artigos 5 (2) e 5 (1) da Constituição brasileira de 1988, a integrar o elenco dos direitos constitucionalmente consagrados e direta e imediatamente exigíveis no plano do ordenamento jurídico interno"*.[21]

Desse mesmo entendimento comunga Fernando Horta Tavares, conforme se colhe do seguinte texto: *"A Emenda Constitucional 45, de 8 de dezembro de 2004, acrescentou ao rol dos direitos e garantias fundamentais, pelo inciso LXXXVIII ao artigo 5º, o princípio da duração razoável do processo e celeridade de tramitação, que parte da doutrina vem chamando de 'princípio da efetividade do processo'. Trata-se, como se vê, da materialização da ideia de que, em se normatizando uma situação do mundo da vida, a juridicização por si só bastaria para resolver o problema da denominada 'lentidão do processo'. Por isto,*

21 *Tratado de direito internacional dos direitos humanos*, p. 407-408.

o legislador, na esteira do movimento reformista que lastra pelo país, resolveu reconstitucionalizar um princípio que já havia sido introduzido no ordenamento jurídico brasileiro desde 1992, pelo caput do artigo 8º, da Convenção Americana de Direitos Humanos, o conhecido Pacto de San José da Costa Rica".[22]

De modo geral, no exame do que deva ser entendido por prazo razoável de duração do processo, a doutrina nacional e estrangeira têm-se valido dos critérios estabelecidos na jurisprudência firmada pela Corte Européia dos Direitos do Homem, denominada simplesmente *"Corte"* na Convenção Européia que a instituiu (artigo 19), já consolidada há décadas, quando aprecia e julga casos de violação dos direitos humanos protegidos naquela Convenção, entre eles o direito à prestação da atividade jurisdicional em prazo razoável, mediante processo sem dilações indevidas, impondo aos Estados europeus signatários a obrigação de pagar indenização por danos materiais e morais aos prejudicados, pelo descumprimento das normas do seu artigo 6º, dantes transcrito.[23]

Portanto, acompanhando a doutrina predominante,[24] também consideramos que os critérios fixados na jurisprudência da Corte Europeia dos Direitos do Homem, nos casos de descumprimento da norma do artigo 6º da Convenção Europeia, em princípio, podem ser acolhidos para se alcançar o sentido técnico-jurídico da expressão *razoável duração do processo*, como agora surge no texto da Constituição brasileira.

---

22 *O Brasil que queremos: reflexões sobre o Estado Democrático de Direito*, p. 218.

23 Em pesquisa local que realizamos, tivemos a oportunidade de constatar que, no período de 1º de janeiro a 30 de junho de 2001, a Corte Européia dos Direitos do Homem julgou cerca de 359 casos de violação dos direitos humanos, ocorridos em Estados membros da Comunidade Européia. Desses casos julgados, 147 decisões se referiam à função jurisdicional exercida com lentidão, condenados os Estados no pagamento de indenização aos jurisdicionados prejudicados por dilações indevidas nos processos, situações consideradas pela Corte como denegação de justiça. Nesses 147 casos que examinamos, foram verificadas 132 condenações da Itália (a campeoníssima da jurisdição exercida com morosidade na Europa), seguidas de 4 condenações da França, 3 condenações de Portugal, 2 condenações da Polônia, 1 condenação da Hungria, 1 condenação da Grécia, 1 condenação da Eslováquia, 1 condenação da Alemanha e 1 condenação de Luxemburgo. Como se vê, verdadeiro campeonato europeu de morosidade ou lentidão do judiciário, por dilações indevidas verificadas nos processos (cf. BRÊTAS. *Jornal O Malhete-PUC Minas* n. 18. p. 8).

24 Por todos, cf. CRUZ E TUCCI, José Rogério. *Temas atuais de Direito Processual Civil*, p. 167-200.

5. SITUAÇÕES DE COMPROMETIMENTO DA RAZOÁVEL DURAÇÃO DO PROCESSO

A partir dessas premissas, o caráter razoável da duração de um processo ou sem dilações indevidas deve ser apreciado conforme as circunstâncias particulares do caso concreto em julgamento, levando-se em conta três critérios principais: a)- a complexidade das questões de fato e de direito discutidas no processo; b)- o comportamento das partes e de seus advogados; c)- a atuação dos órgãos jurisdicionais.[25]

Por diretriz básica, deve-se exigir dos órgãos jurisdicionais estatais a permanente observância dos princípios do impulso oficial e da celeridade, a fim de que a jurisdição não seja prestada com atrasos suscetíveis de comprometer sua eficiência e credibilidade, sem que isto implique qualquer violação à garantia do devido processo legal, sendo razão de ser da exigência o sentido da expressão contida em antigo adágio de origem inglesa amiúde invocado, *"justiça retardada, justiça negada" (justice delayed, justice denied*, repetição de outro velho ditado francês, ambos costumeiramente mencionados nas decisões da Corte Europeia dos Direitos do Homem, *justice rétive, justice fautive).*

5.1 Complexidade das questões discutidas no processo

A complexidade das questões discutidas no processo, comprometedoras de sua razoável duração, pode resultar, por exemplo, da pluralidade de litisconsortes passivos, que deverão ser citados, provocando a demora procedimental, também, da necessidade de intervenção de terceiros, da dificuldade em se localizar testemunhas arroladas e que deverão ser inquiridas, com isto frustrando-se a realização de audiências, da necessidade de se produzir provas periciais intrincadas e demoradas, da multiplicidade de incidentes processuais suscitados pelas partes ou da controvérsia sobre o direito aplicável ao caso em julgamento, quando ocorrentes alterações legislativas de alcance e relevância nacional, provocando grandes divergências ou incertezas doutrinárias e jurisprudenciais.

Porém, tem-se entendido que não existe complexidade nos processos de cognição sumária, de execução e cautelar, de sorte a justificar dilações pro-

25 Cf. PICÓ y JUNOY, Joan. *Las garantías constitucionales del proceso,* p. 26-27. BRÊTAS. *Responsabilidade do Estado pela função jurisdicional,* p. 199-203.

cessuais no tempo. Parte-se ainda do entendimento de que cabe ao Estado o dever de assegurar o respeito ao conteúdo do direito a um processo sem dilações indevidas, a fim de que a jurisdição seja prestada em prazo razoável, porque toca ao órgão jurisdicional obediência ao princípio do impulso oficial, mesmo quando a iniciativa processual ou a prática dos atos do processo seja ônus dos litigantes.

5.2 Comportamento das partes

O comportamento das partes constitui um fator objetivo, não imputável ao Estado, que deve ser levado em consideração, ao se verificar o excesso do prazo razoável na duração dos processos. Em razão dos deveres de lealdade e probidade, que repudiam a litigância ímproba ou de má-fé,[26] as partes estão obrigadas a praticar diligentemente os atos que as normas processuais lhes impõem, a não usarem artifícios ou manobras protelatórias no curso dos processos, embora possam exaurir as possibilidades que lhes são conferidas pelas normas do direito processual para o exercício do pleno direito de ação e de defesa, de sorte a abreviar os processos, não se lhes exigindo cooperação ativa com os órgãos jurisdicionais, em alguns casos, em face da amplitude do direito de defesa e da renhida contraposição dialética (contraditório) que se instaura nos procedimentos, visando à reconstrução do caso concreto e ao acertamento das relações fáticas e jurídicas controvertidas.

5.3 Atuação dos órgãos jurisdicionais

Mas, sem dúvida, é a atuação dos órgãos jurisdicionais o principal elemento e fator dominante a ser estimado para se valorar, em concreto, a violação do direito do jurisdicionado ao pronunciamento jurisdicional em prazo razoável, mediante processo instaurado sem dilações indevidas. É a lentidão, a morosidade da atividade jurisdicional, quase sempre imputável à negligência do Estado, que leva a se decidir pela inobservância do prazo razoável de duração dos processos. Entende-se que o Estado deve estruturar o sistema jurisdicional de tal maneira que seus juízes e tribunais tenham condições de cumprir o preceito normativo que lhes impõe zelar pela razoável duração do processo.

---

26 Sobre litigância de má-fé, mais amplamente, ver BRÊTAS. *Fraude no processo civil*, p. 21-68.

Dessa forma, são consideradas dilações indevidas do processo todas as situações puras e simples de inércia absoluta dos órgãos jurisdicionais, ineficientes em impulsionar os atos do processo nas suas diferentes fases lógicas (postulatória, de saneamento e de organização do processo, instrutória ou probatória e decisória[27]), além dos atrasos e delongas. Cumpre aos órgãos jurisdicionais o dever de adotar técnicas de trabalho (instalações físicas adequadas e pessoal de apoio treinado e qualificado) que afastem os atrasos e delongas causados ao curso normal dos processos. Não podem juízes e Tribunais descumprirem os prazos prescritos nos Códigos processuais para a prática dos atos judiciais, gerando os injustificáveis e funestos prolongamentos das chamadas etapas mortas do processo, que separam a realização de um ato processual do outro imediatamente seguinte, sem subordinação a um lapso de tempo prévia e legalmente fixado. Não se leva em conta o número excessivo de processos existentes nos órgãos jurisdicionais, gerando sobrecarga de trabalho, para se justificar dilação processual, ou o estado de vacância dos cargos de juízes por remoção ou aposentadoria, pois incumbe ao Estado o dever de prover adequadamente a estrutura física, técnica e pessoal de seus órgãos jurisdicionais, visando a torná-los eficientes.[28]

Por outro lado, a hiperatividade desordenada dos órgãos jurisdicionais também é encarada como dilação indevida dos processos, quando, exemplificando, de forma tumultuária, determinam os juízes a produção de provas desnecessárias à solução da demanda, tais como, realização de perícia totalmente inócua, ou inquirição de testemunhas, acarretando designação de audiências, a fim de que tais provas sejam produzidas ou completadas, verificando-se, mais tarde, ao ser prolatada a sentença, que aquelas espécies probatórias determinadas em nada serviram ou contribuíram para a solução decisória final do processo.

Entretanto, o motivo excludente da força maior, por exemplo, fenômenos atmosféricos ou geofísicos, como chuvas abundantes, provocando enchentes, e terremotos, causando a interrupção da atividade jurisdicional por longo lapso de tempo, justifica a dilação processual e a entrega da tutela jurisdicional pelo Estado em tempo que não seja razoável.

---

27 Ver BRÊTAS *et alii*. *Estudo sistemático do NCPC*, p. 105-111.

28 Sobre a eficiência da função jurisdicional, ver Capítulo 3, nº 11.

5 Capítulo

CONSIDERAÇÕES CONCLUSIVAS

Como breve inventário das pesquisas desenvolvidas e das reflexões obtidas em torno dos temas relacionados à importância do processo constitucional na construção do Estado Democrático de Direito, objeto da exposição feita nos Capítulos anteriores, podemos chegar às considerações conclusivas que se seguem.

1. O Estado contemporâneo se organiza e se rege por uma Constituição, dentro de uma estruturação jurídica que lhe permite criar órgãos para o desempenho de suas funções jurídicas essenciais, que não são soberanos. O Estado é que detém a soberania em nome do povo, sem a qual lhe faltaria – também exercido em nome do povo – o poder de criação e de aplicação das normas que dita para composição do seu ordenamento jurídico, que lhe serve de diretriz obrigatória no desempenho de quaisquer de suas funções, a executiva ou governamental, a legislativa e a jurisdicional.

2. Em razão disso, o poder do Estado é uno, não se podendo dividi-lo ou fracioná-lo, em visão tripartida, como o faz a Constituição brasileira, em atecnia escancarada, seguida e repetida pela grande maioria dos doutrinadores, ao conceber a existência de três Poderes – o Poder Executivo, o Poder Legislativo e o Poder Judiciário – porquanto o que deve ser repartida ou separada é a atividade e não o poder do Estado. A partir daí, resulta uma diferenciação das funções estatais exercidas – a função executiva, a função legislativa e a função jurisdicional – nunca a existência de três Poderes dentro do mesmo Estado, em visão deturpada e caduca de teoria política concebida por Montesquieu, o que contraria a unanimidade da doutrina publicística dos últimos cem anos.

3. Os mencionados erroneamente Poderes do Estado, na tradicional dicção constitucional brasileira, transcrita pela doutrina sem prévio e atento exame aos estudos atualizados desenvolvidos no âmbito do Direito Político e do Direito Constitucional, em visão tripartida e anacrônica – Poder Executivo, Poder Legislativo e Poder Judiciário – só podem e devem ser compreendidos, segundo concepção científica atualizada, como sistemas ou complexos de órgãos aos quais as normas da Constituição atribuem competências bem definidas para o exercício das qualificadas funções fundamentais do Estado.

4. À luz da atual teoria das funções do Estado e da concepção estruturante do Estado Democrático de Direito, deve-se entender como função jurisdicional ou jurisdição a atividade-dever do Estado, prestada pelos seus órgãos competentes, indicados no texto constitucional, somente exercida sob petição da parte interessada (direito de ação) e mediante a garantia do devido processo constitucional. Em outras palavras, a jurisdição somente pode ser prestada a qualquer do povo que a postular por meio de processo instaurado e desenvolvido de forma obediente aos princípios e garantias constitucionais, dentre os quais avultam o juízo natural, a ampla defesa, o contraditório paritário e a fundamentação racional dos pronunciamentos jurisdicionais com base na reserva legal, com o objetivo de realizar imperativa e imparcialmente o ordenamento jurídico.

5. Sendo atividade-dever do Estado, em contrapartida, a jurisdição também é direito fundamental das pessoas naturais e jurídicas, porque assim consagrado na Constituição Federal, só podendo ser concretizado mediante processo instaurado com observância à principiologia do devido processo constitucional, que formata a metodologia normativa do devido processo legal, iniciado após ajuizada ação pela parte interessada. A ação, por sua vez, é o direito constitucionalmente assegurado a qualquer do povo de exigir uma decisão sobre uma pretensão de direito material posta à apreciação do Estado-jurisdição, sendo certo que, embora seu exercício seja concomitante ao início do processo, a partir daí provoca o desencadeamento de uma série de garantias constitucionais a ele voltadas.

6. A fusão dos princípios do Estado de Direito e da Democracia, amalgamada pelo entrelaçamento técnico e harmonioso das normas constitucionais, é denominada legitimação democrática do Estado de Direito pela doutrina alemã e qualificada democracia constitucional pela doutrina italiana. Tais qualificações são procedentes e plenamente justificáveis, porque partem da idéia atual, cientificamente demonstrada, de que a referida junção permite criar para o Estado um sistema constitucional marcado de forma preponderante pela associação do poder político legitimado do povo (democracia) com a limitação do poder estatal pelas normas constitucionais e infraconstitucionais integrantes de seu ordenamento jurídico (Estado de Direito), sobretudo aquelas normas voltadas à proteção dos direitos e garantias fundamentais positivados no texto da Constituição.

7. A teoria do processo como relação jurídica, de ampla aceitação na doutrina brasileira, tem recebido procedentes críticas após o surgimento da teoria de Fazzalari, concebendo o processo como procedimento em contraditório, que denominamos teoria estruturalista do processo, e da concepção da teoria constitucionalista do processo, a qual, em face do princípio do Estado Democrático de Direito, toma por base a supremacia das normas constitucionais sobre as normas processuais. Em tal perspectiva, consagra-se às partes a garantia do devido processo legal, cuja viga mestra é o contraditório, devendo-lhe o Estado-jurisdição irrestrita observância, no exercício da função jurisdicional.

8. O contraditório, princípio componente do devido processo legal, na atualidade, não mais pode ser entendido na concepção restritiva de ciência bilateral e contrariedade aos atos e termos do processo. Seu alcance técnico-científico é bem maior, devendo-se compreendê-lo como garantia fundamental das partes de participação e manifestação efetivas em todos os atos e fases do procedimento, sem exceções de quaisquer espécies, possibilitando-lhes influírem na geração de um pronunciamento decisório favorável aos seus interesses. Somente assim, ter-se-á decisão gerada democraticamente pela comparticipação dos sujeitos do processo (partes contraditoras e juiz), com implementação técnica dos direitos e garantias constitucionais ostentados pelas partes.

9. O normatizado dever de cooperação, como prescreve o enunciado do artigo 6º. do Código de Processo Civil, deve ser tecnicamente entendido e seguido no processo como comparticipação dos sujeitos processuais. Em outras palavras, os principais sujeitos do processo devem praticar os atos processuais que lhes cabem em regime de comparticipação, concretizada pelo efetivo contraditório (artigo 7º.), seu elemento normativo estruturador, na medida em que o contraditório se entrelaça com a fundamentação da decisão jurisdicional. Assim, cooperação processual traduz a ideia básica de promover e incentivar a participação das partes em todas as fases do procedimento e o adequado diálogo que o juiz (agente público decisor) deve manter com elas, dentro da concepção estrutural quadripartite do moderno contraditório que defendemos deva existir, qual seja, *informação-reação-diálogo-influência.*

10. O Congresso da Magistratura e do Ministério Público de Minas Gerais, realizado na cidade de Tiradentes, Minas Gerais, período de 25 a 27 de novembro de 2015, elaborou a Carta de Tiradentes, com o Enunciado de n. 7, do seguinte teor: *"A cooperação constante do art. 6º. do Novo CPC deve ser entendida como coparticipação, que se liga ao contraditório, consistente nos princípios informação, reação, diálogo, influência na construção da decisão".*

11. Ao que se percebe de extensa doutrina produzida a partir da segunda metade do século XX, os princípios são havidos como proposições fundamentais do Direito e, via de conseqüência, considerados normas jurídicas, ao lado das regras, com idêntica força vinculativa, integrando o ordenamento jurídico.

12. A Constituição brasileira de 1988 concede manifesto reconhecimento aos princípios como normas jurídicas impositivas, ao lado das regras, princípios e regras compondo o ordenamento jurídico (= lei, na dicção constitucional, ninguém será obrigado a fazer ou deixar de fazer alguma coisa senão em virtude de lei), o que realça a dimensão principiológica de seu sistema. Esta conclusão ganha reforço, ao se observar que a Constituição, já no seu início, dispõe a respeito dos princípios fundamentais que regem a República Federativa do Brasil (Título I), referindo-se, em seguida, no seu artigo 1º, ao Estado Democrático de Direito,

dado topológico este que indica a inclusão do Estado Democrático de Direito no rol dos princípios fundamentais que enumera.

13. O exercício da jurisdição pelo Estado, segundo a dimensão principiológica da Constituição Federal de 1988, exige a observância do princípio do juízo natural, do princípio da vinculação ao Estado Democrático de Direito, do princípio do devido processo constitucional, do princípio da fundamentação das decisões jurisdicionais e do princípio da eficiência. O princípio da vinculação da jurisdição ao Estado Democrático de Direito, por sua vez, se concretiza pela incidência articulada dos princípios da supremacia da Constituição e da reserva legal (ou da legalidade). O princípio da fundamentação das decisões jurisdicionais conectado está ao princípio do contraditório, como se fossem irmãos siameses, ambos atuando e incidindo na argumentação fática e jurídica do procedimento.

14. O Supremo Tribunal Federal, em sua composição plenária, ao julgar o Mandado de Segurança nº 24.268-0 – Minas Gerais, na data de 5/2/2004, nos termos do voto condutor do Ministro Gilmar Mendes, relator para o acórdão respectivo, publicado em 17/9/2004, emitiu importante pronunciamento sobre temas envolvendo o processo constitucional no Estado Democrático de Direito. Os fundamentos desse acórdão paradigma estabelecem correlação entre o princípio do contraditório, o princípio da ampla defesa e o princípio da fundamentação das decisões jurisdicionais. Logo, em decorrência do exercício da jurisdição constitucional, concretizando o princípio da supremacia da Constituição, o Estado brasileiro está reafirmando que as partes têm direito a que seus argumentos desenvolvidos em torno das questões debatidas dentro da estrutura normativa e dialética do processo (em contraditório) sejam considerados séria e detidamente pelos seus órgãos julgadores, sobre os quais deverão manifestar-se na sua total extensão, ao proferirem o ato decisório.

15. A partir desse importante precedente do Supremo Tribunal Federal, fica apontada pela jurisdição constitucional a grosseira ofensa à garantia fundamental do devido processo constitucional e ao princípio maior do Estado Democrático de Direito, nos casos de decisões jurisdicionais que entendam estar dispensado o órgão julgador de apreciar todos os

argumentos e questões suscitados pelas partes, na estrutura cognitiva, normativa e em contraditório do processo, como encontradas freqüentemente nos repositórios de jurisprudência.

16. No Estado Democrático de Direito brasileiro, em face do princípio da prevalência dos direitos humanos e da garantia fundamental do devido processo legal, o povo tem não só o direito fundamental à jurisdição, como também que esta atividade-dever do Estado lhe seja prestada dentro de um prazo razoável, mediante processo sem dilações indevidas.

17. Porém, em face do princípio constitucional do Estado Democrático de Direito, a garantia de um processo com duração em prazo razoável, sem dilações indevidas, não pode servir de pretexto para a exclusão das demais garantias também fundamentais e não menos importantes, todas componentes da garantia constitucional mais extensa do devido processo legal.

18. Em princípio, a garantia da razoável duração do processo não se atrela de qualquer jeito ou a qualquer custo ao princípio da celeridade processual, devendo ser compreendida como o direito a um processo cujos atos sejam praticados nos prazos previstos nas normas do direito processual, evitando-se as chamadas etapas mortas do processo, períodos prolongados de total inatividade procedimental, causados pela inércia dos órgãos julgadores, displicentes quanto ao dever que lhes toca do impulso oficial.

19. A expressão razoável duração do processo tem origem em normas da Convenção Européia dos Direitos do Homem (art. 6º) e na Convenção Americana de Direitos Humanos (Pacto de San José da Costa Rica, art. 8º), sendo que as normas deste último Tratado Internacional já estavam incorporadas no ordenamento jurídico interno brasileiro desde 1992.

20. O caráter razoável da duração de um processo, que tenha curso sem dilações indevidas, deve ser apreciado conforme as particularidades do caso concreto, levando-se em conta os critérios atinentes à complexidade das questões de fato e de direito discutidas ao longo do procedimento, ao comportamento das partes e de seus advogados durante o itinerário procedimental e à atuação dos órgãos jurisdicionais.

BIBLIOGRAFIA

ABBOUD, Georges. *Processo constitucional brasileiro.* São Paulo: RT, 2016.

AGESTA, Luis Sanchez. *Curso de Derecho Constitucional Comparado.* 7ª. ed. rev (reimpression). Madrid: Universidade de Madrid/Facultad de Derecho, 1988.

AGUIAR JÚNIOR, Ruy Rosado de. Responsabilidade política e social dos juízes nas democracias modernas. *Revista da Associação dos juízes do Rio Grande do Sul.* Porto Alegre, v. 70, p. 7-33, jul. 1997.

AGUILAR CAVALLO. Principios rectores en Derechos Humanos. *In*: MARINONI, Luiz Guilherme; SARLET, Ingo Wolfgang (Coords.). *Processo constitucional.* São Paulo: RT, 2019.

ALEXY, Robert. *Teoría de los Derechos Fundamentales.* Versión castellana: Ernesto Garzón Valdés. Madrid: Centro de Estudos Constitucionales, 1997.

ALMEIDA, Andréa Alves de. *Espaço jurídico processual na discursividade metalinguística*. Curitiba: CRV, 2012.

ALMEIDA-DINIZ, Arthur José de. *Novos paradigmas em Direito Internacional Público.* Porto Alegre: Fabris, 1995.

ALMEIDA MELO, José Tarcízio de. *Direito Constitucional do Brasil.* Belo Horizonte: Del Rey, 2008.

ALTAMIRA GIGENA, Julio I. *Responsabilidad del Estado.* Buenos Aires: Astrea, 1973.

ALVES, Isabella Fonseca. *A cooperação processual no novo Código de Processo Civil.* Dissertação de Mestrado. Belo Horizonte: Pontifícia Universidade Católica de Minas Gerais, 2017, 146 p.

ALVES, Isabella Fonseca. *A cooperação processual no Código de Processo Civil.* Belo Horizonte: D'Plácido. 2017.

ALVIM PINTO, Teresa Arruda. *Nulidades da sentença.* 3ª. ed. rev. ampl. São Paulo: RT, 1993.

ALVIM WAMBIER, Teresa Arruda. O novo recurso de agravo, na perspectiva do amplo acesso à justiça, garantido pela Constituição Federal. *In:* FUX, Luiz; NERY JÚNIOR, Nelson; WAMBIER, Teresa Arruda Alvim (Coords.). *Processo e Constituição: estudos em homenagem ao Professor José Carlos Barbosa Moreira.* São Paulo: RT, 2006.

AMARAL SANTOS, Moacyr. *Primeiras linhas de Direito Processual Civil.* Atual. Maria Beatriz Amaral Santos Köhnen; 24ª. ed. São Paulo: Saraiva, 2010, v. 3.

ANDOLINA, Italo; VIGNERA, Giuseppe. *I fondamenti costituzionali della giustizia civile: il modelo costituzionale del processo civile italiano.* 2 ed. ampl. atual. Torino: Giappichelli, 1979.

ANDOLINA, Italo; VIGNERA, Giuseppe. *I fondamenti costituzionali della giustizia civile: il modelo costituzionale del processo civile italiano.* Seconda ed. ampliata ed aggiornata. Torino: Giappichelli, 1997.

ANTUNES ROCHA, Cármen Lúcia. O direito constitucional à jurisdição. *In*: TEIXEIRA, Sálvio de Figueiredo (Coord). *As garantias do cidadão na justiça.* Belo Horizonte: Del Rey, 1993.

ARAÚJO, Edmir Netto de. *Responsabilidade do Estado por ato jurisdicional.* São Paulo: RT, 1981.

ARAÚJO, Fabrício Simão da Cunha. *A lealdade na processualidade democrática: escopos fundamentais do processo.* Rio de Janeiro: Lumen Juris, 2014.

ARAÚJO, Fabrício Simão da Cunha. *A lógica da fundamentação das decisões jurisdicionais: a dinâmica entre argumentação jurídica e a valoração probatória. escopos fundamentais do processo.* Belo Horizonte: Fórum 2021.

ARAÚJO, Francisco Fernandes. *Responsabilidade objetiva do Estado pela morosidade da justiça.* Campinas: Copola, 1999.

ARAÚJO, Marcelo Cunha. *O novo processo constitucional.* Belo Horizonte: Mandamentos, 2003.

ARCANJO DOS SANTOS, Luiz. *Processo e Poder Constituinte Originário: a construção do direito na processualidade democrática.* 1ª. ed. Rio de Janeiro: Lumen Juris, 2016.

ASSIS, Araken. Duração razoável dos processos e reformas da lei processual civil. *In:* FUX, Luiz; NERY JÚNIOR, Nelson; WAMBIER, Teresa Arruda Alvim (Coords.). *Processo e Constituição: estudos em homenagem ao Professor José Carlos Barbosa Moreira.* São Paulo: RT, 2006.

AYRES BRITTO, Carlos. *Teoria da Constituição.* 1ª. ed. 2ª. tir. Rio de Janeiro: Forense, 2003.

BACELAR GOUVEIA, Jorge. *Manual de Direito Constitucional.* 4ª. ed. rev. actual. Coimbra: Almedina, 2011, v. I, II.

BACELAR GOUVEIA, Jorge. *As Constituições dos Estados de Língua Portuguesa.* 3ª. ed. actual. Coimbra: Almedina, 2012.

BANDEIRA DE MELLO, Celso Antônio. *Curso de Direito Administrativo.* 13ª. ed. rev. atual. ampl. Malheiros, 2000.

BARACHO, José Alfredo de Oliveira. *Regimes Políticos.* São Paulo: Resenha Universitária, 1977.

BARACHO, José Alfredo de Oliveira. Hermenêutica constitucional. *Revista de Direito Público.* São Paulo, v. 59-60, p. 46-71, jul./dez. 1981.

BARACHO, José Alfredo de Oliveira. Teoria geral do Poder Constituinte. *Revista de Informação Legislativa.* Brasília, v. 19, p. 33-68, abr./jun. 1982.

BARACHO, José Alfredo de Oliveira. Aspectos da teoria geral do processo constitucional: teoria da separação dos poderes e funções do Estado. *Revista de Informação Legislativa.* Brasília, v. 76, p. 97-124, out./dez. 1982.

BARACHO, José Alfredo de Oliveira. *Processo constitucional.* Rio de Janeiro: Forense, 1984.

BARACHO, José Alfredo de Oliveira. Processo constitucional. *Revista Forense,* Rio de Janeiro, v. 337, p. 105-123, jan./mar. 1997.

BARACHO, José Alfredo de Oliveira. Teoria geral da cidadania: a plenitude da cidadania e as garantias constitucionais e processuais. *Revista da Faculdade de Direito da Universidade de Lisboa.* Coimbra, v. XXXVIII, nº 1, p. 29-78, 1997.

BARACHO, José Alfredo de Oliveira. *A prática jurídica no domínio da proteção internacional dos Direitos do Homem (a Convenção Européia dos Direitos do Homem).* San José, Costa Rica: Secretaria da la Corte Interamericana de Derechos Humanos, 1998. Separata del libro Liber Amicorum Héctor Fix-Zamudio.

BARACHO, José Alfredo de Oliveira. Teoria geral do processo constitucional. *Revista da Faculdade Mineira de Direito.* Belo Horizonte, v. 2, ns. 3 e 4, p. 89-154, 1º e 2º sem. 1999.

BARACHO, José Alfredo de Oliveira. Jurisdição constitucional da liberdade. *In:* LEITE SAMPAIO, José Adércio (Coord.). *Jurisdição constitucional e Direitos Humanos*. Belo Horizonte: Del Rei, 2003.

BARACHO, José Alfredo de Oliveira. *Direito Processual constitucional: aspectos contemporâneos*. Belo Horizonte: Fórum, 2006.

BARACHO JÚNIOR, José Alfredo de Oliveira. A interpretação dos direitos fundamentais na Sprema Corte dos EUA e no Supremo Tribunal Federal. *In:* LEITE SAMPAIO, José Adércio (Coord.). *Jurisdição constitucional e Direitos Humanos*. Belo Horizonte: Del Rei, 2003.

BARBI, Celso Agricola. *Comentários ao Código de Processo Civil*. 7ª. ed. Rio de Janeiro: Forense, 1992, v. I.

BARBOSA MOREIRA, José Carlos. As bases do direito processual civil. *In: Temas de direito processual civil: primeira série*. 2ª. ed. São Paulo: Saraiva, 1988.

BARBOSA MOREIRA, José Carlos. A motivação das decisões jurisdicionais como garantia inerente ao Estado Democrático de Direito. *In: Temas de direito processual civil: segunda série*. 2ª. ed. São Paulo: Saraiva, 1988.

BARBOSA MOREIRA, José Carlos. O processo civil brasileiro: uma apresentação. *In: Temas de direito processual civil: quinta série*. 2ª. ed. São Paulo: Saraiva, 1994.

BARBOSA MOREIRA, José Carlos. A influência do Código de Processo Civil brasileiro no novo Código Peruano. *In: Temas de direito processual civil: quinta série*. 2ª. ed. São Paulo: Saraiva, 1994.

BARBOSA MOREIRA, José Carlos. *O novo processo civil brasileiro*. Rio de Janeiro: Forense, 2002.

BARBOSA MOREIRA, José Carlos. A constitucionalização do processo no direito brasileiro. *In:* MAC-GREGOR, Eduardo Ferrer; LELO DE LARREA, Arturo Zaldívar (Coords.). *Estudos de Direito Processual Constitucional. Homenagem brasileira a Héctor Fix-Zamudio em seus 50 anos como pesquisados do Direito*. São Paulo: UNAM-Malheiros, 2009.

BARRETO, Helena Guimarães. *Celeridade e efetividade do processo individual do trabalho no Estado Democrático de Direito*. Dissertação de Mestrado. Belo Horizonte: Pontifícia Universidade Católica de Minas Gerais, 2007, 148 p.

BARROS, Flaviane de Magalhães. *(Re)forma do processo penal: comentários críticos dos artigos modificados pelas Leis n. 11.690/08 e n. 11.719/08*. Belo Horizonte: Del Rey, 2009.

BARROS, Flaviane de Magalhães; MACHADO, Felipe Daniel Amorim. *Prisão e medidas cautelares*. Belo Horizonte: Del Rey, 2011.

BARROSO, Luís Roberto. *Interpretação e aplicação da Constituição: fundamentos de uma dogmática constitucional transformadora*. 7ª. ed. ver. São Paulo: Saraiva, 2009.

BARROSO, Luís Roberto. *Curso de direito constitucional contemporâneo: os conceitos fundamentais e a construção do novo modelo*. 5ª. ed. São Paulo: Saraiva, 2015.

BARROSO, Luís Roberto. Trinta anos da Constituição: a República que ainda não foi. *In*: MARINONI, Luiz Guilherme; SARLET, Ingo Wolfgang (Coords.). *Processo constitucional*. São Paulo: RT, 2019.

BATISTA, Silvio de Sá. Teoria processual da relação jurídica como técnica ideológica de julgamento: uma estagnação científica. *In:* BRÊTAS, Ronaldo de Carvalho Dias; SOARES, Carlos Henrique (Coords.). *Técnica processual*. Belo Horizonte: Del Rey, 2015.

BATISTA, Silvio de Sá. *Má-fé e boa-fé na processualidade democrática*. Rio de Janeiro: Lumen Juris, 2015.

BATTAGLINI, M; NOVELLI, T, *Codice di Procedura Civile e leggi complementari con il commento della giurisprudenza della Cassazione*. 7 ed. Milano: Giuffrè, 1985.

BENEDUZI, Renato. *Introdução ao processo civil alem*ão. Salvador: JusPodivm, 2015.

BERGEL, Jean-Louis. *Théorie générale du droit*. 3 ème. ed. Paris: Dalloz, 1999.

BINENBOJM, Gustavo. *Uma teoria do direito administrative: direitos fundamentais, democracia e constitucionaliza*ção. 3ª. ed. rev. atual. Rio de Janeiro: Renovar, 2014.

BOBBIO, Norberto. *A era dos direitos*. Trad. Carlos Nelson Coutinho. Rio de Janeiro: Campus, 1992

BÖCKENFORDE, Ernst Wolfgang. *Estudios sobre el Estado de Derecho y la democracia*. Trad. Rafael de Agapito Serrano. Madrid: Trotta, 2000.

BONAVIDES, Paulo. *Ciência política*. 10ª. ed. 11ª. tir. rev. atual. São Paulo: Malheiros, 2002.

BONAVIDES, Paulo. *Curso de Direito Constitucional*. 13ª. ed. São Paulo: Malheiros, 2003.

BONAVIDES, Paulo. Do ocaso do regime representativo à aurora da democracia participativa. *In:* MAC-GREGOR, Eduardo Ferrer; LELO DE LARREA, Arturo Zaldívar (Coords.). *Estudos de Direito Processual Constitucional. Homenagem brasileira a Héctor Fix-Zamudio em seus 50 anos como pesquisados do Direito.* São Paulo: UNAM-Malheiros, 2009.

BOMFIM JÚNIOR, Carlos Henrique de Morais. *Decisões inconstitucionais no controle de constitucionalidade: os efeitos pro futuro.* Belo Horizonte: Arraes, 2012.

BONGIOVANNI, Giorgio. *Teorie "costituzionalistiche" del diritto. Morale, diritto e interpretazione.* Bologna: CLUEB, 2000.

BOSON, Gerson de Britto Mello. *Constitucionalização do direito internacional: internacionalização do direito constitucional – direito constitucional internacional brasileiro.* Belo Horizonte: Del Rey, 1996.

BRÊTAS, Ronaldo de Carvalho Dias. *Fraude no processo civil.* 3ª. ed. rev. atual. ampl. Belo Horizonte: Del Rey, 2001.

BRÊTAS, Ronaldo de Carvalho Dias. Uma introdução ao estudo do Direito Político. *Revista do Instituto dos Advogados* v. 8, p. 107-122, Belo Horizonte, 2002.

BRÊTAS, Ronaldo de Carvalho Dias. Obrigação indenizatória do Estado por denegação de justiça. *Jornal O Malhete,* Faculdade Mineira de Direito da PUC Minas, nº 18, p. 8, mar./abr. 2002.

BRÊTAS, Ronaldo de Carvalho Dias. *Responsabilidade do Estado pela função jurisdicional.* Belo Horizonte: Del Rey, 2004.

BRÊTAS, Ronaldo de Carvalho Dias. Direito à jurisdição eficiente e garantia da razoável duração do processo. *Revista de Processo.* São Paulo, v. 128, p. 164-174, out. 2005.

BRÊTAS, Ronaldo de Carvalho Dias. A fundamentação das decisões jurisdicionais no Estado Democrático de Direito. *In:* FUX, Luiz; NERY JÚNIOR, Nelson; WAMBIER, Teresa Arruda Alvim (Coords.). *Processo e Constituição: estudos em homenagem ao Professor José Carlos Barbosa Moreira.* São Paulo: RT, 2006.

BRÊTAS, Ronaldo de Carvalho Dias. Exame técnico e sistemático do Código de Processo Civil reformado. *In:* BRÊTAS, Ronaldo C. Dias; NEPOMUCENO, Luciana Diniz. (Coords.). *Processo civil reformado.* 2ª. ed. Belo Horizonte: Del Rey, 2009.

BRÊTAS, Ronaldo de Carvalho Dias. As reformas do Código de Processo Civil e o modelo constitucional do processo. *In:* BRÊTAS, Ronaldo C. Dias;

NEPOMUCENO, Luciana Diniz. (Coords.). *Processo civil reformado.* 2ª. ed. Belo Horizonte: Del Rey, 2009.

BRÊTAS, Ronaldo de Carvalho Dias. Procedimento reformado da execução por quantia certa. *In:* BRÊTAS, Ronaldo C. Dias; NEPOMUCENO, Luciana Diniz. (Coords.). *Processo civil reformado.* 2ª. ed. Belo Horizonte: Del Rey, 2009.

BRÊTAS, Ronaldo de Carvalho Dias. Exame preliminar do Projeto de novo Código de Processo Civil. *In:* BARROS, Flaviane de Magalhães; MORAIS, José Luís Bolzan (Coords.). *Reforma do processo civil: perspectivas constitucionais.* Belo Horizonte: Fórum, 2010.

BRÊTAS, Ronaldo de Carvalho Dias. Projeto do novo Código de Processo Civil aprovado pelo Senado Federal – exame técnico e constitucional. *In:* ROSSI, Fernando *et alii* (Coords.). *O futuro do processo civil no Brasil: uma análise crítica ao projeto do novo CPC.* Belo Horizonte: Fórum, 2011.

BRÊTAS, Ronaldo de Carvalho Dias. O processo constitucional na concretização do Estado Democrático de Direito. *In:* MAGALHÃES, Joseli Lima. *Temas de direito processual democrático.* Teresina: EDUFPI, 2012.

BRÊTAS, Ronaldo de Carvalho Dias. Novo Código de Processo Civil e Processo Constitucional. *Revista Brasileira de Direito Processual – RBDPro*, Belo Horizonte, v. 92, p. 225-240, out/dez 2015.

BRÊTAS, Ronaldo de Carvalho Dias; SOARES, Carlos Henrique; BRÊTAS, Suzana Oliveira Marques; DIAS, Renato José Barbosa; BRÊTAS, Yvonne Mól. *Estudo sistemático do NCPC.* 2ª. ed. Belo Horizonte: D'Plácido, 2016.

BRÊTAS, Ronaldo de Carvalho Dias. A pretensão exibitória de documentos em juízo. *In:* ARRUDA ALVIM, Teresa; CIANCI, Mirna; DELFINO, Lúcio (Coords.). *Novo CPC aplicado visto por processualistas.* São Paulo: RT, 2017.

BRÊTAS, Ronaldo de Carvalho Dias. Cooperação processual e contraditório no novo CPC [Capítulo IX]. *In:* BRANDÃO, Cláudio; MORAES, Flaviane Barros Bolzan de; TEODORO, Maria Cecília Máximo (Coords.). *Democracia, Constituição e Internacionalização: vinte anos do programa de pós-graduação em Direito da PUC Minas – estudos em homenagem ao professor César Fiuza.* Belo Horizonte: D'Plácido, 2018.

BRÊTAS, Ronaldo de Carvalho Dias. Cooperação processual e contraditório no Código de Processo Civil brasileiro. *Revista da Faculdade de Direito e Ciência Política da Universidade Lusófona do Porto* [eletrônica]. Porto: Instituto de Investigação Jurídica da Universidade Lusófona do Porto, v. 2, nº 10, 2017.

Disponível em: http://revistas.ulusofona.pt/index.php/rfdulp/issue/view/718. Acesso em: 13 abr 2018.

BRÊTAS, Ronaldo de Carvalho Dias. The constitucional process in the construction of the Law Democratic State. *Revista Brasileira de Direito Processual-RBDPro.* Belo Horizonte, v. 103, p. 283-293, julho/setembro 2018.

BRÊTAS, Ronaldo de Carvalho Dias. Control de constitucionalidad y cuestiones políticas . *Revista Brasileira de Direito Processual-RBDPro.* Belo Horizonte, v. 108, p. 413-419, outubro/dezembro 2018.

BRÊTAS, Ronaldo de Carvalho Dias. O processo constitucional na construção do Estado Democrático de Direito [livro eletrônico]. *In: Alexandra Vilela et alii* (Orgs.). *As novas fronteiras do Direito.* Porto: Universidade Lusófona do Porto/ Edições Universitárias Lusófonas, 2018.

BRÊTAS, Ronaldo de Carvalho Dias. O "indevido processo legal" no Código de Processo Civil. *Revista Brasileira de Direito Processual-RBDPro.* Belo Horizonte, v. 106, p. 299-313, abril/junho 2019.

BRÊTAS, Ronaldo de Carvalho Dias. *Fundamentos e inovações do Código de Processo Civil.* 1ª. ed. Belo Horizonte/São Paulo: D´Plácido, 2020.

BRÊTAS, Ronaldo de Carvalho Dias. As inconstitucionalidades do Código de Processo Civil. *In*: MAGALHÃES, José Lima (Coord.). *O caráter mítico e estratégico do novo CPC.* Teresina: EDUFPI, 2021.

BROWN, Wendy. Power after Foucault. In: DRYZEK, John S.; HONIG, Bonnie; Phillips, Anne. *The Oxford Handbook of Political Theory.* Oxford: Oxford University Press, 2006.

BUENO, Cássio Scarpinella. *Curso sistematizado de direito processual civil.* 2. ed. rev., atual. e ampl. São Paulo: Saraiva, v. 1. 2008.

BURDEAU, Georges. *Droit Constitutionnel et Institutions Politiques.* 13 ème. ed. Paris: LGDP, 1968.

BUZAID, Alfredo. *Estudos e pareceres de Direito Processual Civil* São Paulo: RT, 2002

CAETANO, Marcello. *Manual de Ciência Política e Direito Constitucional.* 6ª. ed. rev. ampl. Coimbra: Almedina, 1996, t. I.

CALMON DE PASSOS, José Joaquim. Ação (verbete). *In: Digesto de Processo.* 1ª. ed. Rio de Janeiro: Forense, 1980, v. 1.

CALMON DE PASSOS, José Joaquim. *Inovações no Código de Processo Civil.* Rio de Janeiro: Forense, 1995.

CALMON DE PASSOS, José Joaquim. *Direito, poder, justiça e processo: julgando os que nos julgam.* 2ª. tir. Rio de Janeiro: Forense, 1999.

CÂMARA, Alexandre Freitas. *Lições de Direito Processual Civil.* 12ª. ed. rev. atual. Rio de Janeiro: Lumen Juris, 2005, v. I.

CÂMARA, Alexandre Freitas. *Levando os padrões deciosórios a sério: formação e aplicação de precedentes e enunciados de súmula.* São Paulo: Atlas, 2017.

CAMBI, Eduardo. *Neoconstitucionalismo e neoprocessualismo: direitos fundamentais, políticas públicas e protagonismo judiciário.* São Paulo: RT, 2009.

CANÇADO TRINDADE, Antônio Augusto. *Tratado de Direito Internacional dos Direitos Humanos.* Porto Alegre: Fabris, 1997, v. I.

CANOTILHO, José Joaquim Gomes. *Direito Constitucional e Teoria da Constituição.* 3ª. ed. Coimbra: Almedina, 1999.

CANOTILHO, José Joaquim Gomes. *Estudo sobre direitos fundamentais.* 1ª. ed. São Paulo: RT; Portugal, Coimbra Editora, 2008.

CAPPELLETTI, Mauro. *Proceso, ideologias, sociedad.* Trad. Santiago Sentis Melendo y Tomás A. Banzhaf. Buenos Aires: EJEA, 1974.

CAPPELLETTI, Mauro. *O controle judicial de constitucionalidade das leis no direito comparado.* Trad. Aroldo Plínio Gonçalves. Porto Alegre: Fabris, 1984.

CAPPELLETTI, Mauro. *Giudice irresponsabile?: studio comparativo sulla responsabilità dei giudice.* Milano: Giuffrè, 1988.

CARNELUTTI, Francesco. *Teoria geral do Direito.* Trad. A. Rodrigues Queiró e Artur Anselmo de Castro. São Paulo: Acadêmica Saraiva, 1942.

CARNELUTTI, Francesco. *Instituciones del proceso civil.* Traducción quinta edición italiana por Santiago Sentis Melendo. Buenos Aires: EJEA, [s.d.], v. I.

CARNELUTTI, Francesco. *Sistema de Direito Processual Civil.* Trad. Hiltomar Martins Oliveira. São Paulo: Classic Book, 2000, v. II.

CARRÉ DE MALBERG, R. *Teoría general del Estado.* Versión española de José Lión Depetre. Mexico: Fondo de Cultura Economica, 1948.

CARREIRA ALVIM, José Eduardo. *Elementos de teoria geral do processo.* 7ª. ed. Rio de Janeiro: Forense, 1997.

CARVALHO, Kildare Gonçalves. Processo constitucional. *Revista do Instituto dos Advogados de Minas Gerais*, Belo Horizonte, v. 11, p. 15-43, 2005.

CATARINO, Luís Guilherme. *A responsabilidade do Estado pela Administração da Justiça: o erro judiciário e o anormal funcionamento*. Coimbra: Almedina, 1999.

CATTONI DE OLIVEIRA, Marcelo Andrade. Democracia e jurisdição constitucional. *Revista da Faculdade Mineira de Direito*. Belo Horizonte, v. 1, nº 2, p. 106-112, 2º sem. 1998.

CATTONI DE OLIVEIRA, Marcelo Andrade. O processo constitucional como instrumento da jurisdição constitucional. *Revista da Faculdade Mineira de Direito*. Belo Horizonte, v. 3, ns. 5 e 6, p. 161-169, 1º e 2º sem. 2000.

CATTONI DE OLIVEIRA, Marcelo Andrade. *Direito processual constitucional*. Belo Horizonte: Mandamentos, 2001.

CATTONI DE OLIVEIRA, Marcelo Andrade. Poder, ação e esfera pública em Hannah Arendt e em Jürgen Habermas: a conexão constitutiva entre direito e poder no Estado Democrático de Direito. *In:* GALUPPO, Marcelo Campos (Org.). *O Brasil que queremos: reflexões sobre o Estado Democrático de Direito*. Belo Horizonte: Editora PUC Minas, 2006.

CATTONI DE OLIVEIRA, Marcelo Andrade. A legitimidade democrática da Constituição da República Federativa do Brasil: uma reflexão sobre o projeto constituinte do Estado Democdrático de Direito no marco da teoria do discurso de Habermas. *In:* GALUPPO, Marcelo Campos (Coord.) *Constituição e democracia: fundamentos*. Belo Horizonte: Fórum, 2009.

CHALMERS, Alan. *Qu'est cel que la science? Récents développements en philosophie des sciences: Popper, Kuhn, Lakatos, Feyerabend*. Traduit de l'anglais par Michel Biezinski. Paris: La Découverte, 1987.

CHINCHILLA HERRERA, Tulio Eli. *Qué son y cuales son los derechos fundamentales?* Santa Fe de Bogotá: Temis, 1999.

CHIOVENDA, Giuseppe. *Instituições de Direito Processual Civil*. Trad. J. Guimarães. Notas por Enrico Tullio Liebman. 2ª. ed. São Paulo: Saraiva, 1965, v. I, II, III.

CHIOVENDA, Giuseppe. *Principii di diritto processuale civile*. Napoli: Jovene, 1980.

CINTRA, Antônio Carlos de Araújo; GRINOVER, Ada Pellegrini; DINAMARCO, Cândido R. *Teoria geral do processo*. 12ª. ed. rev. atual. São Paulo: Malheiros, 1996.

COELHO, Inocêncio Mártires. *Interpretação constitucional*. 3ª. ed. rev. aum. São Paulo: Saraiva, 2007.

CORREA, Cristiane da Rocha. O princípio do contraditório e as provas irrepetíveis no inquérito policial. *Revista Brasileira de Ciências Criminais*. São Paulo, v. 60, p. 226-229, mai./jun. 2006.

COSTA, Eduardo José da Fonseca. *Processo e garantia*. Londrina, PR: THOTH, 2021, v. I.

COSTA, Luciana da Silva. Due processo of law e jurisdição constitucional no Estado de Direito Democrático. *In:* LEAL, Rosemiro Pereira (Coord.). *Estudos continuados de teoria do processo*. 4ª. ed. Porto Alegre: Síntese, 2001, v. II.

COUTURE, Eduardo J. *Estudios de del derecho procesal civil*. Tercera edición. Buenos Aires: Depalma, 1979, t. 1, t. 2, t. 3.

COUTURE, Eduardo J. *Fundamentos del derecho procesal civil*. 3 ed. Buenos Aires: Depalma, 1985.

COUTURE, Eduardo J. *Introdução ao estudo do processo civil*. Trad. Mozart Victor Russomano. 3 ed. Rio de Janeiro: Forense, 1995.

CRETELLA JÚNIOR, José. *Comentários à Constituição de 1988*. Rio de Janeiro: Forense Universitária, 1989, v. I; 1992, v. VI; 1993, v. VIII.

CRETELLA NETO, José. *Fundamentos principiológicos do processo civil*. Rio de Janeiro: Forense, 2002.

CRUZ E TUCCI, José Rogério. Garantia do processo sem dilações indevidas. *In*: CRUZ E TUCCI, José Rogério (Coord.) *Garantias constitucionais do processo civil: homenagem aos 10 anos da Constituição Federal de 1988*. 2ª. tir. São Paulo: RT, 1999.

CRUZ E TUCCI, José Rogério. Garantia do processo sem dilações indevidas (responsabilidade do Estado pela intempestividade da prestação jurisdicional). *In*: FIUZA, César Augusto de Castro; SÁ, Maria de Fátima Freire; BRÊTAS, Ronaldo C. Dias (Coords.). *Temas atuais de direito processual civil*. Belo Horizonte: Del Rey, 2001.

CUNHA CAMPOS, Ronaldo. *Comentários ao Código de Processo Civil*. 1ª. ed. Rio de Janeiro: Forense, 1979, v. 1, t. I.

CUNHA CAMPOS, Ronaldo. Garantias constitucionais e processo. *Revista da AMAGIS (Associação dos Magistrados Mineiros)*. Belo Horizonte, v. V, p. 74-92, 1985.

CUNHA, Leonardo Carneiro da. O princípio do contraditório e a cooperação no proceso. *Revista Brasileira de Direito Processual – RBDPro*, Belo Horizonte, v. 79, p. 147-159, abril 2012.

CUNHA, Leonardo Carneiro da. Comentários ao art. 6º. do CPC. *In:* STRECK, Lenio Luiz; NUNES, Dierle; CUNHA, Leonardo Carneiro da (Orgs.). *Comentários do Código de Processo Civil.* São Paulo: Saraiva, 2016.

DALLE, Ulisses Moura. Técnica processual e imparcialidade do juiz. *In:* BRÊTAS, Ronaldo de Carvalho Dias; SOARES, Carlos Henrique (Coords.). *Técnica processual.* Belo Horizonte: Del Rey, 2015.

DANTAS, Ivo. Teoria do processo constitucional. *In:* MAC-GREGOR, Eduardo Ferrer; LELO DE LARREA, Arturo Zaldívar (Coords.). *Estudos de Direito Processual Constitucional. Homenagem brasileira a Héctor Fix-Zamudio em seus 50 anos como pesquisados do Direito.* São Paulo: UNAM-Malheiros, 2009.

DELFINO, Lúcio. *Direito processual civil: artigos e pareceres.* Belo Horizonte: Fórum, 2011.

DELFINO, Lúcio. O processo democrático e a ilegitimidade de algumas decisões judiciais. *In:* ROSSI, Fernando *et alii* (Coords.). *O futuro do processo civil no Brasil: uma análise crítica ao projeto do novo CPC.* Belo Horizonte: Fórum, 2011.

DELGADO, Maurício Godinho. Princípios de direito: clássicos e novos papéis. *Revista da Faculdade Mineira de Direito.* Belo Horizonte, v. 4, nº 7-8, p. 150-162, 1º/2º sem 2001.

DEL NEGRI, André. *Controle de constitucionalidade no processo legislativo: teoria da legitimidade democrática.* Prefácio de Rosemiro Pereira Leal. Belo Horizonte: Fórum, 2008.

DEL NEGRI, André. *Teoria da Constituição e do Direito Constitucional.* Prefácio de Rosemiro Pereira Leal. Belo Horizonte: Fórum, 2009.

DEL NEGRI, André. *Processo constitucional e decisão interna corporis.* Belo Horizonte: Fórum, 2011.

DEL VECCHIO, Giorgio. *Los principios generales del derecho.* 2 ed. Barcelona: Bosch, 1948.

DEL VECCHIO, Giorgio. *Teoria do Estado.* Trad. António Pinto de Carvalho. São Paulo: Saraiva, 1957

DEL VECCHIO, Giorgio. *Lições de Filosofia do Direito.* Trad. António José Brandão. 4 ed. Coimbra: Arménio Amado, 1972, v. II.

DE PLÁCIDO E SILVA. *Vocabulário jurídico.* Atualizadores Nagib Slaibi Filho e Gláucia Carvalho. Rio de Janeiro: Forense, 2006.

DIDIER JÚNIOR, Fredie. O princípio da cooperação: uma apresentação. *Revista de Processo,* São Paulo, v. 127, p. 75-79, set. 2005.

DIDIER JÚNIOR, Fredie. A teoria dos princípios e o projeto de novo CPC. *In:* ROSSI, Fernando *et alii* (Coords.). *O futuro do processo civil no Brasil: uma análise crítica ao projeto do novo CPC.* Belo Horizonte: Fórum, 2011.

DIDIER JÚNIOR, Fredie. *Curso de Direito Processual Civil.* 17ª. ed. Salvador: JusPodivm, 2015, v. 1.

DERGINT, Augusto do Amaral. *Responsabilidade do Estado por atos judiciais.* São Paulo: RT, 1994.

DINAMARCO, Cândido Rangel. *A instrumentalidade do processo.* São Paulo: RT, 1987.

DINAMARCO, Cândido Rangel. *Fundamentos do processo civil moderno.* 2ª. ed. São Paulo: RT, 1987.

DINAMARCO, Cândido Rangel. *Execução civil.* 10a. ed. rev. atual. ampl. São Paulo: Malheiros, 1994.

DINAMARCO, Cândido Rangel. *Fundamentos do processo civil moderno.* 4ª. ed. São Paulo: 2001, t. I; 2001, t. II.

DINAMARCO, Cândido Rangel. *Instituições de direito processual civil.* São Paulo: Malheiros, 2001, v. I.

DINIZ CAIXETA, Maria Cristina. *O novo processo constitucional administrativo: sua importância na construção do Estado Democrático de Direito.* Dissertação de Mestrado. Belo Horizonte: Pontifícia Universidade Católica de Minas Gerais, 2010, 197 p.

DI PIETRO, Maria Sylvia Zanella. *Direito Administrativo.* 5ª. ed. São Paulo: Atlas, 1995.

DONIZETTI NUNES, Elpídio. Jurisdição, judicação e tutela legal na teoria do processo contemporâneo. *In:* LEAL, Rosemiro Pereira (Coord.). *Estudos continuados de teoria do processo.* 4ª. ed. Porto Alegre: Síntese, 2001, v. II.

DWORKIN, Ronald. *Taking rights seriously.* Cambridge: Harvard University, 1978.

DWORKIN, Ronald. *O império do direito.* Trad. Jefferson Luiz Camargo. São Paulo: Martins Fontes, 1999.

DWORKIN, Ronald. *Levando os direitos a sério.* Trad. Jefferson Luiz Camargo. São Paulo: Martins Fontes, 2007.

ECO, Umberto. *Como se faz uma tese?* Trad. Gilson Cesar Cardoso de Souza. 2ª. ed. São Paulo: Perspectiva, 1985,

ESSER, Josef. *Principio y norma em la elaboración jurisprudencial del derecho privado.* Trad. del alemán por Eduardo Valenti Fiol. Barcelona: Bosch, 1961.

EYMERICH, Nicolau. *Manual dos Inquisidores.* Rev. ampl. por Francisco de La Peña, em 1578. Trad. Maria José Lopes da Silva. Prefácio Leonardo Boff. Rio de Janeiro: Rosa dos Tempos, 1993.

FACHIN, Zulmar. *Curso de Direito Constitucional.* 5ª. ed. rev. atual. ampl. Rio de Janeiro: Forense, 2012.

FARIA, Gustavo de Castro. *Jurisprudencialização do direito: reflexões no contexto da processualidade democrática.* Belo Horizonte: Arraes, 2012.

FAVOREU, Louis *et al. Droits des libertés fundamentales.* Paris: Dalloz, 2000.

FAZZALARI, Elio. Nuovi profili della responsabilità civile del giudice. *Rivista Trimestrale di Diritto e Procedura Civile.* Milano, v. 42, n. 4, p. l026-1035, dic. 1988.

FAZZALARI, Elio. *Istituzioni di Diritto Processuale.* 6 ed. Padova: CEDAM, 1992.

FAZZALARI, Elio. *Instituições de direito processual civil.* Trad. 8ª ed. Elaine Nassif. 1ª. ed. Campinas: Bookseller, 2006.

FERNÁNDEZ HIERRO, José Manuel. *Responsabilidad civil judicial.* Pamplona: Aranzadi, 1987.

FIGUEIREDO FILHO, Eduardo Augusto Madruga; MOUZALAS, Rinaldo. Cooperação e vedação às decisões judiciais por emboscada ("*ambusch decision*"). *In:* DIDIER JR., Fredie (Org.). *Novo CPC: doutrina selecionada.* 2ª. ed. Salvador: JusPodivm, 2016, v. 1.

FIUZA, César. *Direito civil: curso completo.* 9ª. ed. rev. atual. ampl. Belo Horizonte: del Rey, 2006.

FIX-ZAMUDIO, Héctor. *La protección juridica y procesal de los derechos humanos ante las jurisdicciones procesales.* Madrid: Civitas, 1982.

FIX-ZAMUDIO, Héctor. *Latinoamérica: constitución, processo y derechos humanos.* Mexico: Porrua, 1988.

FONSECA, Bruno Cesar. Técnica normativa estrutural das decisões jurisdicionais no Estado Democrático de Direito. *In:* MAGALHÃES, Joseli Lima. *Temas de direito processual democrático.* Teresina: EDUFPI, 2012.

FORSTHOFF, Ernst. *Tratado de Derecho Administrativo*. Trad. Legaz Lacambra, Garrido Falla y Gómez de Ortega y Junge. Madrid: Instituto de Estudios Politicos, 1958.

FREDERICO MARQUES, José. *Manual de Direito Processual Civil*. São Paulo: Saraiva, 1982, 1º v.

FREIRE, Homero. Pretensão (verbete). *In: Digesto de Processo*. 1ª. ed. Rio de Janeiro. Forense, 1980, v. 4.

FREITAS, Gabriela Oliveira. *A uniformização de jurisprudência no Estado Democrático de Direito*. Rio de Janeiro: Lumen Juris, 2014.

GABARDO, Emerson. *Princípio constitucional da eficiência administrativa*. São Paulo: Dialética, 2002.

GABRICH, Frederico de Andrade. O caráter normativo dos princípios. *Meritum: Revista de Direito da FCH*/FUMEC. Belo Horizonte, v. 2, nº 2, p. 373-408.

GALUPPO, Marcelo Campos. Princípios jurídicos e a solução de seus conflitos – a contribuição da obra de Alexy. *Revista da Faculdade Mineira de Direito*. Belo Horizonte, v. 1, nº 2, p. 134-142, 2º sem 1998.

GALUPPO, Marcelo Campos. A contribuição de Esser para a reconstrução do conceito de princípios jurídicos. *Revista de Direito Comparado da Pós-graduação da UFMG*. Belo Horizonte, v. 3, p. 227-243, maio 1999.

GALUPPO, Marcelo Campos. Os princípios jurídicos no Estado Democrático de Direito: ensaio sobre o modo de sua aplicação. *Revista de Informação Legislativa*. Brasília, v. 143, p. 191-209, jul./set. 1999.

GALUPPO, Marcelo Campos. *Igualdade e diferença: Estado Democrático de Direito a partir do pensamento de Habermas*. Belo Horizonte: Mandamentos, 2002.

GALUPPO, Marcelo Campos. O que são direitos fundamentais? *In:* LEITE SAMPAIO, José Adércio (Coord.). *Jurisdição Constitucional e Direitos Fundamentais*. Belo Horizonte: Del Rey, 2003.

GALUPPO, Marcelo Campos. Matrizes do pensamento jurídico: um exemplo a partir da literatura. *In:* GALUPPO, Marcelo Campos. *O Brasil que queremos: reflexões sobre o Estado Democrático de Direito*. Belo Horizonte: Editora PUC Minas, 2006.

GARCÍA DE ENTERRÍA, Eduardo. *Democracia, jueces y control de la administración*. 2ª. ed. ampl. Madrid: Civitas, 1996.

GARCIA, Emerson; ALVES, Rogério Pacheco. *Improbidade administrativa.* 8ª. ed. São Paulo: Saraiva, 2015.

GAMBOGI, Luís Carlos Balbino. *Direito: razão e sensibilidade.* Belo Horizonte: FUMEC/FCH – Del Rey, 2006.

GÉNY, François. *Métode d'interpretation et sources en droit privé.* 2ª. ed. Paris: [s.e.], 1919, v. 2.

GHEDINI NETO, Armando. Técnica estrutural dos atos jurisdicionais decisórios. *In:* BRÊTAS, Ronaldo de Carvalho Dias; SOARES, Carlos Henrique (Coords.). *Técnica processual.* Belo Horizonte: Del Rey, 2015.

GIULIANO, Alessandro; PICARDI, Nicola. *La responsabilità del giudice.* Milano: Giuffrè Editore, 1995.

GONÇALVES, Aroldo Plínio. *Técnica processual e teoria do processo.* Rio de Janeiro: Aide, 1992.

GONÇALVES, Aroldo Plínio. *Nulidades no processo.* Rio de Janeiro: Aide, 1993.

GONÇALVES, Aroldo Plinio. *Técnica processual e teoria do processo.* 2ª. ed. Belo Horizonte: Del Rey, 2012.

GOYARD-FABRE, Simone. *Les principes philosophiques du droit politique moderne.* Paris: PUF, 1997.

GOYARD-FABRE, Simone. *Os fundamentos da ordem jurídica.* Trad. Claudia Berliner. São Paulo: Martins Fontes, 2002.

GRECO, Leonardo. Contraditório, o princípio do [verbete]. *In:* BARRETO, Vicente de Paulo (Coord.). *Dicionário de Filosofia do Direito.* São Leopoldo/Rio de Janeiro: UNISINOS-Renovar, 2009.

GREGER, Renhard. Cooperação como princípio processual. *In:* DIDIER JR., Fredie; NUNES, Dierle; FREIRE, Alexandre (Coords.). *Normas fundamentais* [Coleção Grandes Temas do Novo CPC, v. 8]. Salvador: JusPodivm, 2016.

GRESTA, Roberta Maia. *Introdução aos fundamentos da processualidade democrática.* Rio de Janeiro: Lumen Juris, 2014.

GROSSI, Thaís Souza. Originalidade e contemporaneidade da obra de Lopes da Costa. *Cadernos de Estudos Jurídicos* [PUC Minas]. Belo Horizonte, v. 5, p. 17-26, dezembro 2002.

GUTIERREZ, Andrés Rodriguez. El Consejo de Estado colombiano y el Consejo de Estado francés. *In:* BUSTAMANTE RÚA, Mónica María (Coord.). *Reformas procesales em Colombia y en el Mundo.* Medellin: Universidad de Medellin, 2014.

HABERMAS, Jürgen. *Direito e democracia: entre facticidade e validade.* Trad. Flávio Beno Siebeneichler. Rio de Janeiro: Tempo Brasileiro, 1997, v. I, v. II.

JELLINEK, G. *Teoria general del Estado.* Trad. de la segunda edición alemana por Fernando de los Rios Uruti. Granada: Comares, 2000

JIMÉNEZ CAMPO, Javier. *Derechos fundamentales: concepto y garantías.* Madrid: Trotta, 1999.

JOBIM, Marco Félix. *Cultura, Escolas e fases metodológicas do processo.* Porto Alegre: Livraria do Advogado Editora, 2011.

KELSEN, Hans. *Teoria pura do direito.* Trad. João Baptista Machado. 4ª. ed. Coimbra: Arménio Amado, 1976.

KELSEN, Hans. *Teoría general del Estado.* Traducción del alemán por Luis Legaz Lacambra. Mexico: Nacional, 1979.

KELSEN, Hans. *Teoria geral das normas.* Trad. José Florentino Duarte. Porto Alegre: Fabris, 1986.

KHUN, Thomas S. *A estrutura das revoluções científicas.* Trad. Beatriz Vianna Boeira e Nelson Boeira. 4ª. ed. São Paulo: Perspectiva, 1996.

KOCHEN, Ronaldo. Introdução às raízes históricas do princípio da cooperação (Kooperationsmaxime). *In:* DIDIER JR., Fredie; NUNES, Dierle; FREIRE, Alexandre (Coords.). *Normas fundamentais* [Coleção Grandes Temas do Novo CPC, v. 8]. Salvador: JusPodivm, 2016.

LARENZ, Karl. *Metodologia da ciência do direito.* Trad. José Lamego. 3ª. ed. Lisboa: Fundação Calouste Gulbenkian, 1997.

LASPRO, Oreste Nestor de Souza. *A responsabilidade do juiz.* São Paulo: RT, 2000.

LAUBADÈRE, André de. *Traité de droit administratif.* 15ª. ed. Paris: LGDJ, 1999, t. 1.

LAURIA TUCCI, Rogério; CRUZ E TUCCI, José Rogério. *Constituição de 1988 e processo: regramentos e garantias constitucionais do processo.* São Paulo: Saraiva, 1989.

LEAL, André Cordeiro. *O contraditório e a fundamentação das decisões no direito processual democrático.* Belo Horizonte: Mandamentos, 2002.

LEAL, André Cordeiro. *Instrumentalidade do processo em crise.* Belo Horizonte: Mandamentos, 2008.

LEAL, Rosemiro Pereira. Antecipação de tutela: verossimilhança e inequivocidade na tutela antecipada em processo civil. *Revista Síntese de Direito Civil e Processual Civil*. Porto Alegre, v. 2, p. 17-23, set./out. 1999.

LEAL, Rosemiro Pereira. *Teoria geral do processo: primeiros estudos*. 3ª. ed. rev. ampl. Porto Alegre: Síntese, 2000.

LEAL, Rosemiro Pereira. Processo e hermenêutica constitucional a partir do Estado de Direito Democrático. *In:* LEAL, Rosemiro Pereira (Coord.). *Estudos continuados de teoria do processo*. 4ª. ed. Porto Alegre: Síntese, 2001, v. II.

LEAL, Rosemiro Pereira. *Teoria processual da decisão jurídica*. São Paulo: Landy, 2002.

LEAL, Rosemiro Pereira. *Teoria geral do processo: primeiros estudos*. 7ª. ed. Porto Alegre: Síntese, 2008.

LEAL, Rosemiro Pereira. *Processo como teoria da lei democrática*. Belo Horizonte: Fórum, 2010.

LEAL, Rosemiro Pereira. *A teoria neoinstitucionalista do processo: uma trajetória conjectural*. Apresentação André Cordeiro Leal. Belo Horizonte: Arraes, 2013.

LEAL, Rosemiro Pereira. *Teoria geral do processo: primeiros estudos*. 12ª. ed. rev. atual. Rio de Jeneiro: Forense, 2014.

LEAL, Rosemiro Pereira. Da técnica procedimental à ciência processual contemporânea. *In:* BRÊTAS, Ronaldo de Carvalho Dias; SOARES, Carlos Henrique (Coords.). *Técnica processual*. Belo Horizonte: Del Rey, 2015.

LEBRE DE FREITAS, José. *Introdução ao processo civil*. Lisboa: Coimbra Editora, 1996.

LEBRE DE FREITAS, José Manuel. A exigência de celeridade e os princípios processuais (a experiência portuguesa). *Revista da Faculdade de Direito do Sul de Minas* v. 26, n. 2, p. 181-194, Pouso Alegre, jul./dez. 2010.

LEOPOLDINO DA FONSECA, João Bosco. *Direito Econômico*. 4ª. ed. 3ª. tir. Rio de Janeiro: Forense, 2001.

LIEBMAN, Enrico Tullio. *Manual de Direito Processual Civil*. Trad. Cândido Rangel Dinamarco. Rio de Janeiro: Forense, 1984, v. I.

LIMA, Newton de Oliveira. *O estado de direito em Kant e Kelsen*. Belo Horizonte: D'Plácido, 2017.

LOEWENSTEIN, Karl. *Teoría de la Constitución*. Trad. Alfredo Gallego Anabitarte. 2ª. ed. Barcelona: Ariel, 1975.

LOMBARD, Martine. *Droit administratif.* 3ª. ed. Paris: Dalloz, 1999.

LOPES, João Batista. Princípios do contraditório e da ampla defesa na reforma da execução civil. *In:* SANTOS, Ernane Fidélis *et al* (Coords.). *Execução civil: estudos em homenagem ao Professor Humberto Theodoro Júnior.* São Paulo: RT, 2007.

MADEIRA, Dhenis Cruz. *Processo de conhecimento e cognição.* Curitiba: Juruá, 2008.

MADEIRA, Dhenis Cruz. O nascimento do processo constitucional na América. *In:* SOARES, Carlos Henrique; BRÊTAS, Ronaldo C. Dias (Coords.). *Direito processual civil latino-americano.* Belo Horizonte: Arraes, 2013.

MAGALHÃES, José Luiz Quadros de. Jurisdição constitucional. *Revista da Faculdade Mineira de Direito.* Belo Horizonte, v. 3, n. 5 e 6, p. 108-123, 1º. e 2º. sem. 2000.

MAIA, Renata C. Vieira. Afinal, os magistrados podem arbitrariamente determinar a redução de petições. *In:* CHAVES, Luis Cláudio da Silva; FERRAZ, Egnar Sousa (Orgs.). *Processo civil moderno: em homenagem ao Professor Raimundo Cândido.* Brasília: OAB-Conselho Federal, 2017.

MARGUÉNAUD, Jean-Pierre. *La Cour européene des droits de l'homme.* Paris: Dalloz, 1997.

MARINONI, Luiz Guilherme. *Teoria geral do processo.* 2a. ed. ver. atual. São Paulo: RT, 2007.

MARINONI, Luiz Guilherme; MITIDIERO, Daniel. *Código de Processo Civil comentado artigo por artigo.* 2ª. ed. rev. atual. ampl. São Paulo: RT, 2010.

MARINONI, Luiz Guilherme; ARENHART, Sérgio Cruz; MITIDIERO, Daniel. *Novo Curso de Processo Civil.* São Paulo: RT, 2015, v. 1.

MARTINS, Ives Gandra da Silva. A importância do CNJ. *Jornal Folha de São Paulo,* p. A-3, 2/9/2011.

MARTINS, Leonardo. *Direito processual constitucional alemão.* São Paulo: Atlas, 2011.

MAXIMILIANO, Carlos. *Hermenêutica e aplicação do direito.* 9ª. ed. Rio de Janeiro: Forense, 1979.

MÁXIMO TEODORO, Maria Cecília. *O juiz ativo e os direitos trabalhistas.* São Paulo: LTr, 2011.

MEDAUAR, Odete. *Direito Administrativo Moderno.* 5ª. ed. São Paulo: RT, 2001.

MELLO E SILVA, Felipe Vaz de. *Da fundamentação Técnica da Prisão no Código de Processo Civil/2015*. Dissertação de Mestrado. Belo Horizonte: Pontifícia Universidade Católica de Minas Gerais, 2017, 192 p.

MENDES, Gilmar Ferreira. *Direitos Fundamentais e controle de constitucionalidade: estudos de Direito Constitucional*. 3ª. ed. rev. ampl. 3ª. tir. São Paulo: Saraiva, 2007.

MENDES, Gilmar Ferreira; MÁRTIRES COELHO, Inocêncio; GONET BRANCO, Paulo Gustavo. *Curso de Direito Constitucional*. 2ª. ed. rev. atual. São Paulo: Saraiva, 2008.

MENDES, Gilmar Ferreira. *Estado de Direito e jurisdição constitucional*. São Paulo: Saraiva, 2011.

MENDES, Gilmar. *Habeas corpus* como pedra fundamental do processo constitucional brasileiro. *In*: MARINONI, Luiz Guilherme; SARLET, Ingo Wolfgang (Coords.). *Processo constitucional*. São Paulo: RT, 2019.

MENEZES DIREITO, Carlos Alberto. A decisão judicial. *Revista Forense*. Rio de Janeiro, v. 351, p. 19-30, jul./set. 2000.

MERCATI, Livia. *Responsabilità amministrativa e principio di efficienza*. Torino: Giappichelli, 2002.

MIRANDA, Jorge. *Manual de Direito Constitucional*. 2ª. ed. rev. actual. Coimbra: Coimbra Editora, 1993, t. IV.

MIRANDA, Jorge. *Manual de Direito Constitucional*. 3ª. ed. rev. actual. Coimbra: Coimbra Editora, 1996, t. II.

MIRANDA, Jorge. *Manual de Direito Constitucional*. Coimbra: Coimbra Editora, 1997, t. V.

MIRANDA, Jorge. *Manual de Direito Constitucional*. 4ª. ed. rev. actual. Coimbra: Coimbra Editora, 1998, t. III.

MITIDIERO, Daniel. *Processo civil e Estado Consrtitucional*. Porto Alegre: Livraria do Advogado Editora, 2007.

MITIDIERO, Daniel. Processo constitucional e Direito ao diálogo no processo: entre o Direito ao contraditório e o dever de fundamentação. *In*: MARINONI, Luiz Guilherme; SARLET, Ingo Wolfgang (Coords.). *Processo constitucional*. São Paulo: RT, 2019.

MONTENEGRO FILHO, Misael. *Curso de direito processual civil*. 1ª. ed. 2ª. tir. São Paulo: Atlas, 2005, v. 1

MONTERO AROCA, Juan. *Responsabilidad civil del juez y del Estado por la atuación del poder judicial.* Madrid: Tecnos, 1988.

MONTESQUIEU, Charles-Louis de Secondat, Baron de la Brède et de. *De l'esprit des lois.* Paris: Garnier Frères, [s.d.].

MORAES, Filomeno. Poder [verbete]. *In:* BARRETO, Vicente de Paulo (Coord.). *Dicionário de Filosofia do Direito.* São Leopoldo/Rio de Janeiro: UNISINOS-Renovar, 2009.

MÜLLER, Friedrich. *Quem é o povo? A questão fundamental da democracia.* Trad. Peter Naumann. São Paulo: Max Limonad, 1998.

NANNI, Giovanni Etore. *A responsabilidade do juiz.* São Paulo: Max Limonad, 1999.

NERY JÚNIOR, Nelson. *Princípios do processo civil na Constituição Federal.* 5ª. ed. São Paulo: RT, 1999.

NEVES, Celso. *Estrutura fundamental do processo civil.* 2ª. ed. 2ª. tir. Rio de Janeiro: Forense, 1997.

NEVES, Marcelo. Quem tem medo do CNJ? *Jornal Folha de São Paulo*, p. A-3, 23/4/2010.

NUNES, Dierle José Coelho. *Processo jurisdicional democrático.* Curitiba: Juruá, 2008.

OBAMA, Barack. *A audácia da esperança: reflexões sobre a reconquista do sonho americano.* Trad. Candombá. São Paulo: Larousse, 2007.

PAILLET, Michel. *La responsabilité administrative.* Paris: Dalloz, 1996.

PAOLINELLI, Camilla Mattos. *O ônus da prova no processo democrático.* Rio de Janeiro: Lumen Juris, 2014.

PEÑA DE MORAES, Guilherme. Protagonismo institucional do Poder Judiciário no Estado contemporâneo: reflexões sobre a judicialização, o ativismo judicial e a autonomia processual da justiça constitucional. *In*: MARINONI, Luiz Guilherme; SARLET, Ingo Wolfgang (Coords.). *Processo constitucional.* São Paulo: RT, 2019.

PEÑA FREIRE, Antonio Manuel. *La garantía em el Estado constitucional de derecho.* Madrid: Trotta, 1997.

PENIDO, Flávia Ávila. *Processo e interpretação em Eduardo J. Couture.* Rio de Janeiro: Lumen Juris, 2016.

PERELMAN, Chaim. *Lógica jurídica: nova retórica*. Trad. Verginia K. Pupi. 3ª. tir. São Paulo: Martins Fontes, 2000.

PEREZ LUÑO, Antonio Henrique. *Los derechos fundamentales*. Madrid: Tecnos, 1988.

PICÓ y JUNOY, Joan. *Las garantías constitucionales del proceso*. Barcelona: Bosh, 1997.

PIOVESAN, Flávia. *Direitos Humanos e o Direito Constitucional*. 4ª. ed. São Paulo: Max Limonad, 2000.

PONTES DE MIRANDA, Francisco Cavalcante. O direito na atualidade. *Revista Forense*. Rio de Janeiro, v. 267, p. 111-113, jul./set, 1979.

PONTES DE MIRANDA, Francisco Cavalcante. *Comentários do Código de Processo Civil* 2ª. ed. Rio de Janeiro: Forense, 1979, t. I, t. II.

POPPER, Karl Raimund. *A lógica da pesquisa científica*. Trad. Leonidas Hegenberg e Octanny Silveira da Mota. São Paulo: Cultrix, 1972.

PRATA, Edson. *Processo de conhecimento*. São Paulo: LEUD, 1989, V. I.

PRONI, Marcelo Weishaupt. A copa é um grande negócio para o Brasil? Bom para quem? *Jornal Folha de São Paulo,* p. A-5, 7/12/2013.

QUADROS, Fausto. *Direito das Comunidades Européias e Direito Internacional Público*. Lisboa: Almedina, 1991.

QUINTÃO SOARES, Mário Lúcio. *Direitos Fundamentais e Direito Comunitário*. Belo Horizonte: Del Rey, 2000

QUINTÃO SOARES, Mário Lúcio. *Teoria do Estado*. Belo Horizonte: Del Rey, 2001.

QUINTÃO SOARES, Mário Lúcio. Processo constitucional, democracia e direitos fundamentais. *Jurisdição Constitucional e Direitos Fundamentais*. Belo Horizonte: Del Rey, 2003.

REGO, George Browne. Apreciação do método da história do direito: do legado grego ao giro atual do método pragmático. *In:* BRANDÃO, Carlos; SALDANHA, Nelson; FREITAS, Ricardo (Coords.). *História do direito e do pensamento jurídico em perspectiva*. São Paulo: Atlas, 2012.

RESENDE, Marcos. A contribuição da teoria estruturalista para o processo constitucional no Estado Democrático de Direito Brasileiro – Reflexões sobre a crítica de Hermes Zaneti Júnior à Teoria de Fazzalari. *Revista Brasileira de Direito Processual*. Belo Horizonte, v. 87, p. 51-55, jul./set. 2014.

REIS FRIEDE, R. O poder do juiz. *Revista do Conselho Federal da Ordem dos Advogados do Brasil*. Brasília, v. 57, p. 9-10, mai. 1992/mar. 1994.

RIGHETTI, Enrico. La responsabilità civile del giudice nel diritto francese. *Rivista di Diritto Processual*. Padova, v. 46, n. 1, p. 178-224, jan./mar. 1991.

RIVERO, Jean. *Droit administratif*. 3 ème. ed. Paris: Dalloz, 1965.

ROBERT, Jacques. *Le juge constitutionnel, juge des libertés*. Paris: Montchrestien, 1999.

ROMANI, Dagoberto. O juiz, entre a lei e o direito. *Revista dos Tribunais*. São Paulo, v. 633, p. 234-236, jul. 1988.

ROSA, Eliézer. *Novo Dicionário de Processo Civil*. Rio de Janeiro: Freitas Bastos, 1986.

ROSEMBERG, Leo. *Tratado de Derecho Procesal Civil*. Trad. de la quinta edición alemana por Angela Romera Vera. Buenos Aires: EJEA, 1955, t. I.

RUSSO, Carlo; QUAINI, Paolo M. *La Convenzione europea dei Diritti dell Úomo e la giurisprudenza della Corte di Strasburgo*. Milano: Giuffrè, 2000.

SACCO, Ricardo Ferreira. *Constitucionalismo e Ministério Público: uma visão panorâmica*. Belo Horizonte: Mandamentos-FCH/FUMEC, 2008.

SALDANHA DE VARGAS, Cirilo Augusto Fiuza. A conexão entre os princípios do contraditório e da fundamentação das decisões jurisdicionais. *In:* MAGALHÃES, Joseli Lima. *Temas de direito processual democrático*. Teresina: EDUFPI, 2012.

SALES, Ana Flávia; SILVA LEITE, Daniel Secches. Os paradigmas do Estado liberal e Estado social e a modernidade jurídica do CPC. *In:* LEAL, Rosemiro Pereira (Coord.); ALMEIDA, Andréa Alves (ORG.). *Comentários críticos à Exposição de Motivos do CPC de 1973 e os motivos para a elaboração de um novo CPC*. Franca: Lemos e Cruz, 2011.

SAMPAIO JÚNIOR, José Herval. *Processo constitucional: nova concepção de jurisdição*. Rio de Janeiro: Forense; São Paulo: Método, 2008.

SANTOS, Ernane Fidélis. *Manual de Direito Processual Civil*. 11ª. ed. rev. atual. São Paulo: Saraiva, 2006, v. 1.

SANTOS, Ernane Fidélis. *Manual de Direito Processual Civil*. 10ª. ed. rev. atual. São Paulo: Saraiva, 2006, v. 2.

SALGADO, Joaquim Carlos. O Estado ético e o Estado poiético. *Revista do Tribunal de Contas do Estado de Minas Gerais*. Belo Horizonte, v. 27, p. 37-68, abr./jun. 1998.

SANTIAGO NETO, José de Assis. *Estado Democrático de Direito e processo penal acusatório: a participação dos sujeitos no centro do palco processual*. Rio de Janeiro: Lumen Juris, 2012.

SANTOSCOY, Bertha. *La Comission interaméricaine dos droits de l'homme et le développement de sa compétence par le système des petitions individuelles*. Paris: PUF, 1995.

SARLET, Ingo Wolfgang. *Dignidade (da pessoa) humana e direitos fundamentais na Constituição Federal de 1988*. 10ª. ed. rev. atual. ampl. Porto Alegre: Livraria do Advogado Editora, 2015.

SCALABRIN, Felipe; RAATZ, Igor. Da garantia do devido processo-liberal ao direito fundamental ao processo justo e democrático-participativo: algumas miradas sobre as relações entre o processo civil e a Constituição. *In:* MAGALHÃES, Joseli Lima. *Temas de direito processual democrático*. Teresina: EDUFPI, 2012.

SCHMITT, Carl. *Teoría de la Constitución*. Trad. Francisco Ayala. Madrid: Revista de Derecho Privado [s.d.].

SEABRA FAGUNDES, Miguel. *O controle dos atos administrativos pelo Poder Judiciário*. 6ª. ed. rev. atual. São Paulo: Saraiva, 1984.

SILVA, José Afonso da. *Curso de Direito Constitucional Positivo*. 5ª. ed. rev. ampl. São Paulo: RT, 1989.

SILVA, Virgílio Afonso da. *A constitucionalização do direito*. São Paulo: Malheiros, 2005.

SILVA, Virgílio Afonso da. *Direitos fundamentais: conteúdo essencial, restrições e eficácia*. 2ª. ed., 2ª. tir. São Paulo: Malheiros, 2011.

SILVA FILHO, Alberico Alves da. Jurisdição constitucional e judicação na Teoria do Direito Democrático. *In:* LEAL, Rosemiro Pereira (Coord.). *Estudos continuados de teoria do processo*. 3ª. ed. Porto Alegre: Síntese, 2003, v. III.

SOMMA, Alessandro. *L'uso giurisprudenziale della comparazione nel diritto interno e comunitario*. Milano: Giuffrè Editore, 2001.

SOARES, Carlos Henrique. *O advogado e o processo constitucional*. Belo Horizonte: Decálogo, 2004.

SOARES, Carlos Henrique; BRÊTAS, Ronaldo C. Dias. *Manual elementar de processo civil.* Belo Horizonte: Del Rey, 2011.

SOUZA, José Guilherme. A responsabilidade do Estado pelo exercício da atividade judiciária. *Revista dos Tribunais,* São Paulo, v. 652, p. 29-49, fev. 1990.

SOTELO, José Luis Vázques. *A jurisprudência vinculante na "common law" e na "civil law".* *In:* CALMON FILHO, Petrônio; BELTRAME, Adriana (Coords.). *Temas atuais do Direito Processual Ibero-Americano: compêndio de relatórios e confereências apresentadas nas XVI Jornadas Ibero-Americanas de Direito Processual.* Rio de Janeiro: Forense, 1998.

SOUZA CRUZ, Álvaro Ricardo. *O direito à diferença: as ações afirmativas como mecanismo de inclusão social de mulheres, negros, homossexuais e portadores de deficiência.* Belo Horizonte: Del Rey, 2003.

SOUZA CRUZ, Álvaro Ricardo. *O discurso científico na modernidade: o conceito de paradigma é aplicável ao direito?* Rio de Janeiro: Lumen Juris, 2009.

SOUZA CRUZ, Álvaro Ricardo. Um olhar crítico-deliberativo sobre os direitos sociais no Estado Democrático de Direito. *In:* GALUPPO, Marcelo Campos (Coord.). *Constituição e democracia: fundamentos.* Belo Horizonte: Fórum, 2009.

SOYER, Jean-Claude; SALVIA, Michel de. *La Convention européene des droits de l'homme: article 6.* Commentaire article por article sous la direction de Louis-Edmond Pettiti; Emmanuel Decaux; Pierre Henri Imbert. Paris: Economica, 1999.

STEIN, Ekkehart. *Derecho politico.* Trad. Fernando Sainz Moreno. Madrid: Aguilar, 1973.

STRECK, Lenio Luiz. Hermenêutica, Constituição e Processo, ou de "como discricionariedade não combina com democracia": o contraponto da resposta correta. *In*: MACHADO, Felipe Daniel Amorim; CATTONI DE OLIVEIRA, Marcelo Andrade (Coords.). *Constituição e processo: a contribuição do processo ao constitucionalismo democrático brasileiro.* Belo Horizonte: Del Rey, 2009.

STRECK, Lenio Luiz. *Verdade e consenso: Constituição, hermenêutica e teorias discursivas. Da possibilidade à necessidade de respostas corretas em direito.* 3ª. ed. Rio de Janeiro: Lumen Juris, 2009.

STRECK, Lenio Luiz. O que é isto – "decidir conforme a consciência"? Protogênese do protagonismo judicial. *In:* MACHADO, Felipe; CATTONI, Marcelo. *Constituição e processo: entre o direito e a política.* Belo Horizonte: Fórum, 2011.

STRECK, Lenio Luiz. *Hermenéutica y decisión judicial.* 1ª. ed. Bogotá: Pontificia Universidad Javeriana, 2013.

STRECK, Lenio Luiz. *Jurisdição constitucional e decisão jurídica.* 3ª. ed. São Paulo: RT, 2013.

STRECK, Lenio Luiz. *Hermenêutica jurídica e(m) crise: uma exploração hermenêutica da construção do Direito.* 11ª. ed. rev. atual. ampl. Porto Alegre: Livraria do Advogado, 2014.

TARUFFO, Michele. Il controlo di razionalità della decisione fra logica, retorica e dialettica. *In: L'attività del giudice: mediazione degli interessi e controllo delle attività, a cura di Mario Bessone.* Torino: Giappichelli Editore, 1997.

TARZIA, Giuseppe. L'art. 111 Cost. e le garanzie europee del processo civile. *Revista de Processo.* São Paulo, v. 103, p. 156-174, jul./set. 2001.

TAVARES, Fernando Horta. Tempo e processo. *In:* GALUPPO, Marcelo Campos (Org.). *O Brasil que queremos: reflexões sobre o Estado Democrático de Direito.* Belo Horizonte: Editora PUC Minas, 2006.

TEIXEIRA, Sálvio de Figueiredo. *A criação e realização do direito na decisão judicial.* Rio de Janeiro: Forense, 2003.

THEODORO JÚNIOR, Humberto. O juiz e a revelação do direito *in concreto. Revista Síntese de Direito Civil e Processo Civil.* Porto Alegre, v. 14, p. 5-17, nov./dez. 2001.

THEODORO JÚNIOR, Humberto. *Curso de Direito Processual Civil.* 44ª. ed. 2ª. tir. Rio de Janeiro: 2006, v. I.

THEODORO JÚNIOR, Humberto. *As novas reformas do Código de Processo Civil.* 1ª. ed. Rio de Janeiro: Forense, 2006.

THEODORO JÚNIOR, Humberto. *Código de Processo Civil Anotado.* 10ª. ed. rev. ampl atual. Rio de Janeiro: Forense, 2007.

THEODORO JÚNIOR, Humberto. Constituição e processo. *In:* MACHADO, Felipe Daniel Amorim; CATTONI DE OLIVEIRA, Marcelo Andrade (Coords.). *Constituição e processo: a contribuição do processo ao constitucionalismo democrático brasileiro.* Belo Horizonte: Del Rey, 2009.

THEODORO JÚNIOR, Humberto. Constituição e processo: desafios constitucionais da reforma do processo civil no Brasil. *Revista do Instituto dos Advogados de Minas Gerais.* Belo Horizonte, v. 15, p. 341-375, 2009.

THIBAU, Vinícius Lott. *Presunção e prova no direito processual democrático.* Belo Horizonte: Arraes, 2012.

TOBEÑAS, Jose Castan. *Los Derechos del Hombre.* 4 ed. actual. por Maria Luisa Marin Castan. Madrid: Reus, 1992.

TORNAGHI, Hélio. *Comentários ao Código de Processo Civil.* São Paulo: RT, 1974, v. 1.

TORNAGHI, Hélio. *Instituições de processo penal.* São Paulo: Saraiva, 1977, 1º v.

TRINDADE, Antônio Augusto Cançado. *Tratado de direito internacional dos direitos humanos.* Porto Alegre: Fabris, 1997, v. 1.

VANDERSANDEN Georges; DONY, Marianne. *La responsabilité des États membres en cas de violation du droit communautaire: études de droit communautaire et de le droit national comparé.* Bruxelles: Bruylant, 1997.

VERDÚ, Pablo Lucas. *Curso de Derecho Politico.* Madrid: Tecnos, 1972, v. I.

VERDÚ, Pablo Lucas. *O sentimento constitucional – aproximação ao estudo do sentir constitucional como modo de integração política.* Trad. Agassiz Almeida Filho. Rio de Janeiro: Forense, 2004.

VIANA, Antônio Aurélio de Souza; NUNES, Dierle. *Precedentes: a mutação do ônus argumentativo.* Rio de Janeiro: Forense, 2018.

VILALBA BERNIÉ, Pablo Darío. *Derecho Procesal Constitucional, Contenidos Essenciales.* Bogotá: Ediciones Nueva Juridica, 2019.

VIEIRA, José Marcos Rodrigues. *Da ação cível.* Belo Horizonte: Del Rey, 2002.

VIEIRA, José Marcos Rodrigues. A singularidade interruptiva da prescrição civil. *In:* BRÊTAS, Ronaldo C. Dias; NEPOMUCENO, Luciana Diniz. (Coords.). *Processo civil reformado.* 2ª. ed. Belo Horizonte: Del Rey, 2009.

VIEIRA, Luciano Henrik Silveira. *O processo de execução no Estado Democrático de Direito.* Rio de Janeiro: Lumen Juris, 2014.

VIRORELLI, Edilson. *O devido processo legal coletivo.* São Paulo: RT, 2016 (Coleção o novo processo civil/coords. Luiz Guilherme Marinoni, Sérgio Cruz Arenhart, Daniel Mitidiero).

VIVANCO MARTÍNEZ, Ángela. *Curso de Derecho Constitucional. Bases Conceptuales y Doctrinarias.* 3ª. ed. ampl. Santiago: Ediciones Universidad Católica de Chile, 2017, tomo I.

WACH, Adolf. *Manual de derecho procesal civil* [Handbuch des Deutchen Civil Prozessrechts]. Trad. Tomás A. Banzhaf. Buenos Aires: EJEA, 1977, v. I.

WALTER, Carlos. *Discurso jurídico na democracia*. Belo Horizonte: Fórum, 2008.

WALZER, Michael. *Esferas da justiça: uma defesa do pluralismo e da igualdade* [Spheres of justice]. Trad. Jussara Simões. São Paulo: Martins Fontes, 2003.

WAMBIER, Luiz Rodrigues; CORREIA DE ALMEIDA, Flávio Renato; TALAMINI, Eduardo. *Curso Avançado de Processo Civil*. 7ª. ed. rev. atual. São Paulo: RT, 2005, v. 1.

ZANETI JÚNIOR, Hermes. *Processo constitucional: o modelo constitucional do processo civil brasileiro*. Rio de Janeiro: Lumen Juris, 2007.

ZANFERDINI, Flávia de Almeida Montingelli. Prazo razoável – direito à prestação jurisdicional sem dilações indevidas. *Revista Síntese de Direito Civil e Processo Civil*. Porto Alegre, v. 22, p. 14-29, mar./abr. 2003.

ZANOBINI, Guido. *Corso de diritto amministrativo*. 6 ed. Milano: Giuffrè Editore, 1950, v. I.

ZUFELATO, Camilo. Análise comparativa da cooperação e coolaboração entre os sujeitos processuais nos projetos de novo CPC. *In:* FREIRE, Alexandre *et alii*. *Novas tendências do processo civil*. Salvador: JusPodivm, 2013.